課題解決力と
論理的思考力が身につく

プロジェクト学習の基本と手法

鈴木 敏恵 著

教育出版

推薦のことば

プロジェクト学習，ポートフォリオ評価が教育を変える

　鈴木敏恵さんとは，十数年来のお付き合いになります。最初は，私が，文部科学省で学校施設や理工系大学の担当課長だった頃，協力者会議の委員などで大変お世話になりました。

　当時から，大変発想が豊かで，何事にも前向きであり，また，何よりも，子供たちに「学び」の楽しさを伝えたい，という思いの純粋さと情熱は，他の何人にも負けないものがありました。接しているこちらが，常に未来への希望と元気をもらえる存在です。

　学校の情報化や地域とともに行う防災教育にも時代に先駆けて取り組んでおり，全国的に提唱し，実施もしていました。

　また，早くから，学校教育へのプロジェクト学習，ポートフォリオ評価の導入を提唱，実践してきており，この分野の第一人者と言っていいでしょう。今日，振り返ってみても，その先見性には，目を瞠るものがあります。

　学校は何のためにあるのか。それは，子供たちが，学ぶ楽しさを実感し，また，先生や友達などとの活動・交流を通じて，感動や愛を感じ，自分のこれからに夢と希望を持って育っていく場であってほしい。現実の学校はそうなっているでしょうか。学校がそのような存在に近づいていくため，プロジェクト学習，ポートフォリオ評価は大変魅力的で有効な手法です。

　鈴木敏恵さんが，これまで，公の後ろ盾もなく，仲間からの温かい支えはあったとしても，まさに徒手空拳で，ただ，両手に余る子供たちへの熱い思いと情熱を持って，ずっと取り組んできたプロジェクト学習，ポートフォリオ評価が，全国の学校や医療をはじめとする教育現場でもっともっと広まることを心から願っています。

西阪　昇（京都大学理事・副学長）

はじめに

プロジェクトとは，未来をつくること

　「意志ある学び」をかなえる未来教育プロジェクト学習の本を生み出すことができて感謝しています。今日まで国内外で出会った教育関係者，医療関係者，建築関係者……いろいろな方々にヒントやひらめきの種をもらいました。そして小・中・高校の子どもたち，大学生たちへの授業，教員研修，自治体職員や医療機関で働く医師や看護師さんへと広く講演やワークショップをしてきました。その一つひとつのおかげでこの本を書くことができました。しかし何より私にプロジェクトの意味と価値を教え，プロジェクト学習の奥深い構築性を与えてくれたのは，ものをつくることが大好きだった私が選んだ建築の世界でありその現場であったことは間違いありません。

　　　　　　　　＊　　　　　＊　　　　　＊

◇　寝ても覚めても

　小さいときから自分がイメージしたものを形に生み出すことが好きだった私が15歳の時に選んだのは東京下町の建築科のある高校でした。やがて一級建築士の資格を得て未来型の情報校舎，宇宙への昇華と名付けた壮大なガラスの階段オブジェも作りました。創造には，マニュアルも正解もありません。ビジョンをどう現実の設計にするのか，寝ても覚めても考え続け，湧き上がるアイディアを1本の線に宿し平面図や詳細図とします。

　建設プロジェクトのスタート。最上の建築の完成というゴールを目指すたくさんの人が集合します。地中杭の配筋，型枠職人，コンクリート打設，電気，設備，あらゆる職種の会社や職人さんたちが，図面を見ながら各自の仕事を遂行します。専門は違いますが，みな同じゴールへ向かうチームです。現場事務所の壁にはパース（完成予想図）が掲げられています。一片のタイルを貼っている職人さんはパースを見て誇りとミッションを感じます。

◇　課題こそが成長をくれる

　社会の状況，環境も先端技術や知識も刻々と変化します。関わる者たちも成長や進化を余儀なくされます。「前回と同じ」で済むことや問題なくスムーズにいくことも何ひとつありません。いいものをつくりたいという決意は，同時に私たちに「課題」を与え続けます。一人ひとりが最新の情報を手に入れ，互いの経験からくる工夫や知恵を出し合い，触発，共有し思考錯誤しつつ課題解決しながら現場は進みます。やがて，まっさらだった土地に建築物が完成します。みんなの夢の結実です。それは社会の財産となり私の手元を離れます，竣工式ではいつも涙があふれます。プロジェクトは身も心も尽くす価値のあるものです。

　一緒に課題解決し合ったプロジェクトチームは目標達成とともにあっけなく解散。一人静け

さの中でこの月日をフィードバックしながら膨大な図面や写真，情報を整理し，普遍的なものだけポートフォリオとします。

◇ 俯瞰とディテール

「俯瞰」という言葉も，「ディテールに神は宿る」ということも建築の世界で知りました。

根拠のない情報であいまいなプレゼンテーションをしたり，「適当に」という言葉を使ったりすれば，その瞬間にクライアントも職人も私を信じることをやめるでしょう。私が彼らに敬意を払わずぞんざいなコミュニケーションしかできなければ，仕事の質はあきらかに落ちます。プロジェクトは，そこへ尽くす者をいやが応でも熱心で謙虚な学び手にさせます。最上のものをこの世に生み出したいという願いは，意志となり，私の持てるものを高めてくれました。プロジェクトは人間を成長させます。

このプロジェクトのセオリーや精神を活かし，課題発見から確かな情報獲得をもとに理論的に思考を展開させ，課題解決能力やコンピテンシーをフェーズを追って修得できるように設計したものが，「意志ある学び ― 未来教育プロジェクト学習」です。

◇ 論理的思考・課題解決力・コンピテンシー

それは建設プロジェクトと同様，ゴールへ向かうプロセスで，論理的思考力や課題解決力，コンピテンシー，コミュニケーション力などを修得させます。プロジェクト学習は，現実の中で進行するものですから課題がつねに存在します，建築の現場と同じです。困難があるから学習者にモチベーションや挑戦心が高まります。それを乗り越えるから成長します。なにより最大の特徴は，学習のゴールとして他者に役立つ「知の成果」を生み出すことにあります。他者や社会へ提案するものですから，根拠をもってわかりやすく表現できることが求められます。それは『この町のみんなが助かるための防災提案集』や『大学生のための自ら成長するための行動提案集』などミッションあふれるものです。

学習のゴールとして競争に勝つとか，いい条件の就職ができるということに増して，誰かの役に立つことができるという利他的なものを掲げる，この未来教育プロジェクト学習の理念と結びつく特徴が学習者のより高いモチベーションにつながり，学習意欲やいい成果を生み出すための高い能力や粘りなどの成長をもたらすことを数々の実践が証明してくれました。

　　　　　　　　　＊　　　　　＊　　　　　＊

◇ 他者の喜びにつながる学び

2011年3月11日の東日本大震災が起きたとき，誰もがすぐにでも現地へ行って力になりたいと強く思い，自らのできることを頭で考えました。つらさの中にいる人が，自分以外の誰かのために動き始めることで再び生きる力をよみがえらせるという事実も少なくありません。私たち人間は，他者のために何かをするときこれまでの自分を超える勇気や可能性が湧き上がり，自らも成長するという，崇高とも言いたいデザインがDNAに刻まれているようです。

「何のために学ぶのか？」という永遠なる問いをだれもが持ちます。プロジェクト学習の経験者は，自らの学びの努力や成果が他者の喜びとなることを経験します。そして感じます。「私の未来……誰かの役に立てるかもしれない，もしかしたら今よりもっと世の中をよくできるかも知れない」と。これこそ学びの最大の動機であり，希望のような気がします。

　いま，「意志ある学び」を理念とするプロジェクト学習は，グローバルな知識創造の時代に求められる教育として，生きる力につながる未来型の教育として，小学校から大学，専門を身につける学校の授業にて，また大学FDや教員研修などに取り入れられています。卒前，卒後のキャリア育成に至る教育界，医療界における人材育成にとくに広がりを見せています。

＊　　　　＊　　　　＊

◇　未来へ ── プロジェクトとは「願い」をかなえること

　建築は英語でアーキテクチャ(architecture)と表現します。この言葉は設計思想，構築といった意味も含みます。教育は人類が脈々と知や思想を未来へ紡いできた行為とも言えます。それが人間として生きていくのに大切だから先人から子どもたちへ，未来へと受け継がれてきたのでしょう。

　いつか形あるものから形なきものへ私の関心は移り，「知」の構築 ── 未来教育のデザインを繰り返し，今日に至ります。プロジェクトとは，願いを胸に前方に描いた夢のゴールへロックオンして生きること。見果てぬ未来教育への夢に今日も変わらず心奪われている私がここにいます。

　現実から逃げずに向かうことこそ仕事だとその姿勢で教えてくれた人，誰が見ていなくとも自らの誇りにかけ丁寧な作業をする現場の職人さん。常にあたたかなまなざしで子どもたちを見てねばり強く寄り添う先生方，患者さんの安らぎや回復のためにエビデンスをもとにチームで問題解決を探り，そのために学び続ける医療や介護の方々……自らのもてるものと可能性へすべてを尽くす生き方があることを，私は学びました。この人たちとの出会いで今日の私があります。かけがえのない経験や知識を惜しみなく私に教えてくれたみなさんに感謝します。

　この本が，他者の成長やよりよき未来を望む方へささやかでも役立つことを願っています。

鈴木　敏恵

もくじ

1章 「意志ある学び」をかなえるために …………………………………… 9
新しい時代の新しい教育／必要なのは,現実と対座できる力／知識からコンピテンシーへ／意志ある学び――未来教育プロジェクト学習とは／意志ある学びをかなえる――プロジェクト学習の8つの特徴／プロジェクト学習の「価値」／それは,夢のかなえ方の学び

2章 プロジェクト学習とポートフォリオの基本と機能 ……………… 17

● プロジェクト学習の基本 …………………………………………………… 18
プロジェクトとは何か／プロジェクト学習とは／プロジェクト学習の『成果』と『成長』／プロジェクト学習の［基本フェーズ］／プロジェクト学習の［基本フェーズ］と［身につく力］／各フェーズにおける［身につく力］と［コーチング］

● ポートフォリオの機能 …………………………………………………… 24
プロジェクト学習とポートフォリオの関係／ポートフォリオの再構築／プロジェクト学習に果たすポートフォリオの効果

● 未来教育プロジェクト学習の普遍性 ………………………………………… 27
プロジェクト学習のステージ……「現実の中で」／大切なのは『成果』ではなく『成長』／プロジェクト学習のプラットフォーム機能／知のINとOUTでコンピテンシーが高まる／「価値ある知」を生み出すプロジェクト学習／「活動の時間」と「思考の時間」／プロジェクト学習で成果を上げる領域／授業や研修における――さまざまな題材によるプロジェクト学習

3章 実践への理論と手法 ―― 目標設定・知の再構築・総括的評価 ………… 33

● プロジェクト学習の目標設定 ……………………………………………… 34
プロジェクト学習と意志／「目標」の存在が主体性を導く／目標の前に「テーマ」が存在する／プロジェクト学習における「テーマ」は「願い」／学習者自身がテーマを決める学習／「好き」だけでテーマにしない

● 「題材」の考え方と決め方 ………………………………………………… 36
「題材」を先に決めておく／「題材」決めの考え方／「題材決め」には必然性がいる

● 「目標」の考え方と決め方 ………………………………………………… 39
「題材」だけでスタートしない／「題材」と「目標」の関係／貢献性のある「目標」にする／提案性のある「目標」にする／目標はなぜ「提案型」がいいのか

● 「課題発見」から「目標設定」に至る方法 ………………………………… 42
「課題発見」と「目標設定」でワンセット／「課題」を「目標」に昇華させるコーチング／プロジェクト学習を始めるために／課題解決学習,テーマ学習,プロジェクト学習等の共通点・相違点／2つのPBL

● ポートフォリオで知の再構築 ……………………………………………… 46
価値ある［再構築］のフェーズ／文字で伝える力を身につける［再構築］／再構築に意図された「論理的思考」／パラグラフで『思考の構造化』

- ●「再構築」を指導する手順 ……………………………………………………… 49
- ●「再構築」の制作・意図・価値 ………………………………………………… 50
- ●「再構築」の条件 ………………………………………………………………… 51
   学習のゴール＝社会のニーズ
- ●プロジェクト学習の評価 ………………………………………………………… 53
   何のために評価するのか？／何を評価するのか？／どうポートフォリオを評価に活かすのか／プロジェクト学習と評価／「授業ごと」の評価／「フェーズごと」の評価／「元ポートフォリオ」を評価する方法
- ●「論理的思考力」と「課題解決力」を評価する ……………………………… 61
   「凝縮ポートフォリオ」から評価できる３つの力／「論理的思考力」「課題解決力」「コンピテンシー」／「凝縮ポートフォリオ」の前提／「凝縮ポートフォリオ」の３つの特性／「凝縮ポートフォリオ」から課題解決力や論理的思考力を評価する／凝縮ポートフォリオで「知的な改善力」を評価する／凝縮ポートフォリオの評価の方法／凝縮ポートフォリオの総括的評価に関するデータ処理・解析／なぜプロジェクト学習・ポートフォリオ評価が有効か

4章　実践の手順とポイント ── プロジェクト学習の基本フェーズ ………… 69

- ●プロジェクト学習の流れ ………………………………………………………… 70
- ● phase1 ［準備］─────── 課題発見力・気づく力・モチベーション ……………… 72
- ● phase2 ［ビジョン・ゴール］ 目標設定力・現実に主体的にかかわる力 …………… 78
   プロジェクト学習の「全体の目標」と「チームの目標」の関係 ………… 84
   プロジェクト学習の意志あるチームづくり ………………………………… 86
   プロジェクト学習の「チーム」と「個人」のあり方 ……………………… 87
- ● phase3 ［計画］─────── 戦略的に計画する力 ………………………………… 88
- ● phase4 ［情報・解決策］── 分析力・対応力・発想力・課題解決力 …………… 92
- ● phase5 ［制作］─────── 簡潔な表現力・考えをビジュアル的に表現する力 …… 102
- ● phase6 ［プレゼンテーション］コミュニケーション力・根拠ある説明力 …………… 108
- ● phase7 ［再構築］────── 論理的に表現する力・言語能力 …………………… 113
- ● phase8 ［成長確認］──── 成長や成果を評価する力・成長しつづける意欲 …… 119

5章　プロジェクト学習の実践事例と活用 ………………………………………… 123

- ●「総合的な学習の時間」におけるプロジェクト学習 ………………………… 124
   総合的な学習「学校全体計画」／防災プロジェクト学習の「指導計画書」／防災プロジェクトのフェーズごとの学習活動と評価基準
- ●プロジェクト学習のいろいろな活用 …………………………………………… 130
   国語科　「百人一首ガイドブック」をつくろうプロジェクト ………………………… 130
   国語科　ツイッターで「言語能力向上」プロジェクト ………………………………… 132

算数科　「合同な図形の説明書」作成プロジェクト	134
算数科　「クラスオリジナル速度事典」作成プロジェクト	136
理科　「12歳の私たちにもできる環境保全」プロジェクト	138
社会科　「お米のよさが伝わる米袋を作ろう」プロジェクト	140
外国語活動　「いろいろな国の人の平和への考えを共有する」プロジェクト	142
総合的な学習の時間（食）「健康な大人になるための食生活提案」プロジェクト	144
総合的な学習の時間（情報）「ケータイを安全に使おう」プロジェクト	146
総合的な学習の時間（健康）「朝から元気でいよう」プロジェクト	148
総合的な学習の時間（国際）「3カ国間におけるweb国際交流」プロジェクト	150
キャリア教育　特別支援学校高等部における自立に向けたプロジェクト学習	152
進路指導　「パーソナルポートフォリオで進路成功」プロジェクト	154
専門教育　ものづくりで実践するプロジェクト学習	156
実習　医療薬学の実習をプロジェクト学習の手法で実践する	158
教員研修　「教師ポートフォリオ」で職場が元気になる！	160
自己管理　「健康管理」にポートフォリオでセルフコントロール	162
若者・活動　ボランティアの心を一つにした「募金プロジェクト」	164
市民（防災）　市民による，市民のための「防災プロジェクト」	166
自治体（地域）　若者に魅力的な「まちづくりプロジェクト」	168

6章　スタートするための基本フォーマット … 171

ゴールシート	172
プロジェクト学習　—— 基本フェーズ	173
プロジェクト学習の活動とコーチング	174
目標達成シート	175
プロジェクト学習　—— ポートフォリオに入れるもの	176
成長報告書a	177
成長報告書b［成長エントリーシート］	178
成長報告書c［俯瞰シート］	179
実習へのプロジェクトとポートフォリオ導入	180
新人育成におけるプロジェクトとポートフォリオ導入	181
プロジェクト手法による課題解決の手順	182

●あとがきにかえて‥‥フィンランドの若者との対話　未来教育への希望 … 183

1章

「意志ある学び」を かなえるために

新しい時代にはどんな力が求められるのか，そこで求められるコンピテンシーとは何か，プロジェクト学習におけるコーチング，そして「意志ある学び」をかなえるために，8つの大切なことについてお伝えします。

・新しい時代の新しい教育
・必要なのは，現実と対座できる力
・知識からコンピテンシーへ
・意志ある学び ── 未来教育プロジェクト学習とは
・意志ある学びをかなえる ── プロジェクト学習の8つの特徴
・プロジェクト学習の「価値」
・それは，夢のかなえ方の学び

● 新しい時代の新しい教育

　手のひらの小さなディスプレーで地球を俯瞰できる技術，この瞬間，同時に何万の人と感情や思考を共有できるメディア，すでに高度な認識技術をもつロボットは日常に浸透し，人間の機能を代替しています。

　科学技術のスピード感のある進展は仕事や生活のスタイルも変え，そこでは蓄えた知識はすぐに陳腐化し，私たち人間にしかできないことは何なのかを考えさせます。また，高度情報通信技術の発達により，国境はその意味をもたず，さまざまな言語や考え方のちがう人々との共生があたりまえのように求められ，多様な価値観やものの見方を私たちに迫ります。さらに地球環境問題や予想を超える災害の発生など，社会や状況は刻々と変化します。

　新しい時代には新しい教育が求められます。それは，単に科目が増えたり，学ぶ内容や範囲の増加ではなくて，学びに求められているものや学びの概念や手法，価値観に至る変化を余儀なくされたものです。

　正解なき時代，そこで求められるのは，マニュアルや，先輩や上司のいう通り出来ることではなく，暗記している知識の量や公式で解ける力でもありません。それはあふれる情報から自ら知を獲得できる力，見極める力，それを自分の頭で考え，活かせる力です。そして自分と異なる文化・言語や価値観をもつ人にただ自説だけを主張し対立するのではなく，互いに知恵を出し合い，ベストな解決策を考え出せる創造的なコミュニケーション力です。

● 必要なのは，現実と対座できる力

　求められる教育は，これまで学力の判定とされてきたペーパーテストでいい点をとれる能力の育成とは大きく異なります。この現実を生きる力の育成こそが求められるのです。現実は動いています。そこではプロセスを見ることができる力，ものごととものごとの因果や関連をとらえられる気づきや洞察力が必要になります。なにより，変化に対応できるしなやかな感性や，新しいアイデアを考え出すことがおもしろいと感じられる前向きさ，チャレンジする勇気も大事となるでしょう。既にある知識で判別，解釈するのではなく，専門や分野を超え知識を融合させて本質や普遍性を捉える力も必要かもしれません。

　変化する目の前の現実と向き合い，考え，判断し，行動できる力 ── 育てたいのは，自分で知を求め学び続ける力，自ら獲得した知識やスキルを現実のなかで活かせる力，コンピテンシーです。

● 知識からコンピテンシーへ

　自ら獲得した知識やスキルを実際に活かして成果や効果をもたらす能力を，「コンピテンシー（competency）」といいます。教育界ではPISAにおける国際標準学力，知識の活用力，応用力として注目されています。コンピテンシーは，企業などでは，できる人の行動特性（いい成

果や業績を出し続ける人を観察するとそこには強みとも言える特徴的な行動ややり方を発見することができる)というような解釈がされています。

それは教えて身につくものではなく、これまでのような、教室の中で教師や黒板や教科書から知識を与えられるだけの知識提供型の教育ではかないません。そこには、なにより、自らの考えをもち能動的に向かう学びの姿勢 ——「意志ある学び」を必要とします。

No.1-1

コンピテンシーとは

コンピテンシーとは現実にできる能力を意味します。先駆的な企業では早くから、コンピテンシーを高める人材育成や学歴などにとらわれずコンピテンシー評価というような表現で、その人の「していること、実績、成果」などを対象に評価することが行われ、人事面接や評価などに活かしているところもあります。

「知識」から「コンピテンシー」へ

コンピテンシーの特徴は、「わかった、理解した、知識がある」に終えず、現実にその知識やスキルを活かして「成果や効果につながる行動や、表現ができる、説明できる」など具体的で事実主体であるということです。それは現実に活かすことが前提の能力なのです。

| 「知った」「理解した」「わかった」「知識がある」 |

| 成果や効果につながる「行動」「伝達」「記述表現できる」など |

コンピテンシーとは
- ☐ 知識を行動に変えて使える能力
- ☐ 人材育成・能力開発・人事評価に活用できるもの
- ☐ 教育や研修で伸ばすことができるもの

コンピテンシー評価の観点
- ☐ (知ったことを) 他の人にわかりやすく伝えることができる
- ☐ (自分が理解したことを) 記述して端的に表現できる
- ☐ (自らのスキルを) 効果的に実践できる
- ☐ (その知識を活かし) いい成果を上げられる

※コンピテンシーは顕在化・事実・行動に価値を置きます。ポートフォリオがこれらを可能とさせます。ポートフォリオにはその人の実績や活動が入っているのでコンピテンシーを客観的に見ることができます。ポートフォリオは結果や部分でなく「プロセス」や全体成果に価値を置いています。この点もコンピテンシー育成に有効なところです。

● 意志ある学び──未来教育プロジェクト学習とは

　「意志ある学び」は，どうしたら実現するのでしょうか。ここに応えるのが，「未来教育プロジェクト学習（以下「プロジェクト学習」）」です。それは，学習者が自ら課題を発見し，目標を明確にして，情報を集め，課題解決していく手法です。プロジェクト学習は，［準備］からスタートし，自分自身の目標と目的を明確にする［ビジョン・ゴール］のフェーズへと進む，課題解決の基本的な展開である「基本フェーズ」（→ p.21）とそのシーンにふさわしい「コーチング」（→ p.23）と共に効果を発揮します。

　目標へ向かう途中で集めた情報や考え出した「課題解決プロセス」を，「ポートフォリオ」（→ p.24）とよばれる1冊のファイルに入れていきます。ポートフォリオは目標へ向かう軌跡を一元化するものであり，自己評価の機能も果たし，思考力，判断力，表現力を高めるばかりでなく自己有能感を高め，「生きる力」の教育を実現します。ポートフォリオの存在は，自らの「思考プロセス」の可視化を可能とし，目標へ向かう自分を客観的に見ることをかなえます。

　学習の成果として，このポートフォリオを活かし，自らの知を再構築して「提案集」などを作ります。それは例えば，「より健康になるための食生活を実現する提案」や「施設をユニバーサルデザインにする具体的な方法」，あるいは「どうしたら英語が上達するかという学びや成長の方法を自ら考え出し，みんなへ提案する」というような，自分自身の関心や願いに応えることはもちろん，他者に役に立つ「知の成果物」です。

　他者に役立つ「知の成果物」を生み出すという学習ゴールを目指すことが，学び手の意志をいっそう高めます。誇りやささやかな使命感など高い心で向かわせます。そのことが，人間としての成長にもつながります。

　目標を明確にして向かうプロジェクト学習は，その全体を俯瞰することができるポートフォリオの存在と共に目の前の個々のものごとを部分の知に終えず「全体知」として自らの中で有機的に関連づけてとらえる姿勢を身につけます。それは，有効なコーチングとともにあふれる情報や困難な場面に直面したときにも翻弄されない自分をもつことにも通じます。「俯瞰できる」ということは，自分自身の立ち位置をしっかりもっているということです。プロジェクト学習は，今，一番必要な，目の前の現実から願いや課題を見出し，情報を集め，課題解決策を考え，自ら目標を実現していく力を与えます。

俯　瞰

俯瞰することで普遍性が見える
俯瞰することで本質が浮き上がる
知と知の関係が見えてくる

この世は知の果樹園

人間でも1本の木でも生命あるものはみな，成長したいという湧き上がるものを内在させている。そのために知りたい，理解したい，と切望し「知」へ手を伸ばす。「知」は教科書や先生の話だけでなく，窓の外の揺れる木にも，目の前の人のふるまいにも潜んでいる，もちろんwebやポケットのなかのスマートフォンにも溢れている…学びのマテリアルはどこにでもある，この世は沢山のリンゴがあふれる知の果樹園のようです。

誰かにリンゴを採ってもらい，それを与えてもらうより，自分で，果樹園を見上げ，その撓わな実や風に揺れる葉や枝を，その全体の関係や美しさを知った上で自分の手でとったリンゴのほうがずっとオイシイ。

いろいろな種類や大きさの知でこの世は溢れている。ワクワクとその果樹園に立ち，その実をうれしい気持ちで見上げる。まだまだ私の知らないリンゴがどれほどあることか，知は魂へのごちそうとして私を満たす。私たちは，無味乾燥なモノクロの世界でなく，あふれるほどのゆたかな知の果樹園に生きている，そして知りたい，理解したい，と切望し「知」へ手を伸ばし成長していく。

● 意志ある学びをかなえる──プロジェクト学習の8つの特徴

　プロジェクト学習は，意志ある学びの姿勢や新しい時代に求められるもののとらえ方・考え方や，他者を尊重しつつ真実を求める姿勢などを身につけることができます。それは以下の8つの特徴によります。

1. ビジョンとゴールの明確性

　プロジェクト学習は，学習者自身が「ビジョン（目的）」と「ゴール（目標）」（→p.34）を明確にしてスタートします。何のために何をやり遂げたいのかが常にはっきりしているので，揺るぎなく進めることができ，意志ある学びをかなえます。ビジョンとゴールを常に意識することにより，俯瞰する姿勢をもち続けることができます。意志ある学びのためには，自ら目標を見据え，部分にとらわれずその全体を俯瞰することが不可欠です。ゴールを明確にするプロジェクト学習と軌跡が見えるポートフォリオが，ここに機能します。

2. 価値の自覚

　意志ある学びのためには，学習者自身が，その向かう先の目標に価値を感じてスタートすることが大事です。自分自身にとって，あるいは世の中にとって，「これは大切だ」「必要だ」という気持ちがモチベーションとなります。

3. プロジェクト学習の基本フェーズの存在

　プロジェクト学習は，一つ一つの「基本フェーズ」（→p.21）に基づいて進めます。自分が今すべきこと，次にすべきことがわかっているので，戦略性をもちつつ自主的に進めることができます。全体の各段階でどんなことをしていくのかを見通すことができることで，学び手は意志を持ってゴール（目標）に向かうことができるのです。

4. 成果と成長への自己評価

　よい成果を生み出したり，学習者自身で成長するためには，自らの行動や思考を客観的に見ることが必要です。手に入れた情報・思考プロセス・課題解決の手順が可視化できるポートフォリオ（→p.24）の存在が，ここに有効に機能します。成果や成長を目で見て，前向きな自己評価を未来へ向かってすることは，学習や活動への意欲にもつながります。事態に翻弄され続けていては，事態に対処することだけで精一杯となってしまい，仕事をこなすだけになったり，やりっぱなしになったりということにもつながりがちです。そもそも自分が何のためにやっているのかさえ，見失いがちになります。意志をもって学んでいくためには，静かに自分を見る自己評価の時間をもつことはとても大事です。

5.「一人思考」と「思考共有」

　プロジェクト学習はリーダー育成がねらいではなく，一人一人が現実と対峙し，考える力を身につけることをねらいとしています。まず一人で静かに考える時間＝「一人思考」の後，他者とやチームで話し合う，プレゼンテーションで考えを互いに披露し合い新しいものの見方を得る，などの「思考共有」の場面を設けます。一人ひとりが考えた後，他者と知を共有するこ

とで，知的な対話ができ，さらなる気づきや知の共創をもたらします。

6. 他者に役立つ「知の成果物」

　プロジェクト学習のもっとも大きな特徴は，プロジェクトの最後に，「提案書」や「ガイドブック」のように，他者に役立つものを生み出すことです。人は，自分のためにがんばる以上に，自分以外の存在のためにはベストを尽くすものです。それが高い成長をかなえるのです。「体にいい食生活の提案書」「みんなが助かるための地震対策アイディア集」など，他者に役立つ提案型の成果物を生み出すという，貢献性のあるゴールへ向かうことで，自信や前向きな使命感が高まり，成長への意欲をいっそう高めます。さらに，自らの内から何かを自由に湧き上がらせ創造することは喜びや楽しさに通じるので，いっそう前向きな気持ちになります。創造したものは表現したい，それは本能ともいえるのではないでしょうか。［再構築］（→ p.25）のフェーズでは，学習者が創造性，表現力を発揮することで，その人のもてる可能性を高めます。

7. ロジカルシンキング（論理的思考）

　プロジェクト学習の成果物となる「凝縮ポートフォリオ」（→ p.40）は，「私は○○を提案します。なぜならば現状に○○の課題があるからです。これを解決する具体的な提案は○○です，その手順は……」という知的で現実的な行動提案です。しっかり自分の意志や視座をもち，教科や専門的な領域から得た知識を自ら融合し，部分知を全体知としてとらえて論理的に構築する経験をすることで，現実に活きる力を身につけます。

8. セルフコーチングとメタ認知

　教師がコーチングスキルを身につけることは必要です。しかし真に目指すべきは，指導法やコーチングが上手な教師ではなく，目の前の学習者を「セルフコーチング」できる人に育てることです。プロジェクト学習では，他者にわかりやすく自分の考えを伝える目的のために，高次の自分をもち，自らを客観的に見て（メタ認知），自分自身にコーチングできる人を育てることをゴールとしています。

No.1-2

意志ある学び－理念と手法

新しい教育に求められるもの
―感性・メタ認知・現実・創造・行動

手法　　　　　理念　　　　　手法
プロジェクト学習　　意志ある学び　　ポートフォリオ評価
明確な目標とフェーズ　コンピテンシー　俯瞰・プロセス・可視化
ビジョン＆ゴール　　　　　　　　　セルフマネージメント

コーチング

● プロジェクト学習の「価値」

　プロジェクト学習は，自分で課題を発見し，その解決へ向かう目標を立てさまざまな活動をしていきます。そのプロセスで，情報をすばやく集められる，その分析ができる，プレゼンテーションが上手くなる，というようなスキルの習得も果たします。しかしスキルの習得が，プロジェクト学習の本来のねらいではありません。

　自分の人生を生きていくために，現実としっかりと向き合う姿勢をもつこと，自分や社会の未来はこうであってほしいというビジョンを描けること，そのビジョンと現実に差があるならば，ただ不満をいったり非難をしたりするのではなく「じゃあ，どうしたらいいか」と前向きに考えることができるその精神が身につくことこそ，プロジェクト学習が果たせる「価値」なのです。

● それは，夢のかなえ方の学び

　理想郷はありません。だからいいのです。完璧で満足のいく状況下では，人は成長することができません。私たちが生きている現実には，常にいろいろな課題が潜んでいます。よりよき未来を自分たちで創っていくため，現実や社会をさらによくするためには，自分たちで課題や問題を発見できること，それを自分なりになんとかしたいと願い，「こうありたい」というビジョンを描けること，具体的にどうしたらできるのかを自分の頭で考えようとする――前向きなチャレンジや課題解決の力をプロジェクト学習は養います。

　いつか誰しも目的や夢をもちます。夢は一人ではかないません。プロジェクト学習は，チームで互いの考えを共有しながら，新しい発想や創造へ向かいます。それはワクワクと楽しいことだということを感じるでしょう。

　目標へ向かいどんどん進むことよりも，すばらしい成果をあげることよりも，試行錯誤しつつ，ときに迷いつつも考えることをやめないことこそ大事なんだ，といつか学習者は気づくでしょう。フィードバックを自分自身で行い，成長するための前向きな自己評価やセルフコーチングを行える力，ものごとを単なる知識でなく，その周辺をも含め概念としてとらえられる…新しい時代の新しい教育としてプロジェクト学習は，これまでとはまったくちがった知の世界のおもしろさや奥深さを学び手に見せることでしょう。

2章

プロジェクト学習とポートフォリオの基本と機能

プロジェクト学習とポートフォリオの基本機能は,あらゆる教科の学習や研究,目標達成のセオリーとして,応用することが可能です。この章を読むことで,コンピテンシーを高める教育の構造もつかむことができるでしょう。

- ■ プロジェクト学習の基本
  - プロジェクトとは何か
  - プロジェクト学習とは
  - プロジェクト学習の『成果』と『成長』
  - プロジェクト学習の[基本フェーズ]
  - プロジェクト学習の[基本フェーズ]と[身につく力]
  - 各フェーズにおける[身につく力]と[コーチング]
- ■ ポートフォリオの機能
  - プロジェクト学習とポートフォリオの関係
  - ポートフォリオの再構築
  - プロジェクト学習に果たすポートフォリオの効果
- ■ 未来教育プロジェクト学習の普遍性
  - プロジェクト学習のステージ……「現実の中で」
  - 大切なのは『成果』ではなく『成長』
  - プロジェクト学習のプラットフォーム機能
  - 知のINとOUTでコンピテンシーが高まる
  - 「価値ある知」を生み出すプロジェクト学習
  - 「活動の時間」と「思考の時間」
  - プロジェクト学習で成果を上げる領域

プロジェクト学習の基本

● プロジェクトとは何か

　「プロジェクト」とは，ビジョンや使命感に基づき，ある目的を果たすための構想や計画などを指します。「プロジェクト」は目標を決め，そこへの到達方法を考え出すものであり，何かを成すこと，夢や願いを成果として目に見えるものにすることでもあります。課題を明確にして解決することなしに目標の達成はあり得ません。「プロジェクト」とは課題解決をしつつビジョンを実現する一連の活動からなります。

　プロジェクトはたった一人で完結するものではありません。同じ志の人間が，チームで目標に向かいます。夢は一人ではかなわないからです。たとえ一人で進めるプロジェクトの場合でも，必ずそのプロセスのどこかで他者の存在を必要とします。プロジェクトは，「とりあえずスタートする」ことはありえません。先を読んだ戦略的な思考のもと進めます。机上やパソコン内にだけとどまるものではなく，現実と対峙することを必須とします。

　目標設定，情報の獲得，戦略立て，課題解決策の提案を行うプレゼンテーション（社会への披露），さらにその全体を俯瞰し価値あるコンテンツを再構築することで，目で見え，手で触れることができ，他者に役立つ成果を生み出すのが，プロジェクトの特徴です。そして最後に，ここで成長した自分を自覚する静かな時間をもちます。プロジェクトはこの一連のフェーズ（段階）を必要とします。

No.2-1

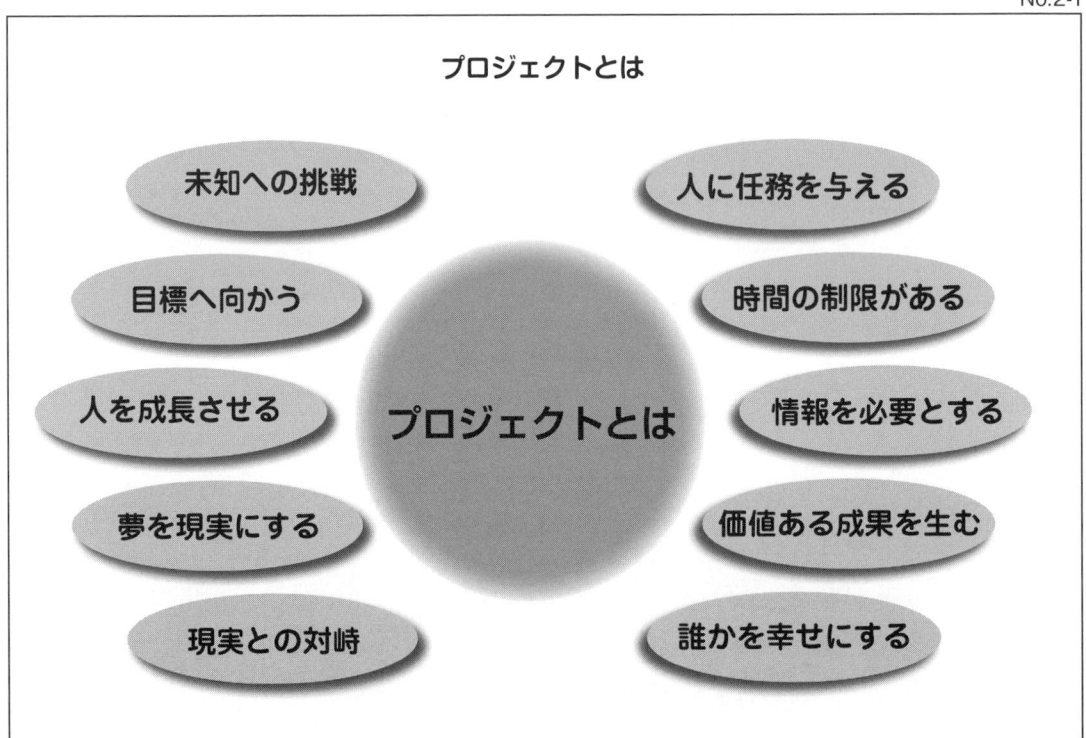

● プロジェクト学習とは

「プロジェクト学習」とは，プロジェクトの特徴やセオリーを学習に活かしたものです。プロジェクト学習は，意志ある学びをかなえる新しい教育のプラットフォームとして教育界，医療界，自治体などの課題解決力の人材育成や目標実現の手法として広く実践されています。

その大きな特徴は3つです。1つは学習をスタートする前に学習者自身が，目的と目標を自覚している，言い換えれば「何のために何をやり遂げたいのか」を自分のものとしているということです。もう1つはプロジェクト学習の基本フェーズ（→p.21）をもっているということです。3つめは，目標へ向かい獲得した情報を知識に変えて，学習のゴールとして価値ある「知の成果物」を創り出すという特徴です。それはテストやレポートのようなものではなく，現実に「他者に役立つ知の成果」です（→p.32）。そこには他者に役立つためにはエビデンス（根拠ある情報）をもとに論理的にわかりやすく表現できる能力が求められます。

No.2-2

未来教育プロジェクト学習

ゴール
目標

何のために，何をやり遂げたいのか？

ビジョン
目的

プロジェクト学習は，意志ある学びを実現する
プロジェクト学習は，自分で考え判断，行動できる人間を育てる
プロジェクト学習は，現実の中で行い，現実に役立つ成果を生み出す

● プロジェクト学習の『成果』と『成長』

◆『成果』…他者に役立つ「知の成果物」

　プロジェクト学習は，プレゼンテーションで終えずに知の『成果』を形あるものとして創り出すことを特徴とします。それは例えばある課題に対しそれを解決する「提案書」や「ガイドブック」のように，他者に役立つものです。このことが，学習者の能力や意欲の高まりに非常に有効となります。なぜなら人は自分のためよりも他者のためを目的とするとき，より真剣に考え，行動すると共にモチベーションもパフォーマンスも上がるからです。

◆『成長』…コンピテンシー

　他者に役立つ知の成果物を生み出すためには，自らの手で情報を見極め，獲得し，集めた情報を分析する力が必要です。現実と向き合い，課題を発見し，具体的な目標を決め，情報を活かし，課題解決する能力……プロジェクト学習では，その方法や全体を見る俯瞰する力や行動力を得ることができます。プロジェクト学習は現実に活きるコンピテンシー（実践力）が身につく効果的な学習手法なのです。

No.2-3

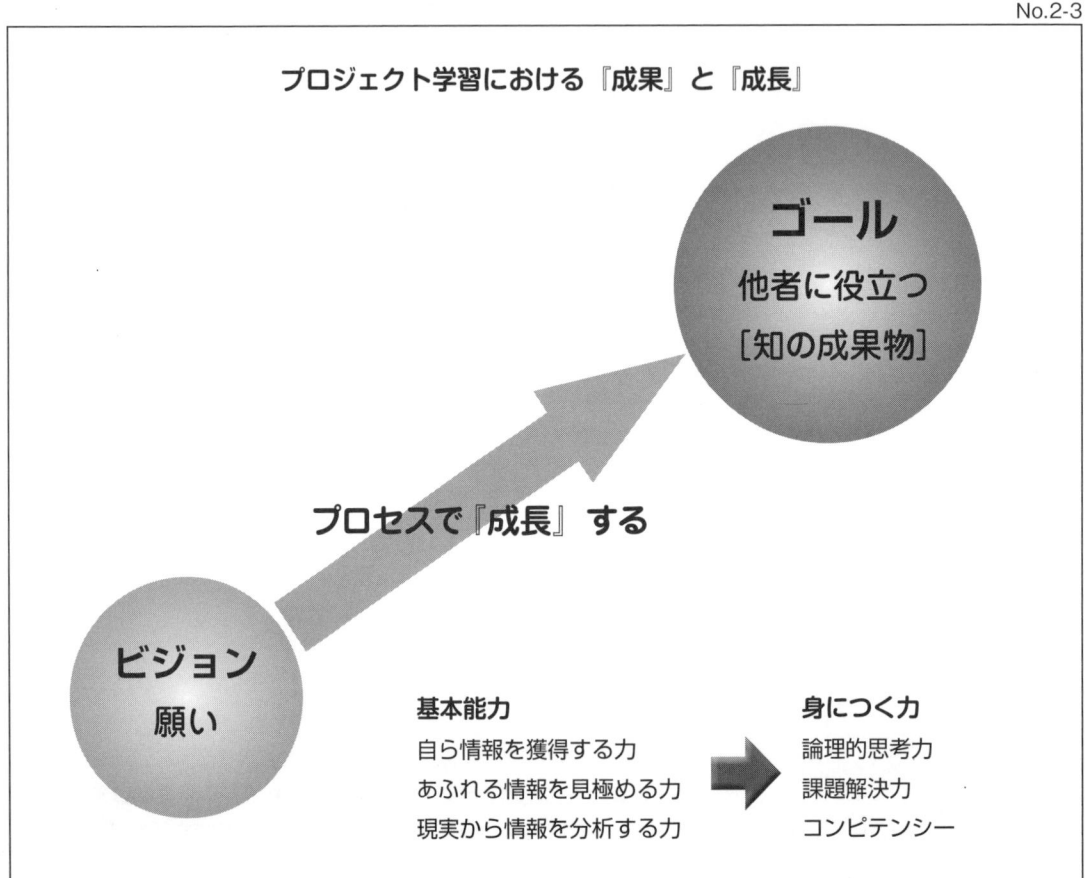

プロジェクト学習における『成果』と『成長』

ゴール
他者に役立つ
［知の成果物］

プロセスで『成長』する

ビジョン
願い

基本能力
自ら情報を獲得する力
あふれる情報を見極める力
現実から情報を分析する力

身につく力
論理的思考力
課題解決力
コンピテンシー

● プロジェクト学習の［基本フェーズ］

◆ 基本フェーズの展開

プロジェクト学習は，ゴールに至るプロセスに，［準備］→［ビジョン・ゴール］→［計画］→［情報・解決策］→［制作］→［プレゼンテーション］→［再構築］→［成長確認］という明解なフェーズ（段階）をもっています。

◆ 基本フェーズの活動

一つひとつのフェーズでは，そのフェーズごとに行うべき活動があります。［準備］のフェーズでは，現実と向き合い自分の目で課題を発見します。［ビジョン・ゴール］のフェーズでは目的と目標を明確にして具体的なゴールを決めます。［計画］では目標達成するための戦略を立てます。［情報・解決策］では，情報を獲得，分析をして解決策を生み出します。それを他者に伝える［制作物］を作るフェーズを経て［プレゼンテーション］します。そして，全体を［再構築］し，「凝縮ポートフォリオ」を生み出します。最後に自分の変容や身についた力を［成長確認］して終えます。基本フェーズごとのくわしい活動やそこでコンピテンシーを身につける具体的な手法は4章で伝えます。

No.2-4

プロジェクトの［基本フェーズ］の流れ

ゴール
他者に役立つ
「知の成果物」

プロセス

- 成長確認
- 再構築
- プレゼンテーション
- 制作
- 情報・解決策
- 計画
- ビジョン・ゴール
- 準備

ビジョン
願い

● プロジェクト学習の［基本フェーズ］と［身につく力］

◆ 各フェーズで身につく力

　プロジェクト学習は，現実の中で展開していくものですから，つねに考え状況に対応しながら展開していく知的な活動の連続です。そのフェーズごとで以下のようなコンピテンシーを身につけることができます。

　［準備］のフェーズでは，目の前の現実から課題発見する力，［ビジョン・ゴール］のフェーズでは，目的と目標を設定する力，［計画］では，目標達成するための戦略力，［情報・解決策］では，情報を見極め獲得する力，その分析力，課題解決力が身につきます。［制作］のフェーズでは，テキスト，図，表などを組み合わせ，視覚（ビジュアル）性を活かしわかりやすく表現する力（以後，「ビジュアル表現力」）が，［プレゼンテーション］のフェーズでは，伝える力やコミュニケーション力が，［再構築］のフェーズでは，エビデンスを示しながら論理的に展開し，主に文章で表現する能力が身につきます。最後の［成長確認］のフェーズでは，全体をあらためて俯瞰し，自分の価値ある変化・変容を確認するとともに，自信や自尊感情を身につけ次へのモチベーションを高めます。

No.2-5

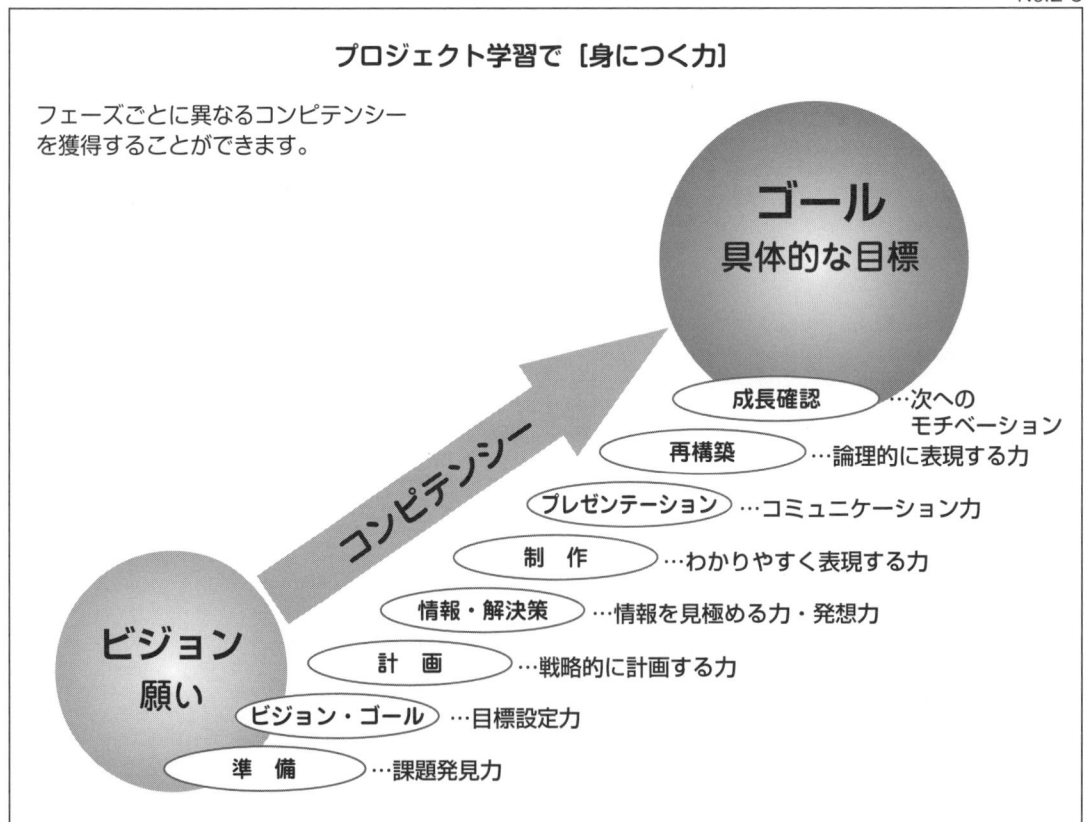

● 各フェーズにおける［身につく力］と［コーチング］

◆ 身につく力の自覚

　この本が提唱しているプロジェクト学習の特徴の1つは，学習者自身が「身につく力」を自覚（→ p.75）した上でプロジェクトを遂行していくことです。「このフェーズで，この力を身につける」と自覚していることは，意志ある学びへのモチベーションともなります。また，自分のすることをはかりながらふるまうので，そのフェーズにおける成果もクオリティー高くよりよいものとなります。さらに，身についた力を自覚できることにより，その力をいろいろな場面でも活用・応用できるようになります。

◆ 客観性とセルフコーチング

　プロジェクト学習は，命令や指示によってするものではなく，学習者が自分のすべきことを考え，自ら的確に動けることをねらいとしています。それをかなえるために教師はコーチングを用いると同時に，学習者へコーチングの言葉を教えます。学習者はそれを活かし，自分の仕事やふるまいを客観的に見てセルフコーチングしながら進めます。基本フェーズを意識することにより，コーチング（→ p.174）も的確に行うことができます。

No.2-6

各フェーズにおける［コーチング］

コーチングとは，対象とする人の能力や発想を引き出し，目標に向かい自主的な行動がとれるよう促すための手法です。セルフコーチングはその両方の役割を自分自身で行うものです。

ゴール

ビジョン

活動	身につく力	コーチングの例
成長確認	…次へのモチベーション	「この経験から得たことは何ですか？」
再構築	…論理的に表現する力	「もう一度するとしたら，どこを変える？」
プレゼンテーション	…コミュニケーション力	「一番伝えたいことは何？」
制作	…わかりやすく表現する力	「それを見て傷つく人はいませんか？」
情報・解決策	…情報を見極める力・発想力	「その情報はどこにあるの？」「どうすればこの状況をよくできる？」
計画	…戦略的に計画する力	「そのためにすべきことは何？」「使える時間は何時間あるの？」
ビジョン・ゴール	…目標設定力	「そのために具体的に何を目標にしますか？」「どうなったらいいと思う？」
準備	…課題発見力	「今はどうなの？」「気になることは？」

ポートフォリオの機能

● プロジェクト学習とポートフォリオの関係

◆ 目標への軌跡を一元化するポートフォリオ

プロジェクト学習は「ポートフォリオ」と併用することで，高い効果をもたらします。

ゴールへ向かう軌跡で手に入れた情報や考えたことなどを1冊のファイルに時間経過の順に入れていきます。このファイルを「元ポートフォリオ」といいます。元ポートフォリオの最初のページにこのプロジェクトの「ビジョン」と「ゴール」（→p.83）を書いた紙（ゴールシート）（→p.172）を入れ，いつも見えるようにしておきます。このことで，ぶれずにゴールへ向かうことをかなえます。ポートフォリオがあるので，全体を俯瞰しながら戦略的に進めることができます。それはクオリティーの高い目標達成をかなえます。

◆ 自己理解・自己評価ツールとしてのポートフォリオ

ポートフォリオは自己評価のツールです。自分のやったことを自分自身で俯瞰し評価する姿勢をもつことが成長のために不可欠であるという新しい教育への考え方がそのベースにあります。指導者も，ポートフォリオで，その人の獲得した知識や，何ができて，何ができないのかや思考や課題解決プロセスなどを把握することができ，適切な支援や具体的な評価を可能とし，その人の成長をかなえます。

No.2-7

プロジェクト学習のプロセスが見えるポートフォリオ

「情報」や「思考」をポートフォリオで一元化
フェーズごとにポートフォリオに入れるものはp.176参照

- ゴール
  他者に役立つ
  「知の成果物」
- プロセス
  - 自己評価
  - 写真・データ
  - ひらめきメモ
  - 獲得した情報
  - 工程表
  - ゴールシート
- ビジョン
  願い
- 凝縮ポートフォリオ
- 元ポートフォリオ
- 知の再構築

● ポートフォリオの再構築

◆ ポートフォリオの再構築

　プロジェクトの最後に「元ポートフォリオ」を再構築（→ p.46）したものが「凝縮ポートフォリオ」です。ここで「情報の選択力」「考えを論理的にまとめる力」，図や表などと文章を組み合わせて視覚的に表現する「ビジュアルで思考を表現する力」などが身につきます。これらの能力は，俯瞰する姿勢やものの本質をつかみ，表す上でのセオリーと言えます。教師は元ポートフォリオで学習者の学びのプロセスを評価するとともに，この凝縮ポートフォリオによってプロジェクト学習で獲得した課題解決力，論理的思考力，コンピテンシーを評価することができます。

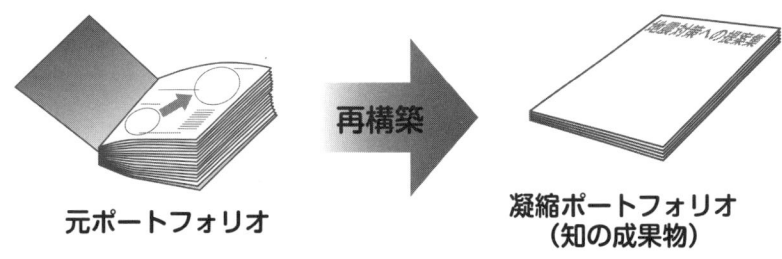

◆「凝縮ポートフォリオ」

　「プレゼンテーションをして拍手して終わり」ではなく，最後に「他者へ役立つ成果物」を生み出すということが，プロジェクト学習のもっとも特徴的な点と言えます。単に「自分のため」だけであったり，「先生に提出して終わり」というのであれば，人は，意外に最善の力を尽くさないものです。しかし，他者（社会）へ貢献できる成果物を生むときには，これまでとはまったく異なる知性と感性が自らの中に湧き上がります。そして，高い知性，使命感にも似た心が養われます。

　「提案する」ということは，自分の考えを見せることです。そこには，根拠や思考の構築性が求められます。提案というスタイルの成果へ向かうことで，論理的に考える力も育つのです。

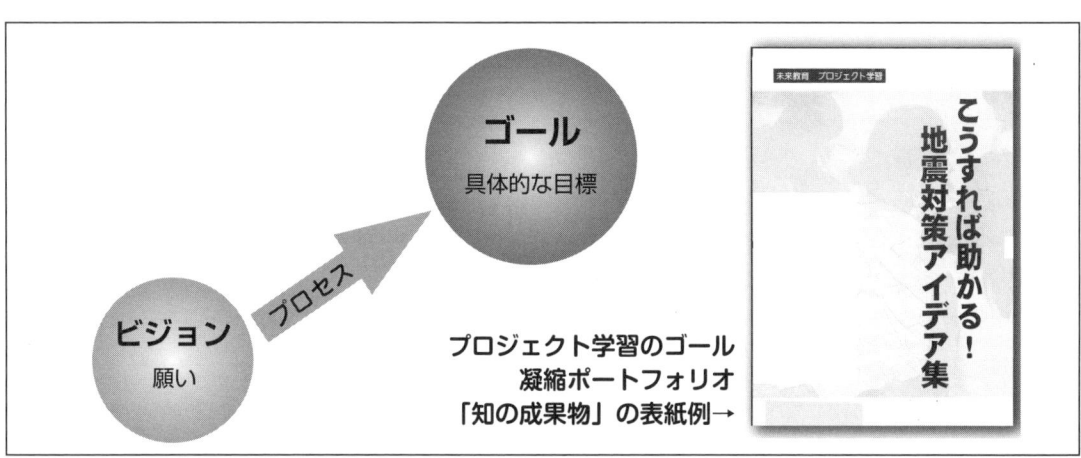

● プロジェクト学習に果たすポートフォリオの効果

　プロジェクト学習において，ポートフォリオは課題発見から解決プロセスの可視化をかなえます。仕事や学習をしていく中での考えや獲得した情報などをポートフォリオに入れ，自分で俯瞰しながら目標へ向かうことでよりクオリティーの高い成果を生むことができるのです。

No.2-8

ポートフォリオが果たす効果

目　　標	○確実な目標達成をかなえる ○クオリティーの高い成果を生み出せる
評　　価	○自己評価，多面的評価がかなう ○プロセスが見え，具体的な評価や支援ができる ○数値化できないその人の人間的なよさや資質などの評価が可能 ○論理的思考，課題解決力，コンピテンシーの評価が果たせる
俯　　瞰	○自分がしていることや学び全体を俯瞰できる ○自分の成果や成長を客観的に見ることができる ○全体を見る意識が身につき，翻弄されない自己をもてる
可 視 化	○課題発見から課題解決の思考プロセスが可視化できる ○「思考特性」や「行動特性」を見出すことができる ○「知」を共有し「全体知・統合知」にできる
再 構 築	○やりっ放しで終えず，確実に成果物（アウトカム）を生める ○「部分知」を「全体知」にでき，「知」の体系化ができる
自己認識	○自己管理，自尊感情，自己肯定感を育むために有効 ○自分のビジョンを相手に伝えることができる

No.2-9

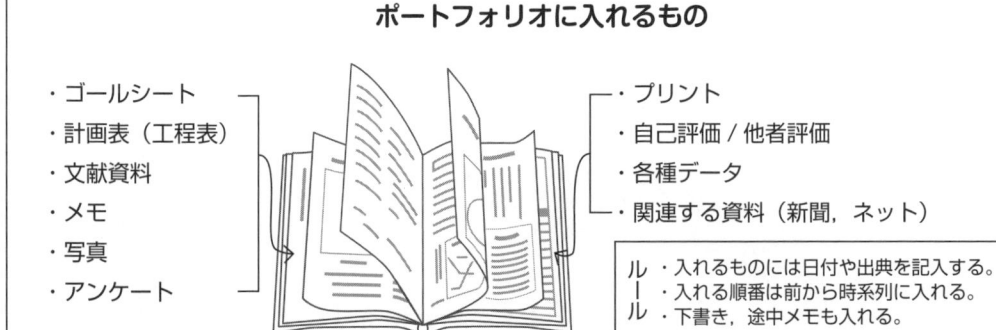

ポートフォリオに入れるもの

- ・ゴールシート
- ・計画表（工程表）
- ・文献資料
- ・メモ
- ・写真
- ・アンケート

- ・プリント
- ・自己評価／他者評価
- ・各種データ
- ・関連する資料（新聞，ネット）

ル｜ル
・入れるものには日付や出典を記入する。
・入れる順番は前から時系列に入れる。
・下書き，途中メモも入れる。

★ファイル種類：A4サイズのクリアポケットファイル
★入れるもの　：自分が手に入れた情報，自分が生み出した考え，気づきメモなど（→p.176）。

未来教育プロジェクト学習の普遍性

● プロジェクト学習のステージ……「現実の中で」

　メディアからの情報や机上の知識だけで考えたり，根拠より感情を優先しがちな判断や会話……を私たちはしていないでしょうか。今私たちに一番求められるのは，現実のなかで考えたり，行動できる力といえます。プロジェクト学習は常に「現実」と対峙し，「現実」へ役立つアウトカムを生み出すことをゴールにします。学習者はより現実に活きる成果を生み出すことを目指し，そのために現実から情報を得ようとし，解決策を考え，その一つひとつのシーンで最善を尽くします。現実は机上とちがい，常に変化し，予測をこえます。その中でいい成果を追求するからこそ本当に活きる「生きる力」が身につくのです。プロジェクト学習は目で見える成果を目指すことから，ともすれば指導者は「成果」を求めがちになります。しかし，プロジェクト学習を遂行する上で指導者が見失ってはいけないのは，「成果」を求めるのではなく，そこへのプロセスで「成長」を大事にすることであるのは言うまでもありません。

● 大切なのは『成果』ではなく『成長』

　大切なのは，それを「すること」ではなく，それをすることで「成長すること」です。プロジェクト学習では，結果ではなく，現実と対峙しつつゴールへ向かう中で学習者が力をつけ，賢く柔軟に変容し成長していくことがねらいです。ともすれば「活動」そのものやその「結果」が目的になってしまい，「何のために」プロジェクト学習をしているのかを忘れがちです。形や数値にとらわれていないか，一番大事な目的を忘れていないか，その人の何を見ようとしているか，どこを見ようとしているか，指導者はここを見失わないことが肝心です。

No.2-10

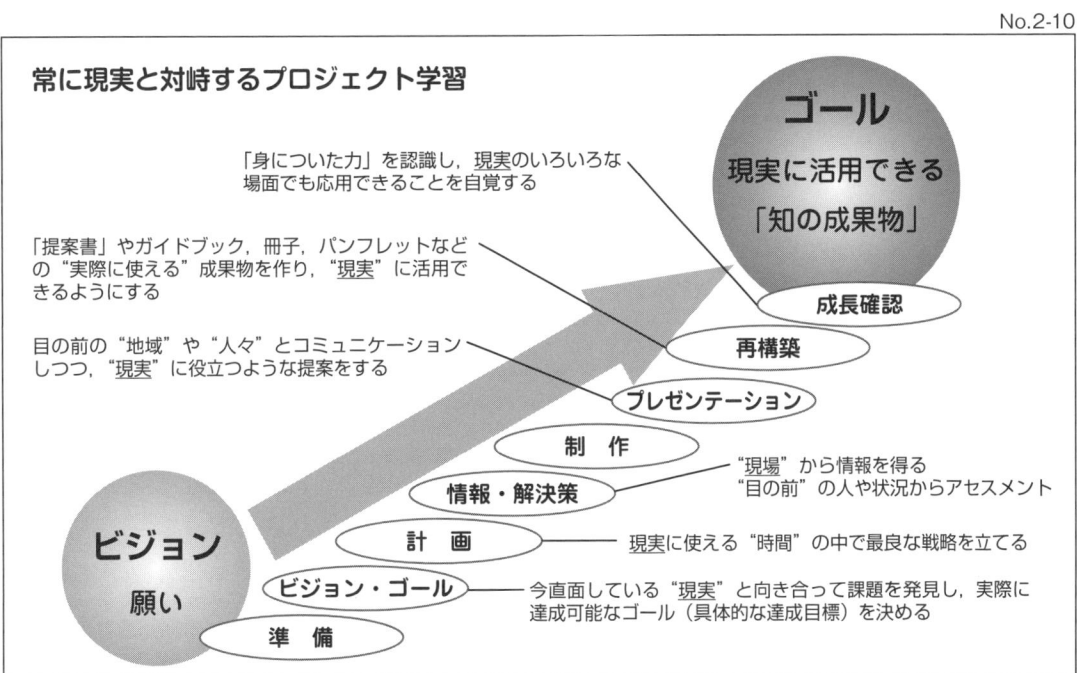

● プロジェクト学習のプラットフォーム機能

◆ フェーズの意義……自主的に進められる「プラットフォーム機能」

　プロジェクト学習の基本フェーズは学習者が「次は何をすればいいか」を考え，自主的に動ける「行動プラットフォーム」としての機能を果たします。「プラットフォーム」とはその上に何でも設計できる基盤のことです。何かを実現したい，いい目標達成や充実した展開で進めたいというものであればどのようなものであっても，この基本フェーズの基盤にのせることができるのです。

◆ 意欲が継続する「マイルストーン機能」

　プロジェクト学習の基本フェーズは「マイルストーン」としての機能をもちます。マイルストーンとは東海道の一里塚，二里塚のように「ゴールまであとどのくらいか距離がわかるための標識」のことです。「現在地」や「到達地点」が目で見えるので，確認しながら迷うことなく進むことができます。フェーズの区切りをマイルストーンと位置づけることで，「思考の時間（→ p.30）をもち一段一段確認しつつゴールまで意欲が継続し，クオリティの高い成果や成長を実現することができます。

◆ チューターとして

　大学のゼミや修士コースなど，各自が自分のテーマをもち，「ひとりプロジェクト」を進めていくなかで，指導者はチューターとして，いつ，どう関わったらいいか悩みどころです。その際も，このフェーズごとに確実に関わり，フィードバックやアドバイスをしてあげることで学生が「見通し」をもって「自主的」に進められ「意欲」を継続させ高い成長や成果を可能とします。

No.2-11

基本フェーズのマイルストーン機能

ゴール
他者に役立つ
「知の成果物」

成長確認
再構築
プレゼンテーション
制　作
情報・解決策
計　画
ビジョン・ゴール
準　備

ビジョン
願い

フェーズの区切りを「マイルストーン」として立ち止まり，学びの確認をする

● 知のINとOUTでコンピテンシーが高まる

コンピテンシーとは「自ら獲得した知識やスキルを"現実"に使える能力」，それは受動的なものでなく能動的なものです。その獲得は教室の中で授業を受ける（IN）だけではかないません。コンピテンシーを身につけるためには，知識を得るばかりではなく，目の前の現実へ出す（OUT）シーンが必要なのです。

●「価値ある知」を生み出すプロジェクト学習

コンピテンシーは，目の前の現実から「知識」を獲得（IN）すること，そして「価値ある知」を生み出す（OUT）ことによりはじめて身につくものです。

プロジェクト学習の基本フェーズには，知識をINしたり，OUTしたりする場面が全体に織り込まれているだけでなく，最後に他者に役立つ「知の成果物」を実際に生み出す（OUT）というゴールが存在することにより，学習者のモチベーションを高め，継続させ，確実に成長していくことができるのです。そのことが，コンピテンシー育成に大きな効果をもたらすのです（→ p.27 図 No.2-10）。

No.2-12

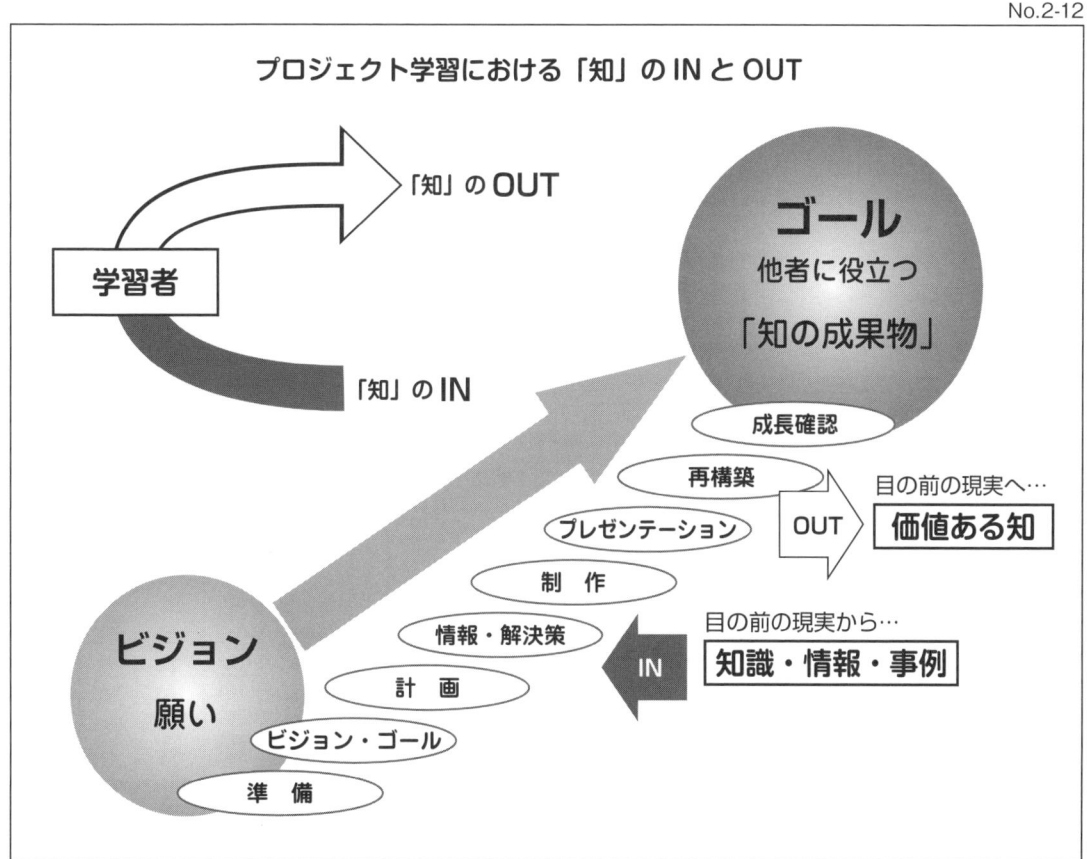

●「活動の時間」と「思考の時間」

◆ フェーズとフェーズの間は立ち止まる

一つひとつのフェーズの間には,「静かな時間」を設けます。フェーズが「活動の時間」だとするなら「思考の時間」を入れてひと呼吸おくとよいのです。この立ち止まって考える「思考の時間」をもつことにより,これまでとは違った次の段階に入るのだ,という決意のようなものが胸に湧きます。

次のフェーズへ移った後もだらだらと前のフェーズの仕事が残った状態では,いい成果を生み出すことができません。いい成長を遂げるためにも,明瞭な意識と作業の切り替え（クリアカット）が求められます。例えば,プロジェクト学習では［情報・解決策］の次に［制作］のフェーズとなりますが,制作しながら足りない情報をまだ集めているようでは,いいものを生み出せるはずがありません。

◆「思考」の時間にすること—フィードバック

思考の時間には,次のフェーズですべきことを戦略的に考えます。フェーズごとに具体的な到達目的や行動目標を決めたり,そこでどんな力を身につけたいのかも意識（→ p.75）します。もちろん次のフェーズに移るまでに前のフェーズの目標とその成果や成長と照らし合わせて評価し,次へ向かう改善点や"力"とします。

◆ 意味を考える,自分を客観的に見る

一つひとつのフェーズには意味があるので,例えば［計画］とは何なのか,［プレゼンテーション］は何のためにするのか,というふうに,これからすべき経験の意味や価値を考えることも大切です。

次のフェーズ（局面,場面）をイメージするということは,そこで考えたり,動いたりする自分を客観的に見ることに通じます。「ああ,毎回ねらいがあるんだ」「今日は,この力が身についた」「人間って一つひとつ経験することで変化する（成長する）生き物なんだ」という気持ちになり,次（未来）へのモチベーションもアップします。

No.2-13

フェーズの区切りごとに「思考の時間」を入れる

準備 → ビジョン・ゴール → 思考の時間 → 計画 → 思考の時間 → 情報・解決策 → 思考の時間 → 制作 → 思考の時間 → プレゼンテーション → 思考の時間 → 再構築 → 思考の時間 → 成長確認

● プロジェクト学習で成果を上げる領域

　プロジェクト学習は，一人の人間として成長したい。初中等学校，大学FD（Faculty Development：大学教員の教育能力を高めるための実践的方法），社会的機関などにおける教育者として教育能力の向上をはかりたい。コンピテンシー，課題解決力，新しいアイディアを生み出せる教育，人材育成，さらにプロダクトを生み上げる研修をしたい，このようにさまざまな領域や対象に導入することで効果を上げます。

　5章で紹介する実践例のように，具体的には，学校であれば「総合的な学習の時間」（→ p.124）はもちろん一般教科に，また修学旅行，学校行事に至るまで，プロジェクト学習の手法で行うことでより高い成果，成長につなげることが可能です。体験学習，キャリア教育，進路設計や就職，また現場における実習，テーマ学習，自由研究などにも活かせます。

　また企業や行政機関における目標管理，新人教育，指導者研修，市民の健康管理などにも効果的です。PDCA（Plan・Do・Check・Action）の手法で行っていた組織改善や業務改善において意欲が最後まで継続しないという時，またPCM（Project Cycle Management）で行っていた開発援助や地域活動など，参加意識や自発的なモチベーションにいま一つ欠ける，という時にも効果を上げます。

No.2-14

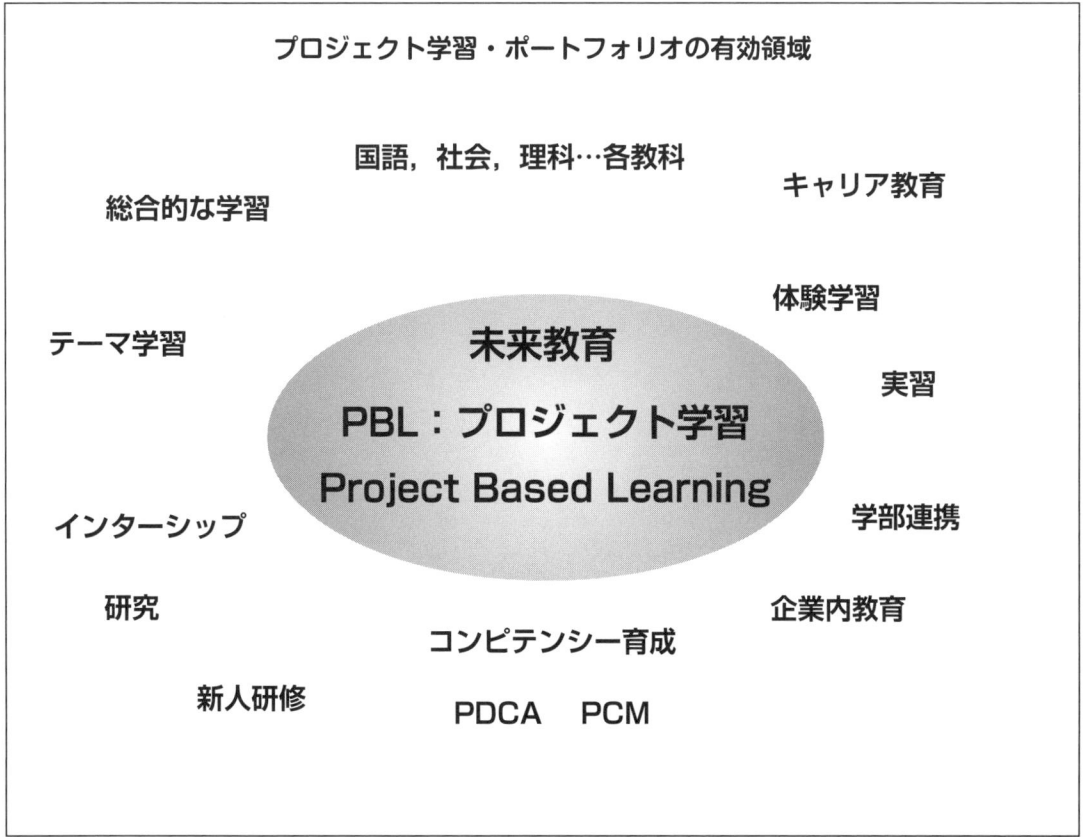

授業や研修における―さまざまな題材によるプロジェクト学習

題材【食・健康】

『小学生がつくる小学生のための ─ むし歯ゼロプロジェクト』
『安心で健康な食生活を実現しようプロジェクト』
『朝から元気でいようプロジェクト！』
『健康・安心・おやつのアイディア集』
『中学生からの提案 ─ 人々を食の危険から守り安全な食生活を実現する提案プロジェクト！』『大切な人の健康を守るプロジェクト』

題材【防災・リスク】

『こうすれば助かる！地震・津波対策知恵集』
『小学生がつくる小学生のための　こうすれば交通事故にあわないぞ行動提案！プロジェクト』
『教師がつくる教師のための─ 子どもを守る！防災行動提案集』

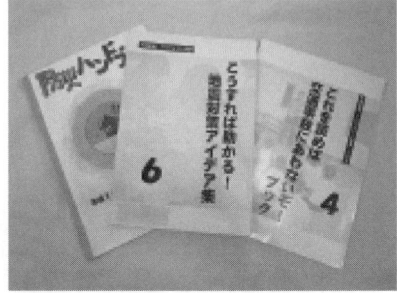

題材【地域・魅力】

『地元の商店街をＰＲしよう！プロジェクト』
『外国の方にこの町のよさを知ってもらおうプロジェクト』
『地域の民話継承プロジェクト』

題材【生活・環境】【国際】

『中学生がつくる，私たちができる地域美化プロジェクト』
『ものを長く最後まで使おうMOTTAINAIプロジェクト』
『こうすれば世界の人と友だちになれる！ガイドブック』
『身近にできる国際貢献ハンドブック』

題材【情報】

『小学生がつくるテレビの見方・生かし方マニュアル』
『ケイタイマニュアル作成，よりよい情報社会を実現しよう！』
『いろいろな教科でTwitterを活かすアイディア集』
『メディアを活かして，自ら成長する具体的行動提案集をつくる！プロジェクト』

題材【進路・キャリア】

『願う仕事へ…12歳のハローワーク集をつくる！』
『新人が自ら学び成長するためのアイディア集をつくる！プロジェクト』
『こうすれば教師がポジティブに成長し続けられる！アイディア集』
『実習でグンと成長するための事前対策集をつくるぞプロジェクト』
『卒前期から新人期の若者が心がへこんだときやる気が湧く…関わり方アイデア集をつくる！』

題材【人材育成・組織活性】

『こうすれば楽しくいい仕事ができる！コミュニケーションアップ提案集』
『仕事が一層おもしろくなるアイディア集』
『よきメンタルヘルスカウンセラーになるための具体的提案集』
『先輩がつくる…こうすれば新人が前向きに成長できる！アイディア集』
『看護師自らがつくる！接遇向上プロジェクト』
『こうすればスタッフがモチベーションアップする！具体的な提案集』

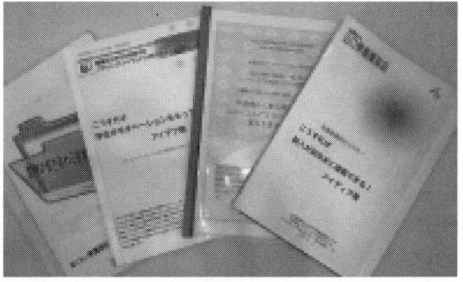

上記すべて鈴木敏恵の指導によるプロジェクト学習の成果物。実施／文部科学省平成22年度「確かな学力の育成」採択による教員研修・岐阜市内小中学校・横浜市内小学校・千葉大学・高知医療センター・東京都小児総合医療センター・消防大学校・北里大学看護キャリア開発研究センター・東京都立小児総合医療センター・京都府立医科大学医学部看護学科ほか

3章

実践への理論と手法
―目標設定・知の再構築・総括的評価―

この章は,この本のコアとなるページです。プロジェクト学習において,もっとも価値を感じ,もっとも困難性を覚えるのが,目標の設定,再構築の方法,凝縮ポートフォリオの評価です。ここでは,その理論と手法をお伝えします。

- ■ プロジェクト学習の目標設定
- ■「題材」の考え方と決め方
- ■「目標」の考え方と決め方
- ■「課題発見」から「目標設定」に至る方法
- ■ ポートフォリオで知の再構築
- ■「再構築」を指導する手順
- ■「再構築」の制作・意図・価値
- ■「再構築」の条件
- ■ プロジェクト学習の評価
- ■「論理的思考力」と「課題解決力」を評価する

プロジェクト学習の目標設定

● プロジェクト学習と意志

　プロジェクト学習のねらいは，この学習を行うことで，よりよきビジョンやゴールを描ける力，感情的にならずに理性的に事実を見る姿勢，自らものごとを解決しようとする力や俯瞰して物事を見る姿勢，現実としっかりと向き合いつつ確かな情報を獲得しようとする意識，先を予測して動ける明敏さなどを身につけることにあります。このねらいの実現には，本人の意志やモチベーションが不可欠であり，それなくしては始まりません。

●「目標」の存在が主体性を導く

　プロジェクト学習は，学習者の主体性とモチベーションの継続をかなえます。その理由は，プロジェクト学習がもつ次の特徴にあります。

　　　　　　　① 自分の意志で「目標」を立てる。
　　　　　　　②「目標」へ向かう基本フェーズがある。
　　　　　　　③ 貢献性のある「目標」へ向かう。

　すべての要となるのは「目標」の存在です。自らが設定した目標が，今ここにいる自分を未来へ導き引っ張り上げてくれるのです。ではどうしたら，学習者が意志をもちプロジェクト学習の「目標」を立てることができるのか，その前提となるテーマ決めと合わせて次に述べます。

● 目標の前に「テーマ」が存在する

　プロジェクトの目標を決める前に，そもそもこのプロジェクトでどんなことをするのかという，プロジェクトの「テーマ」を決める必要があります。テーマと目標はちがいます。「地域の歴史」をテーマにプロジェクト学習をするという場合，そこにはこうなってほしいという願い，例えば「地域の歴史を守りたい」あるいは「地域の歴史を伝えたい」など"何とかしたい"という願いがあってそのテーマにしているはずなのです。これはプロジェクト学習でいえば「目的」に当たります。

● プロジェクト学習における「テーマ」は「願い」

　テーマは題材を意味するときもありますし、ときにコンセプトとしての役割も果たします。一般社会のプロジェクトであれば「なんとかこの夢をかなえたい」「この事態をなんとか解決したい」と願っている対象をテーマにし、そこに向かってプロジェクトをスタートさせます。例えば、人と車が混在して事故が発生しがちな駅であれば、車道と歩道の分離をかなえる「テーマ：駅前再開発」など…。プロジェクト学習のテーマも同じです。自分が現実と向き合い何とかしたいと願っていることをテーマとします。だから自由に好きなものをテーマにしなさいと言うだけではいけないのです。

● 学習者自身がテーマを決める学習

　多くの指導者は、学習者が主体的になってほしい、自ら学ぶようになってほしいと願っています。そのために学習者自身が自分でテーマや課題を決められる学習を取り入れています。例えば、小中学校の「総合的な学習の時間」や高校や大学などにおける「テーマ学習」「アセンブリー・アワー」と呼ばれる自分で課題を追究していくスタイルの学習などです。自分で自分のすべきことを決める学習なので、指導者は「テーマは自由です。何でもいい、あなたの好きなことをテーマに決めましょう」と学習者へ伝えることも多いでしょう。結果、効果をあげているところもある一方、次のような問題も生じています。

> **「何でもいい、好きなことをテーマに……」の結果**
>
> **ケース1：決まらない**
> 学生がテーマをなかなか決められない、決められないから適当に決めている、ゆえにモチベーションにつながらない。教師がとりあえず決めなさいと言う。とりあえず決めたものなので、その後「テーマを変えていいですか？」と学習者が言ってくる……。
>
> **ケース2：フォローしきれない**
> あまりに多様で広域的なテーマが出てきて教師がフォローすることができない。そもそも多すぎる学習者の数に教師が足りない。態勢が整っていない。
>
> **ケース3：放任主義……？」**
> 学習者のテーマ決めに関し、どこまでどんなふうに関わったらいいのかわからない。教師にアドバイスやコーチングの経験やスキルがない。テーマを評価する術がない。各自を尊重したい、ゆえに放任主義でいく。

●「好き」だけでテーマにしない

　プロジェクト学習に放任主義はあり得ません。学習者の思考プロセス、課題解決プロセスを把握し、適切なアドバイスやコーチング、支援を行う必要があります。「好きなことはたくさんあるので一つに決めることができない」「どれにしていいかわからない」という学習者に対し、「一番好きなことにしなさい」と言って終えてしまうことはないでしょうか。一見、本人の意志を尊重しているようですが、「関心」や「好き」は気持ちや感情ですからどんどん変わります。そのたびにテーマを変えていたのでは、意志ある学びも、プロジェクトもスタートしません。

「題材」の考え方と決め方

●「題材」を先に決めておく

　前ページで述べたような問題が起きないような策が必要です。そこでこのプロジェクト学習ではどんな"題材"について行うのかを事前に設定し，その範疇で学習者が自分独自のテーマを決める，ということを行います。例えば防災という"題材"を設定しておき，それを学習者たちへ伝えた後，「あなたの関心があり，何とかしたいということを"テーマ"にしましょう」というようにします。

　さまざまなものが「題材」となり得ます。例えば［防災］［環境］［健康］［安全］［食］［コミュニケーション］［ケータイ］［図書館］［情報］［学び方］など。

　例えば「健康」が題材であれば，「『疲れがとれる食事』をテーマにしたい」や「熟睡できないから，『熟睡』をテーマにしたい」という具合に，学習者は自分なりの願いや課題意識と結びつけることができます。

この題材は要注意

　例えば，小中学校の総合的な学習や教科など行う際，「平和」や「戦争」「人道」など主義や価値観を固定してしまうもの，また近くの「海の埋め立て反対」など，主義やイデオロギーに関係するものは当然向きません。また「川」という題材で「川について好きなことをテーマを決めてやりましょう」ということも広すぎます。「地域」も然りです。「地域・伝承」というような題材にすることで，方向性のあるものとなります。

●「題材」決めの考え方

　プロジェクト学習における題材を決めるとき一番大切なことは，学習者にとって「自分ごと」と感じるものとすること，また目の前の現実社会や状況にある要素とします。なぜなら，現実は真剣さを要求するからです。それは同時に手応えのあるものとなり，成長につながります。さらに情報の鮮度が高く社会的にも旬な題材であることも，関心や意欲の高まりに通じます。その題材を探求することが自分にも社会にとっても役に立つような選択にします。それは学習者にとって，ミッションや誇りに通じ，励みになるばかりでなく，地域など協力者の支援も得られ一体となりプロジェクトを進められるという効果を得られます。

No.3-2

プロジェクト学習の「題材」を選ぶ視点

　現実：学習者にとって"自分ごと"で身近に感じるものであること
　価値：取り組む"必然性"を感じられるものであること
　貢献：その取り組みが"自分（たち）以外"の人にも役立つものであること

●「題材決め」には必然性がいる

　多くの場合，題材はその学年で習得する必要があるものや所属する学科，単元に関連性のある分野や領域に関係することになります。社会で大きく取り上げられているものもありえます。例えば，小・中学校などであれば，学習指導要領の中で重視されている「地域」や「環境」を題材にしよう，というようにです。

　プロジェクト学習は，一定期間にわたり真剣に意欲をもって続けていく必要がありますから，題材には"価値"や"必然性"が必要です。あらゆるものが題材となり得ます。

　大学などでは，「地域」をテーマに地域の商店街や地元企業などとコラボレーションしながら進めるプロジェクトも珍しくありません。学習者が「地域企業」と協力し合いながらプロジェクトを展開することで，人間的な成長やコミュニケーション力などの成長が期待されます。必要であれば，教師はなぜその「題材」にしたかという背景やエビデンスをそろえ，必然性を語れる必要があります。しかしさらに大事なのは，学習者自身がその題材に向かう価値や意義を感じスタートできるようにすることです（→ p.72［準備］のフェーズ）。

プロジェクト学習の〔課題〕とは

　プロジェクト学習の課題は，学習課題でもあり，自分ごととしての課題でもあり，他者のしあわせに通じる社会的な関心やニーズに応える課題でもあります。一人の人間としての願いや行動も含め，その解決へ前向きに向かう対象であり，「何とかしたい！」という強い思いとモチベーションをかき立てる性質をもちます。

〔テーマ〕と〔課題〕という表現について

　テーマ，課題という表現がしばしば同じ扱いで使われます。二つの言葉は共通する点もありますが相違点もあります。どちらも，論題，主張の意味，あるいはこれからの取り組むもの，といったとらえ方ができます。しかし〔課題〕という表現には，テーマにはない，「解決すべきこと」や「実践に活動したり考えたりして解決していく問題」といったニュアンスをもちます。

〔課題〕という表現の捉え方

　学校や社会や職場で使われる〔課題〕という表現には，大きく「与えられた課題」と，「自ら解決したいと見出すべき課題」という二つのとらえ方があります。この本で使うプロジェクト学習の「課題」という表現には，その両方の要素を合わせもちますが，基本的には，「解決すべき問題」としてその表現を使っています。それは自ら意志をもち，自ら解決したいと向かう姿勢こそがいま必要だと考えるからです。

3つの〔課題〕

学習〔課題〕

与えられた課題

学習や資料に対し取り組む主題。レポートや論文のテーマ，題目。与えられた資料から学習者が自分なりの課題を探究していく，という扱い

自分の〔課題〕

解決したい課題

自分にとってなんとかしたいと感じていること，克服したいもの

社会的〔課題〕

よき未来への課題

自分以外の人たち，社会，世の中にとってよりよき未来につながるために解決すべきこと

↓　↓　↓

プロジェクト学習の課題は3つの課題の要素を合わせもつ

学習〔課題〕　プロジェクト学習の〔課題〕　社会的〔課題〕
自分の〔課題〕

「目標」の考え方と決め方

●「題材」だけでスタートしない

「題材」が決まっただけで,プロジェクト学習をスタートすることはできません。

その題材について何をするのか,どこへ向かっていくのか,何のためにそこへ向かうのかという,具体的に目指すゴールとしての「目標」を明確に設定する必要があります。

もし「○○について」というだけでプロジェクト学習を始めるならば,向かう方向性もわかりません。曖昧なスタートは散漫な活動につながりがちで,成長に結びつきにくいものとなります。プロジェクト学習のスタートには,目指す到達ゴールの設定が不可欠です。

●「題材」と「目標」の関係

はじめにプロジェクト学習の「題材」の存在があり,その上で「それをなんとかしたい」という願い(目的)をかなえるための具体的な「目標」が決まります。例えば「防災・地震」という題材であれば,「地震で死にたくない」「助かりたい」「自分だけでなく,みんなで助かりたい」などが願い(目的)であり,具体的に「この町のみんなが助かるための防災提案集をつくる!」などがプロジェクト学習で目指す「目標」となります。

> **他者へ役立つ「目標」にすると…**
>
> ある医療系の大学においてこれまでは学生の自由を尊重して学生が自由に決めていい"好きなこと"で許容していたのですが,あまりにその範囲が広すぎて支援や評価などにおいてチューター役の教授たちにとって悩ましい状態でした。そこでこのプロジェクト学習の手法をとりいれ「患者さんの安楽をかなえる提案集をつくる!」を具体的な目標として行った結果,「患者さんの状況にあったリラックスをかなえる音楽の選び方を提案します」「術前の安心をもたらすコミュニケーションができる方法を提案します」など具体的で明確な方向性をもった展開となりました。

● 貢献性のある「目標」にする

学習者は,プロジェクト全体の目標を見つつ自分たちのチームの目標を決めます。プロジェクト学習は,現実の社会などへの貢献性を特徴としますから,例えば,「健康」を題材にした「健康プロジェクト」であれば例えば「20代女性が貧血になりにくい身体をつくる朝食の工夫を提案する」がチームの目標となります。

一人ひとりが自分の目標を立てて向かう「一人プロジェクト」もありますが,基本的にプロジェクト学習は同じ関心の人が集まりチームをつくり,チームでゴールへ進めます(→ p.81)。チームのメンバーで話し合い,チームが向かう目標(以後,チームの目標)を考えます。チームの目標は「スーパーにいるときに地震がきたときにどう行動したらいいか提案します!」「独居高齢者のいる家の最小限の避難グッズを提案します!」など具体的で,焦点の絞れたものとなります。このように現実と向き合い,他者へ役立つ成果を目指すというプロジェクト学習のゴールは,学習者のやる気と創造的なコンピテンシーを高めます。

> **「目標」は灯台**
>
> 「建設プロジェクト」はもとより，「駅前再開発プロジェクト」だろうが，「心臓移植プロジェクト」だろうが，プロジェクトには必ず目指す「目標（ゴール）」の存在があります。プロジェクト学習も同じで，具体的な目標を掲げそこに向かっていきます。目標は，学習者にとって向かうべき方向性を示す"灯台"であり，自分の活動や評価などの"拠り所"となる大切な存在です。「何のために」という目的の存在とともに「何をやり遂げたいのか」という具体的な目標を明確にかかげることが，意志ある学びのために不可欠です。何かを調べる時も，考える時も，作り上げる時も，プレゼンテーションする時も，何のために何をやり遂げたいのかという目的と目標の存在がよりどころとなり，学習者のよりクオリティの高い成果と成長をかなえます。

● 提案性のある「目標」にする

　「目標」は，"そこへ向かって"いくぞ！　という目指すゴールとしての存在です。

　例えば題材が「学校図書館」であれば，「今はどうなの？」と学習者へコーチングし，その現状に対する課題を発見できるようにします。例えば図書館の利用者がほとんどなくガランとしていることを発見したら，「図書館を活性化させるアイデア集をつくる！」がプロジェクト全体のゴールになります。

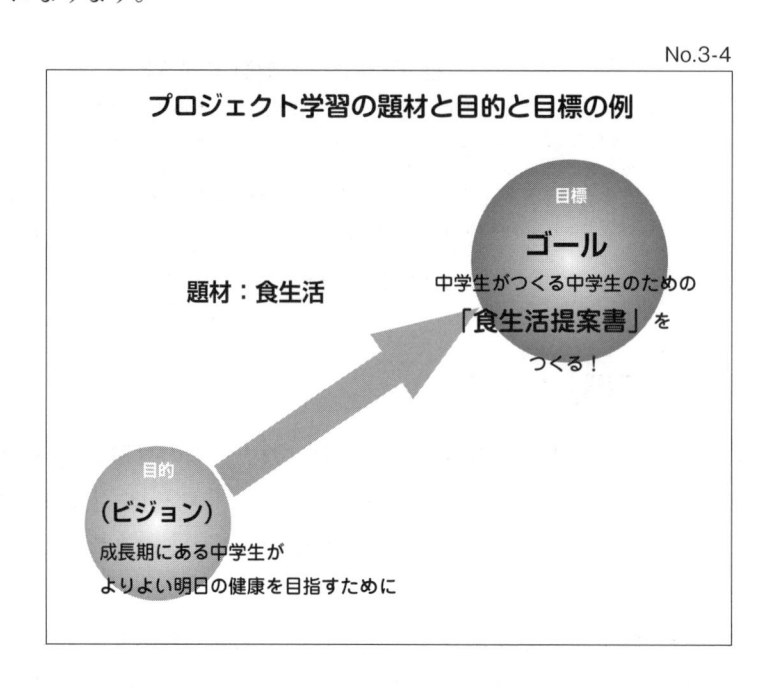

No.3-4

プロジェクト学習の題材と目的と目標の例

題材：食生活

目標
ゴール
中学生がつくる中学生のための
「食生活提案書」を
つくる！

目的
（ビジョン）
成長期にある中学生が
よりよい明日の健康を目指すために

　プロジェクト学習には，提案書作りやプレゼンテーションや演劇などいろいろな成果のスタイルがありえますが，私は「提案型の成果物」つまり「提案書」や「行動アイデア集」や「ガイドブック」的なものを作ることを勧めています。知的なものとして図書館にもおけますし，たくさん刷れば，一人ひとりの手にもわたります。それはうれしさに通じ学習者のさらなる学びへの意欲を高めます。

「提案」とは，その人の案＝"考え"を目の前の人に提供するものです。案とは「こうしたらいいよ」という方法や考えです。その内容は単にインターネットなどから「調べたもの」ではなく，根拠をもち「自分で考え出したもの」となります。

● 目標はなぜ「提案型」がいいのか

　ねらいは，課題解決力でありロジカル（論理的）思考に基づいて他者へわかりやすく伝えることができる力です。まさしくこの力を身につけるためにプロジェクト学習をしているのですから，学習のゴールは，"レポート"や"まとめ"ではなく「提案型の成果物」がいいのです。

　提案は，単なる知識の披露ではありません。確かな情報をもとにした自分の考えと，読み手の存在への意識があってはじめてできることです。さらに，読んだ人が納得し，「役に立ったよ」「ここで提案されているようにやってみよう」，そう言わせるためには，その題材の現状が的確に書かれていること，その現状の中の課題がエビデンスとともに明確に表されていること，その課題解決策が現実的かつ具体的に書かれていて，読んだ人がその通りやれば課題は解決するだろうと納得できるように，常に読み手を意識したものであることが求められます。これは，自分が書きたいことを書くこととはまったく違う次元の立ち位置を学習者に要求します。他者の身になって客観的に，自分の考えが再構築されている必要があります。ここで自分の内に高次の自分をもち，自らの言動，ふるまい，考え方などを客観的に見る，「メタ認知」という機能が働きます。教育の最終的なねらいの一つは，このメタ認知を学習者に宿すことではないでしょうか。「提案型」の目標にする意図は，まさしくこのメタ認知を機能させるところにあります。

> **熟考が必要な「題材」と「目標」を**
> 体験や身体を動かす活動ばかりのものは，プロジェクト学習としては要注意です。課題性があること，情報を活かして解決に向かうこと，学習者自身がそのプロセスを客観的にフィードバックしつつ熟考することを必要とすることがかなう「題材」と「目標」にしましょう。

教室で

「どう教えるか」ではなく
「どう熟考を誘えるのか」を願い
「どう思考を深化させられるか」を考えたい

「課題発見」から「目標設定」に至る方法

● 「課題発見」と「目標設定」でワンセット

　ここからは,「目標」はどう設定したらいいのか,を説明します。まず目標について考えてみましょう。どんな目標であれ,目標にするということは「今はそうじゃない」ということです。例えば,「図書館を高校生にとって魅力的にする！」という目標であれば,その図書館は今,高校生にとって魅力がない,ということです。

　「職員が互いに学び合える環境づくりへのアイデア集をつくる」ということは,今は,学び合いの時間がとれない,職員室のレイアウトに問題があり,会話しにくい,などの現状に対する問題意識から生じた目標です。目標にするということは,そこに課題があるということです。課題や願いがあって初めて「目標」は生まれるのです。ですから指導者は学習者へ「目標を決めなさい」という前に「課題を発見しよう」あるいは,「今はどうなの？」と現状の課題への気づきやこうありたいという願いをあらためてもつための促しやそのための機会・時間を設ける必要があるのです。

　「課題」はいま,すでに感じている人もいれば,そうでない人もいます。ですから2週間程度,学習者にポートフォリオ用のファイルを渡し,「この題材に関する情報を集めよう」「あなたの気づきや考えも入れよう」と伝えます。学習者たちは基本的な知識も含め,さまざまなものをポートフォリオへ入れていきます。入れるだけでなく,パラパラとめくり,その全体を見ます。このようにポートフォリオを「俯瞰する」ことが大切です。この期間,学習者たちは,その題材を意識してものごとを見て,耳をそばだてます。いわば無意識だったものが意識化されるのです。その題材を意識して日々過ごすことが大事です,意識化されて初めて,課題は浮き上がるように見えてきます。

● 「課題」を「目標」に昇華させるコーチング

　ポートフォリオに,その題材に関する現状や課題発見のメモなどが入ってきたら,あらためて俯瞰することを促しつつ,教師は,「今はどうなの？」とコーチングをします。「あれは危ない！」「なんとかしたい」「○○○は問題です」と学習者が言ったら,教師は「じゃあ,どうなったらいいの？」と「問題」を「願い」に昇華させるコーチングをします。学習者は「○○○になったらいいと思う」と"願いの表現"で表します。プロジェクトには「目的(願い)」と「目標(ゴール)」が必要ですから,この願いの表現が「目的」となります。続けて教師は,「じゃあその願いを実現するために,具体的に何をしますか？」「具体的に何を目標にしますか？」と問いかけます。すると学習者が「○○をする！」「○○をつくる！」という表現をします。これが目標となり,ゴールシート(→p.172)を記入することができます。これが課題発見から目標設定までの流れです。

　学習者が「何のために」「何をやり遂げたいか」,つまり「目的」と「目標」を自分のものとしてもっていれば,「意志ある学び」が果たせます。例えば学習者がネットで調べるとき,アンケートの対象を考えるとき,プレゼンテーションの工夫を考えるとき,「何のために調べて

「目標」チェックリスト

- □ その目標は，課題や願いからスタートしているか
- □ その目標は，理想的なところを目指しているか
- □ その目標は，目の前の現実から生まれているか
- □ その目標は，抽象的でなく具体的なものになっているか

- □ その目標は，知識やスキルを活用するものになっているか
- □ その目標は，目に見える行動を伴うものになっているか
- □ その目標は，何かがよりよく変わるものになっているか

- □ その目標は，自己ベストを必要とするものになっているか
- □ その目標は，困難性を秘めているか
- □ その目標は，成果を生み出すものになっているか
- □ その目標は，達成する喜びを伴うものになっているか
- □ それがかなったら誰が幸せになるか

いるの？」「何のために，写真を撮っているの？」と尋ねたとします。その問いに漠然とした答えしか返ってこないようでは，たとえ情報を山ほど収集しても，写真を千枚撮ってきても，それは何の役にも立ちません。しかし「○○のために，○○をやり遂げるためにしているのです」と目的や目標を明確に意識した返答が返ってくるようであれば，意志ある学びを行っていることがわかります。きっとクオリティの高い成果に結びつくはずです。

● プロジェクト学習を始めるために

ここまで，プロジェクト学習を始めるために，特に大事な「題材」や「目標」について説明してきました。学習者が自分で目標を立てられるということは，それだけでも十分価値あることと言えます。指導者は学習者の意識や社会の状況を見てプロジェクトの題材を決めるばかりでなく，学習者たちが目標を立てられるようにどうコーチングするのか，またチューターとしてどうアドバイスするのか，また教科や学部を越え指導者同士が評価の観点などのコンセンサスをどうもつかなどを考え，体制を整備していく必要がありますが，本書では，まずはプロジェクト学習の具体的な手法に重点を置いて説明していきます。

課題解決学習，テーマ学習，プロジェクト学習等の共通点・相違点

　自分で自分のすべきテーマを決める学習には，小・中・高校における「総合的な学習の時間」や「課題解決学習」，専門教育や大学における「研究」などいろいろなものがあります。その内容や定義は多様ですが，現状で使われている表現をもとに以下にまとめます。

[調べ学習]
　小学校でよく使われる表現です。「調べる力」が身につくことをねらいとします，関心のあることや好きなことを子どもたちが決めて辞書やネットなどで調べます。日常の授業で行われます。

[テーマ学習]
　自分なりにテーマを決め，それについて調べて考えをまとめ，論文・レポートの作成や発表などが最後に実施されます。「テーマ学習」の基本的な手法は，「プロジェクト学習」への導入として行われることもあります。

[課題解決学習／問題解決学習]
　与えられた課題に対し，学習者が自分なりのアプローチで学習を展開します。また，関心があることや疑問について，仮説を立てた上でさまざまな情報集めなどの活動をしていくものもあります。学習者が問題を作り，その解決に向かうものもあります。これらは，いろいろな教科の中で実施することが可能であり，多くの学校で実践されています。学習者自身が課題を解決するために方法を考え追究し発表するというような展開もありますが，レポートや論文的なものを作成する形が多く見られます。テーマに向かい学習者が自発的に向かうことから「テーマ学習」として表現されることもあります。

[プロブレムベースドラーニング（ＰＢＬ：Problem Based Learning）]
　問題解決型あるいは問題基盤型学習と呼ばれ，大学などで普及しています。学習者は与えられた課題に対しいくつかのグループに分かれ，その問題解決へ向かって活動する点で，プロジェクト学習（ＰＢＬ：Project-Based Learning）と近いものがあると言えます。

2つのPBL

● [問題解決学習] とプロジェクト学習の相違点

「プロブレムベースドラーニング」と「プロジェクトベースドラーニング（プロジェクト学習）」は似た面もあり両方ともPBLと表現され混乱しがちですが同じものではありません。プロブレムベースドラーニングは，問題の解決に向かう学習ですがプロジェクト学習は，問題を解決することが最終ゴールではなく，ビジョンを実現することがゴールです。問題を解決しても単に「問題のない状態」になるだけですが，ビジョンを実現することは「夢や希望のある未来」を目指すことになるのです。

● プロジェクト学習はビジョンを実現するもの

プロジェクト学習は問題を解決することが目的ではなく，創造的な成果をねらいとします。ビジョンの実現へ向かうという高い志をもって活動するので，クオリティの高い知的な成果が生まれやすく，前向きさやモチベーションにもつながります。

人は「いい未来につなげるぞ」というミッションをもちながらポジティブな気持ちで向かうほうが，潜在的な能力も発揮しやすいものです。「課題に向かう」のではなく「ビジョンの実現に向かう」プロジェクト学習は，意志をもち前向きに挑戦する姿勢や意欲へ大きな効果を発揮する手法であることは，その多くの実践事例から示されています。

問題基盤型学習（Problem Based Learning）

↓平常ライン
←問題解決
←問題（与えられた課題）

プロジェクト学習（Project Based Learning）

↓平常ライン
←ビジョン実現（喜び・達成感・意欲・自信）
←問題解決
←問題（自らの意志で向かう課題）

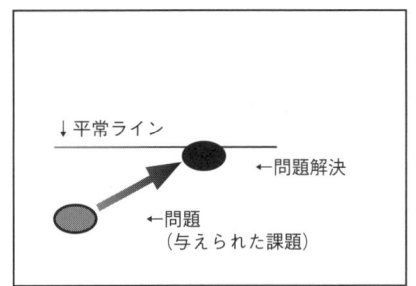

PBL:Problem Based Learningとは
学習者は与えられた課題を動機付けとして学習する。問題状況を利用して，知る必要がある学習活動を行う（教師指導型）。「PBL－判断力を高める主体的学習」医学書院より抜粋

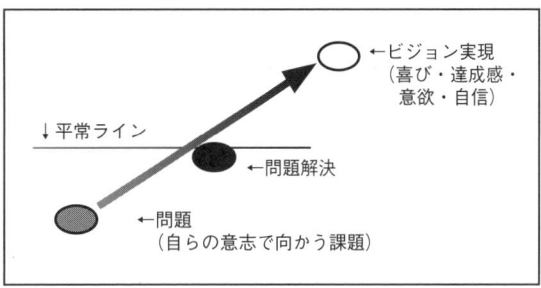

未来教育―プロジェクト学習：Project Based Learningとは
「意志ある学び」を理念としたプロジェクト手法による学習手法。ビジョンとゴールを明確にして学習者自ら貢献性のある成果をゴールとして向かう学習。論理的思考，課題解決力などが身につく。コーチングと共に展開する。鈴木敏恵が設計，実践提唱している。現在，全国の学校や医療分野などのプロフェッショナル教育に拡がっている。コンピテンシーの育成の実現が期待できる。

3章　実践への理論と手法

ポートフォリオで知の再構築

● 価値ある［再構築］のフェーズ

　プロジェクト学習の一連の活動のなかでもっとも価値あるフェーズが，この［再構築］（→p.115）のフェーズです。「もっとも価値ある」とは「学習者が成長する」ことに一番機能するということです。もちろんほかのフェーズでも価値あるスキルが身につきます。しかしこの［再構築］のフェーズでは，これまでに獲得した知識やスキルや経験を総動員して融合させるだけでなく，さらに新しいいくつかのコンピテンシーを必要とします。

● 文字で伝える力を身につける［再構築］

　プロジェクト学習は，自ら見出した課題を現実的に解決する方法を考え出し，他者に役立つ提案をするものです。そのためには，エビデンス（根拠，証拠）を添え，簡潔でわかりやすく方法や考え方を伝える力が必要です。伝える力が身につくフェーズとしては［プレゼンテーション］もありますが，なぜさらに［再構築］のフェーズがいるのでしょうか。それは，ねらいとするものが異なるからです。どちらも考えを伝えるための「表現力」が身につきますが，プレゼンテーションのフェーズでは主に言葉を使って目の前にいる「聞いた人」が納得できる「話す力」を高めます。再構築のフェーズでは，主に文章や図などで目の前にはいない「読んだ人」が納得できる「書く力」を高めることをねらいとしています。

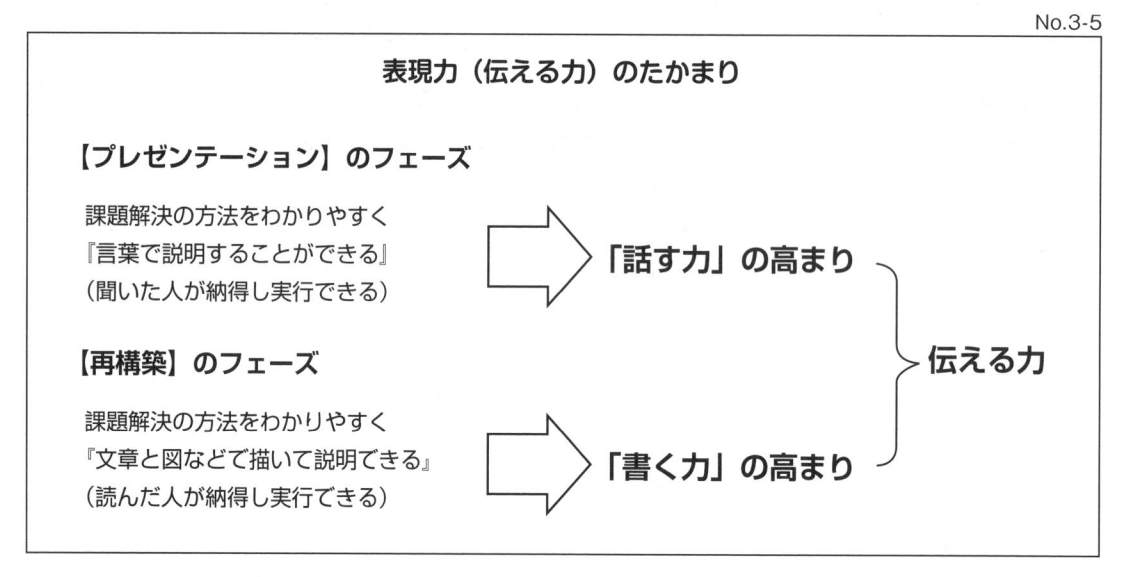

No.3-5

```
表現力（伝える力）のたかまり

【プレゼンテーション】のフェーズ
  課題解決の方法をわかりやすく
  『言葉で説明することができる』    ⇒ 「話す力」の高まり ┐
  （聞いた人が納得し実行できる）                        │
                                                      ├ 伝える力
【再構築】のフェーズ                                    │
  課題解決の方法をわかりやすく                           │
  『文章と図などで描いて説明できる』 ⇒ 「書く力」の高まり ┘
  （読んだ人が納得し実行できる）
```

　［再構築］で作る「凝縮ポートフォリオ」は，冊子などの媒体と近いものです。それは，図書室などに置かれ，多くの人の目に触れます。プレゼンテーションのように，提案者がそばにいて直接話して説明できるものではありません。

　「凝縮ポートフォリオ」はそこに表現されたものだけで，課題解決の方法を説明し，読んだ人に「なるほど，そうすればいいのか，私もやってみよう」というように，動機づけとともに具体的なふるまいや手順などをわかりやすく伝えることのできる知的な表現物なのです。

● 再構築に意図された「論理的思考」

　プロジェクト学習のゴールとして，学習者は「自分の考えを，根拠をもち，他者へ役立つように伝える」成果物として，A3サイズ1枚の「凝縮ポートフォリオ」を作成します。それは「このようにしたらうまくいく，解決できる」という「課題解決」の方法を具体的な行動やふるまい（コンピテンシー）の手順を示して提案するものです。「凝縮ポートフォリオ」の作成はA3サイズ1枚というその制限から，学習者に的確で簡潔な表現を余儀なくさせます。一方で，紙一枚を俯瞰することで，主張したいこと，その根拠を含む，そして，理由，結論として具体的な提案をわかりやすく展開するという筋道の通った論理的思考が果たせるように意図されています。

● パラグラフで『思考の構造化』

　プロジェクト学習の成果を「凝縮ポートフォリオ」という形で表現するためには，読み手の思考の流れをイメージし，わかりやすく主題の現状，具体的な提案というように一つひとつ論理的にA3サイズの紙に展開していく必要があります。これらは，パラグラフ（文節，一つの考えのかたまり）化したテキストやグラフや概念図などをうまく組み合わせて構造的に表現することでかないます（→p.48の図参照）。再構築は単にまとめた知識を文章だけで紙の上にすらすら書くことではなく，これまでに獲得した，パーツとしての知識（部分知）を関係づけたり，分析，比較したものを要約したものを適切に図やグラフや概念図化したものと組み合わせて構築する知的作業です。いわば「思考の構造化」です。その現れが，凝縮ポートフォリオの紙面となるのです。その表現は課題解決の手順の概念化し，論理的にデザインしたものとなります。

再構築のフェーズで高まる「言語活動の充実」「PISA型学力」

　プロジェクト学習の各フェーズでは，新学習指導要領でも重視されている「言語活動の充実[1]」や，PISA型学力，主に「読解力[2]」を高めることができます。特に［再構築］のフェーズで作成する凝縮ポートフォリオは，他者に役立つ提案型の「知の成果物」としているので，思考力，判断力，表現力……根拠ある情報を手に入れ，自分の頭で考え判断しわかりやすく表現する力を高めます。さらに，凝縮ポートフォリオの特徴でもある，制限性，客観性から，平易，例示，簡潔，総括，結論と理由・論拠・証拠，図・グラフ・表（非連続テキスト）の表現，項目立て，順序，小見出しを適切に考えだすことができるなどが効果的に高まります。

---

[1] 「言語活動の充実[1]」文部科学省「新学習指導要領・生きる力」より
　　言語活動の充実に関する指導事例集【小学校版】【中学校版】

[2] PISA（OECDによる国際学力調査）における「読解力[2]」文部科学省サイトより
　　思考プロセスの習得，概念の理解，及び各分野の様々な状況でそれらを生かす力を重視。
　　読解力の定義が，「自らの目標を達成し，自らの知識と可能性を発達させ，効果的に社会に参加するために，書かれたテキストを理解し，利用し，熟考し，これに取り組む能力」（下線：新たに加えられた部分）となった。読解力はただ単に読む知識や技能があるというだけでなく，様々な目的のために読みを価値付けたり，用いたりする能力によっても構成されるという考え方から，「読みへの取り組み」(engaging with written texts) という要素が加えられた。つまり，読むことに対してモチベーション（動機付け）があり，読書に対する興味・関心があり，読書を楽しみと感じており，読む内容を精査したり，読書の社会的な側面に関わったり，読書を多面的にまた頻繁に行っているなどの情緒的，行動的特性を指す。

No.3-6

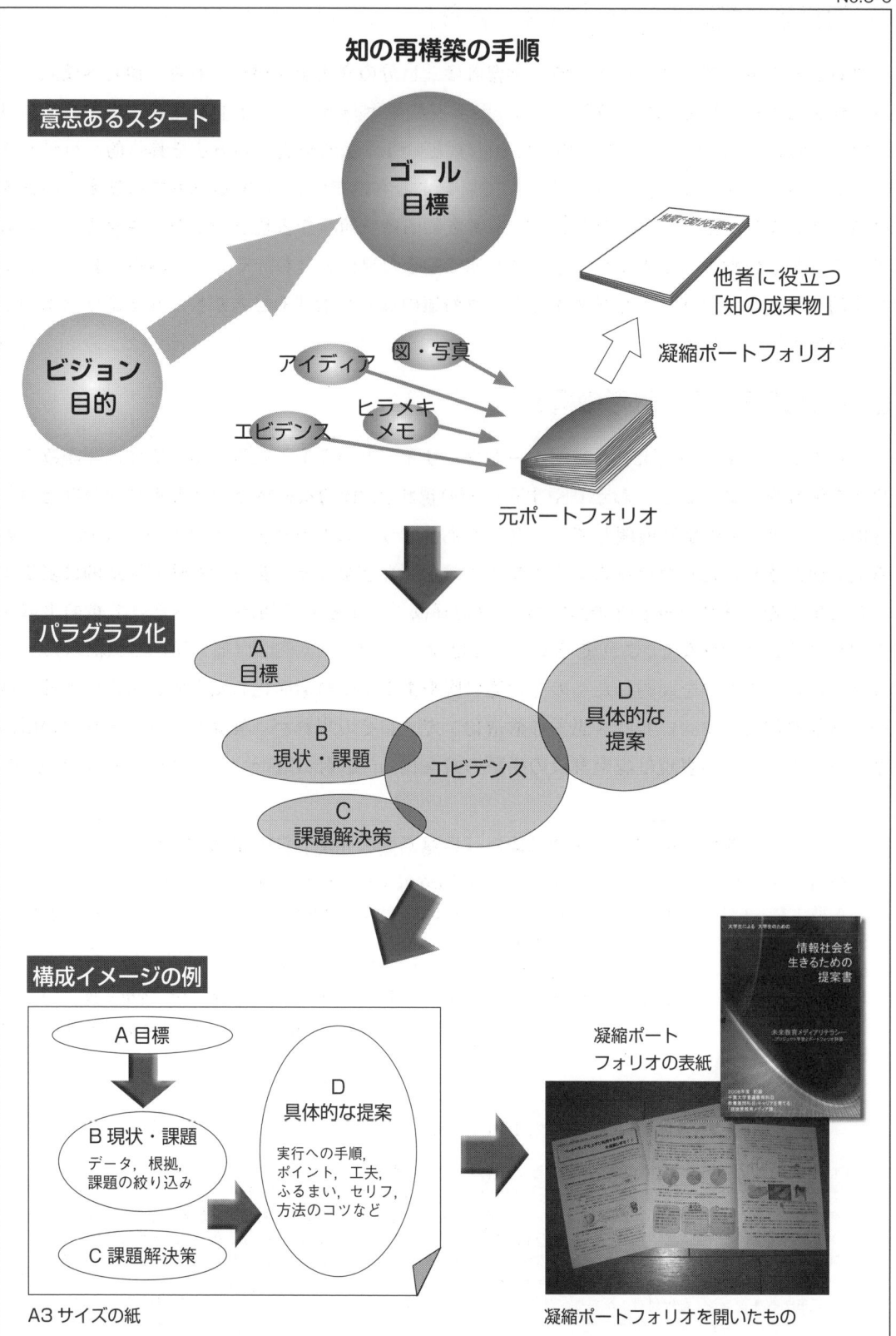

知の再構築の手順

意志あるスタート

- ビジョン 目的
- ゴール 目標
- アイディア
- 図・写真
- エビデンス
- ヒラメキ メモ
- 元ポートフォリオ
- 他者に役立つ「知の成果物」
- 凝縮ポートフォリオ

パラグラフ化

- A 目標
- B 現状・課題
- C 課題解決策
- エビデンス
- D 具体的な提案

構成イメージの例

- A 目標
- B 現状・課題
  - データ，根拠，課題の絞り込み
- C 課題解決策
- D 具体的な提案
  - 実行への手順，ポイント，工夫，ふるまい，セリフ，方法のコツなど

A3 サイズの紙

凝縮ポートフォリオの表紙

凝縮ポートフォリオを開いたもの

「再構築」を指導する手順

今までやっていた授業や講義をプロジェクト学習の手法で行う手順は4章で詳しく述べますが、ここでは、再構築についてどう指導するかについて伝えます。冒頭に、「意志ある学び」が重要であること、その手段として「プロジェクト学習」と「ポートフォリオ」で展開することを学習者に伝えます。

No.3-7

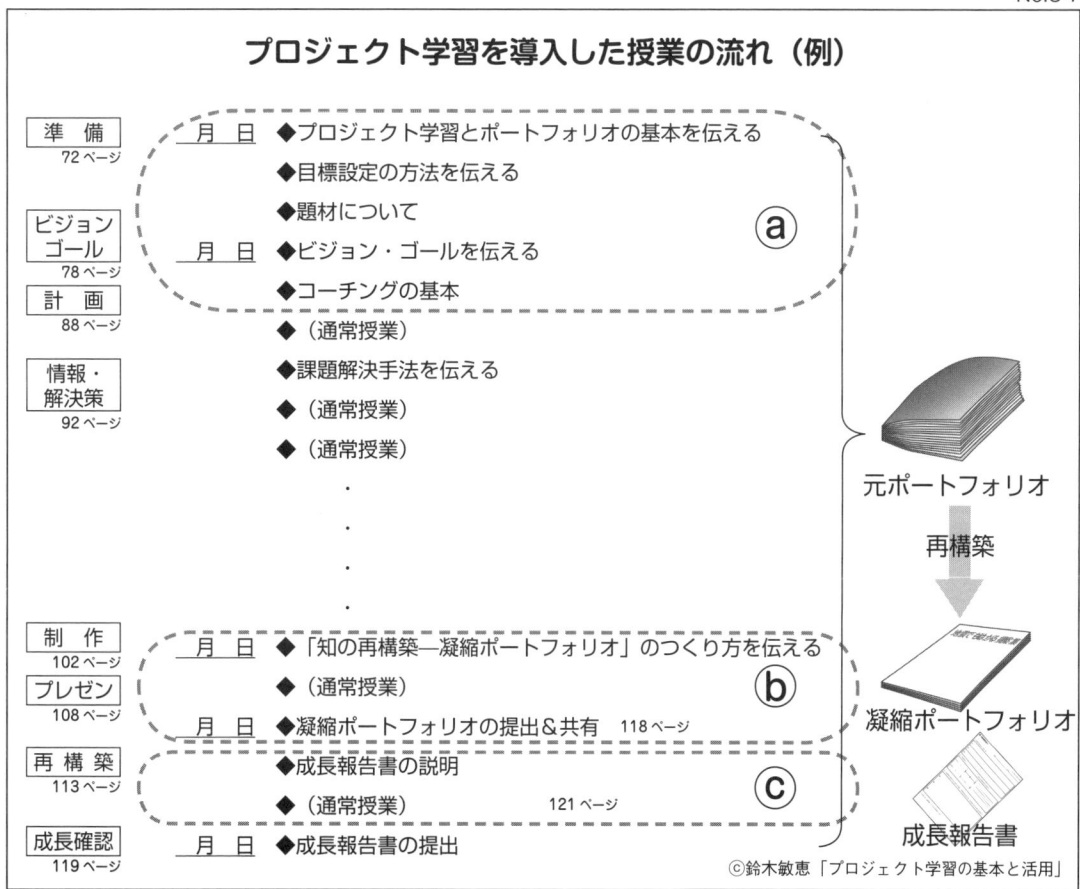

プロジェクト学習を導入した授業の流れ（例）

準備 72ページ	月 日	◆プロジェクト学習とポートフォリオの基本を伝える	ⓐ
		◆目標設定の方法を伝える	
		◆題材について	
ビジョン ゴール 78ページ	月 日	◆ビジョン・ゴールを伝える	
計画 88ページ		◆コーチングの基本	
		◆（通常授業）	
情報・解決策 92ページ		◆課題解決手法を伝える	
		◆（通常授業）	
		◆（通常授業）	
		⋮	
制作 102ページ	月 日	◆「知の再構築—凝縮ポートフォリオ」のつくり方を伝える	ⓑ
プレゼン 108ページ		◆（通常授業）	
	月 日	◆凝縮ポートフォリオの提出＆共有　118ページ	
再構築 113ページ		◆成長報告書の説明	ⓒ
		◆（通常授業）　　　　　121ページ	
成長確認 119ページ	月 日	◆成長報告書の提出	

元ポートフォリオ → 再構築 → 凝縮ポートフォリオ／成長報告書

©鈴木敏恵「プロジェクト学習の基本と活用」

ⓐ スタートする「凝縮ポートフォリオ」のことを伝える

この授業はプロジェクト手法で行うこと、この日からポートフォリオをスタートすることで、「凝縮ポートフォリオ」と「成長報告書」を最後に提出することを、学習の一番初めにきちんと伝えておくことが肝心です。学習の成果として最後に元ポートフォリオを再構築し、「凝縮ポートフォリオ」を作成し提出することを、はじめに伝えます。

ⓑ「凝縮ポートフォリオ」の作り方を説明する（提出2週間前）

「凝縮ポートフォリオ」の提出の直前ではなく、少なくとも2週間以上前に学習者へその作成手法を説明します。創造的な作業を経験して欲しいということを率直に伝え、再構築の条件のなかで自分で自由に表現を工夫するように言います。

ⓒ 学習者が「凝縮ポートフォリオ」を提出する

「凝縮ポートフォリオ」は、一連のプロジェクト学習が終了する2〜3週間前までに提出してもらいます。その理由は、指導者が評価するだけでなく、学習者同士で「凝縮ポートフォリオ」を見ることができる（評価できる）時間を設けるためです。また学習者が、再度作り直して提出できるチャンスを提供するためでもあります（→ p.118）。

49

「再構築」の制作・意図・価値

学習者へ「再構築」の仕方を説明するとき，「作り方」だけを言うのではなく，その意図やどんな力が身につくかといった価値も以下のように伝えます。

A3サイズ1枚である意図

◆ A3サイズ1枚である意図

　基本的に凝縮ポートフォリオは「A3の用紙1枚」にします。なぜならば，「制作そのものに時間や手間がかからないだから」です。表現媒体が複雑であったり煩雑であれば，そこに力がとられてしまいます。制作作業そのものよりも，よいコンテンツの追求にこそ多くの精力を使って欲しいものです。ここでのねらいは表現するためのスキルではなく知の構造化であり，それを素直に表現できることが大事なのです。身につけたいのは「俯瞰する力」や「全体知」，「知と知を関連づける力」，「考えをビジュアル的に表現できる力」などです。「A3の用紙1枚」という宇宙のなかにどう論理的に課題発見から，課題解決策に到るまで表現できるかに価値があるのです。

◆「制限性」が本質を見極めさせる

　何ページも使って表現していいなら，選択力も構築力も身につきません。たった「A3の用紙1枚」にという制限があるからこそ，自分なりの概念の構築に苦しみながら力をつけるのです。制限の存在が自分が表現したいことの本質や普遍性を見出させることで成長するのです。パソコンのプレゼンテーションソフトやWebページなどの表現メディアであるときも，同様の視点をもつといいでしょう。

◆「俯瞰」できる

　ひと目で全体が把握できる表現ができているということは，思考が構造化されているということです。A3の用紙は，A4の用紙を2枚を貼り合わせたものともいえます。つまりA4サイズの本の中の見開き2ページを作っているという設定なのです。他者に役立つ「○○の提案書」ということで，読み手が本の見開きページを開き俯瞰している，という設定でもあります。表現をA3の紙面いっぱいにするということにより，相手を意識した表現力も身につきます。読み手の思考を逆に読む行為とも言えます。

◆「知の構築」が一目でつかめる

　獲得した知識を論理的に関連づけ，わかりやすく構成しているのがこの擬縮ポートフォリオです。全体が一目で見えるように表現することは，部分知から全体知という思考を1枚の紙の上で展開するということとも言えます。ここでいう「部分知」は，例えば，パラグラフの一つひとつというとらえ方もできます。一目で見えるので，例えば現状と解決策を照らし合わせて見ることができます。

「再構築」の条件

　学習の成果を凝縮ポートフォリオに再構築する際に「なんでも自由に表現してください，条件はありません」というわけにはいきません。なぜなら制約があればこそ，人はギリギリまで言葉を研ぎすまし，文章や表現を工夫するからです。

　次のような条件を伝え，説明をします。その際には，提出物の説明という観点だけでなく，世の中ではこういうことが求められているのだよ，という言い方で，さまざまなことがらと関連させながら伝えます。

再構築の条件

◆ **読んだ人の役に立つこと**
　読んだ人が「こうすればいいのか」「なるほど助かった！」「この通りにやってみよう」と，思い行動できる役に立つ提案であること。

◆ **「意志ある提案」であること**
　「調べたこと」を書くのではなく，自分の考えであること，自分自身の課題意識があり，その課題発見から解決策までを現実的に展開させたものであること。ビジョンとゴールがはっきりしていること。
　「課題は○○です」「○○しましょう」という提案型であること。自分自身の体験からくる具体的なエピソードを入れることもいい。提案とは案（考え，アイディア）を相手に提出すること。こうしたらいいですよ，ということを相手に伝える，これが「提案」。

◆ **「根拠ある情報」を添えること**
　「根拠ある情報」を必ず添える。出典，日付を添えること，インターネットからの引用はごく一部データなどであること，情報，ＵＲＬ，月日を添えること。ネット情報は削除されてしまうこともあるから，凝縮ポートフォリオに使ったweb上の情報はプリントアウトしてポートフォリオに入れてあるはず。

◆ **全体構成とビジュアル（概念図など）について**
　概念図，写真，円グラフ，比較表などを含め，必ず"ビジュアル的に表現"すること。
　なかでも概念図は，本質を押さえていないと描けないものである。伝えたいことを図形化，イメージ化して表現できるということは事象を普遍化できるということであり，概念図を描くためには，部分知が全体知となるような思考スキルが必要となる。表現スタイルとしても，感性に直感的に伝わるビジュアルな表現がないと人は心が動かないものである。文字だけで全体を埋め尽くすことなく，紙面の全体構成が筋道の通った「思考の構造化（＝論理的な）」の表現になっていることが必要。

◆ **「解決策」をふまえ『具体的な提案』であること**
　現状の課題や問題点を明確にし，その解決策や対策を『具体的な提案』として表現すること。抽象的でなく現実的で具体性をそなえていること，実行可能なこと。そのために具体的な方法を書くこと。再構築は，解決策のアイディアとして自分が書きたいこ

とを書くのではなく，相手のために書くものである。読み手の行動や意識を本当によく変えることを意図するものである。そのため実際に具体的な，手順やポイント，コツなどを含むこと。「知識」でなく「人」を核とし，「読んだら→できる」というようなものが書かれていること。

創造的なものを生み出す喜び

凝縮ポートフォリオはレポートや論文とは違います。それは，文字ばかりではなく，わかりやすい工夫のために絵を描いたり，概念図をそえるなど，創造的なものです。人は誰でも自分が創り出したものを見ると，いとおしく感じ，喜びを覚えます。

● 学習のゴール＝社会のニーズ

　他者へ役立つ成果物を生み出すということは，プロジェクト学習の理念の現れです。自分のためとか，先生に提出してそれで終わりというのであれば，意外に最善の力を尽くさないものです。しかし「他者に役立つ成果物」，言い換えれば誰かに喜んでもらえる成果へ向かうとき，人は高い気持ちが身に入るかのように姿勢もすくっと自分のすべきことに立ち向かいます。それが困難で面倒な作業であったとしても。使命感にも似た気持ちをもち向かいます。自分がすることで誰かが助かると言ってくれたり，うれしそうにしてくれたりする。学習のゴールを社会のニーズにすることは，単に学習意欲を高めるだけでなく「何のために学ぶのか？という問いを満たすことにもなります。このプロジェクト学習を経験した人は，この問いに対し「未来をよくするため」と言うかもしれません。

プロジェクト学習の評価

　プロジェクト学習は，正解のない学びです。また，それは結果だけを見て○や×で判定するようなものではなく，目標へ至るプロセスにおける成長を重視します。その評価は他者と比較するような性質のものではなく，基本的に絶対評価であり，かつ自己評価です。それは，自ら成長するためには，自分のやっていることとその成果を自分自身で客観的に評価できる力を身につけることを大切にするからです。

● 何のために評価するのか？

　評価は成長のためのものです。「明日，もっとよくなるために」評価を活かします。成長とは，今までできなかったことができるようになること，それは技術かもしれませんし，他者への丁寧な接し方かもしれません。たくさん知識を得て世界が広くなることかもしれません。夢をかなえるために資格，昇進，成績アップ，いいスケッチや図面が描けるようになることかもしれません。粘り強く工夫してできなかったことができるようになる。成長はよき変化変容。人の心や小さな花の可憐さ精密さに気づく敏感さ……知を得て昨日は見えなかったものが見えるようになる……成長し続けたい，人はそれを望みそれを評価で確かめようとします。

◆ それは自分自身を高めるもの

　成長のための評価は，何点とれたとか，他の人と比べるものではありません，またできなかったところを探して落ち込むようなものでもありません。成長のための評価とは，これまでやってきたことを振り返り，そこから大切なことや価値を見出し，未来へそれを活かすものです。活動している最中には，大切なことは見えないものです，振り返ってその全体を俯瞰し，静かに見て初めて，本質や普遍性といった価値あるものが見えてきます。成長を望む人は，無意識のうちにその瞬間瞬間ごとに自分のふるまいや行動を評価します。そして，さらによくできないか考え，判断し，行動に移します，成長とは，このアクションとリフレクションの繰り返しで，伸びやかに上昇する螺旋のようです。すくすくと天に伸びる朝顔の蔓が水や栄養を必要とするように，私たちも伸びるために自己評価しつつ「知」を求め身につけます。

　いま何ができて何ができないかという現状を知ることも，評価の目的です，それがわかれば，自分が学ぶべきこともわかります。常にフィードバックして「ここが！」ということを自ら見出せる人，自己評価できる人は成長できる人です。

評価とは…

評価は，「結果」ではなく「プロセス」を見る
評価は，よくないところを探すことではない
評価とは，ランクづけや査定にあらず
評価とは，価値を見出すこと…

価値あることは俯瞰してはじめて見える
ここにポートフォリオが活きる

3章　実践への理論と手法

● 何を評価するのか？

　評価するのは「学習者の成長」です。しかし「成長」はその人の内面にあり，そのままでは見ることができません。評価は何かに現れないとできません。それは例えば言葉，ふるまい，何を見ているかなどの日常に現れます。意図的に評価したいときには，ペーパーテストで判定したり，レポートや論文として書かれたもの，作られたものを吟味したりします。また，例えば「やってみる，やって見せる」，あるいは「説明できる」「演じて表すことができる」など内在する能力や感性として，身についたものを発揮させることで評価の対象とできます。評価と成長は一体です。それがうまく機能として働くように設計されたものが，プロジェクト学習の基本フェーズであり，そのプロセスや日々の成果を目で見ることができるのがポートフォリオの存在です。

◆ ポートフォリオでコンピテンシーが見える

　プロジェクト学習では，新しい時代に必要なさまざまなコンピテンシー（知識やスキルを現実に活かせる力）を習得することができます。コンピテンシーとは，例えば，課題発見力，コミュニケーション力，状況に応じた対応力などです。これらは数値化してはかれるものではありませんが，内包する能力や感性を可視化することはできます。それを評価の根拠とすることは可能です。ポートフォリオの中身には必ず日付や場所や誰からもらった資料かなどその事実の片鱗が入っています。またそのとき自分がメモしたものなども入っています。コンピテンシーは現実の行動のなかでこそ生きてはたらく力ですから，ポートフォリオを見ながらエビデンスをもとにしたエピソードを豊かに含めた対話をすることで，その人の行動やコンピテンシーが浮き上がるように見えてくるのです。

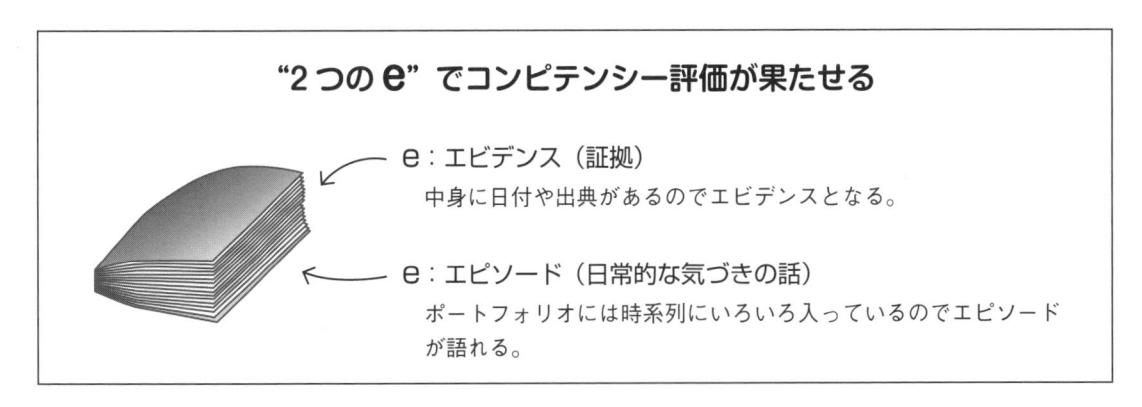

"2つの e" でコンピテンシー評価が果たせる

e：エビデンス（証拠）
中身に日付や出典があるのでエビデンスとなる。

e：エピソード（日常的な気づきの話）
ポートフォリオには時系列にいろいろ入っているのでエピソードが語れる。

◆ 人は，日々，変わる

　コンピテンシーは，現実のなかで生きてはたらく力です。現実は常に動的であり，現実を構成する事物は一つひとつが変化しつつ複雑に関係し合い，静止していません。人の成長や動きや状態も同様です。液体や気体のように，瞬時に形や様子を変えます。このことを考えると，「あの子はできない」などという見方や評価が誤ったものであることがわかります。いまその状態

にあるだけ，あるいはそう見えるだけにすぎません。今はできないけど，明日はそうでなくなるかもしれません。すべては変わることが必然なのですから。評価者は，すべての人は変化し続ける可能性に満ちているということを，きっちり胸に置いておきたいものです。

◆ 完璧な評価はない

　評価するためには，その対象の事実や情報を十分にもっていることが必要です。言い換えれば，その対象を理解する努力なしに評価はできません。だから，よき教師は学習者とともにありたいと望み，まなざしを注ぎます。しかし24時間一緒にいるわけにもいきませんし，ここにポートフォリオが機能しますがすべての行動や学びの様子がポートフォリオに入るはずもありません。つまりどんなに優れた評価者や評価手法であったとしても，評価には限界があるということを覚悟しておく必要があります。それは評価者の心を謙虚にさせるでしょうし，評価される側にとってもさわやかな"受けとめ"をもたらすのではないでしょうか。

● どうポートフォリオを評価に活かすのか

　さてここから，あらためて実際にどうポートフォリオを評価に活かすのか，説明します。

◆ 自己評価とメタ認知

　ポートフォリオは，自己評価が基本です。ポートフォリオは指導者のものでなく，学習者本人のものです。それはいつも身近にあることが大切です。自己評価の根底には，「成長への願い」が必要です。それは，内在する高次の自分の存在そのものです。その高次の自分は，客観的に自分の思考や判断，表現，行動などを見て，よりよくするために働く「メタ認知機能」と言い換えることもできます。

◆ 自己評価のモチベーション

　自分のした仕事やその成果を自分で評価してもっとよくしたいと思う。この高い志こそ自己評価のモチベーションなのです。自己評価は，自分を決めつけるものでも善悪をジャッジするものでもなく，明日の自分のふるまいや考えを高めるためのものですから，それは理性的に行われる必要があります。曖昧な記憶ではなく，エビデンスを備えた一連の事実の積み重ねや因果関係など，一つひとつのプロセスを客観的に追う必要があります，ここにポートフォリオが活きるのです。

◆ 課題解決プロセスの可視化から

　ポートフォリオには，実在する場所，できごと，そのときの自分や関係する人々の状況，社会的背景，その学びや仕事に使った資料やデータなどが日付入りで入っていますから，ポートフォリオがあれば，自分の課題解決プロセスを追うことができ，なぜその自己評価になったのかを振り返ることもできます。

　その「エピソード」（＝自分に記憶されたささやかな自分の物語）が見えれば，もっとよく成長できる詳細な道筋を描くことができます。それは明日の自分が目指したい，学びの工夫であったり，他者とのやり取り，思考プロセス，判断，表現などと発展することにつながります。

● プロジェクト学習と評価

◆「自分で自分を成長させる人」をかなえる評価

　成長のための評価は，学びや活動の状況を把握し，それに応じて適切な工夫や支援を必要とします。そのため最後ではなく途中でそこまでの成果を把握し，その後の学習を促すために行う評価が必要です。このような評価は「形成的評価」とよばれています。学習者が現段階でどの程度，目標を達成できているかを見出し，習得度の調整や学習活動を工夫したりします。これまでは，このような評価は教師や指導者がするものというとらえ方がされていましたが，プロジェクト学習においては自己評価が基本ですから，形成的評価も学習者自身が行うこととなります。そのためにポートフォリオの存在が不可欠なのです。

◆ 5つのシーンにおける評価

　「自分で自分を成長させる人」の育成を目指す，これがこの本で伝えたいプロジェクト学習の本髄です。こうした考え方に基づくプロジェクト学習の評価をどうしたらいいのかを，ここから説明します。その評価場面は大きく「① 授業ごとの評価」「② フェーズごとの評価」「③ ポートフォリオの評価」「④ 凝縮ポートフォリオの評価，「⑤ 成長報告書」という5つのシーンとなります。（下図参照）

① 授業ごとの評価：
　アクションシートを用い，授業の目標と成果を照らし合わせて学習者が自己評価します。(p.57)

② フェーズごとの評価：
　フェーズごとに立てた目標を評価して次のフェーズへ行きます。(p.59)

③「元ポートフォリオ」の評価：
　「元ポートフォリオ」により課題解決のプロセスを評価します。(p.60)

④「凝縮ポートフォリオ」の評価：
　「凝縮ポートフォリオ」で課題解決力，論理的思考力，コンピテンシーを評価します。(p.61)

⑤「成長報告書」と「凝縮ポートフォリオ」で評価：
　「成長報告書」と「凝縮ポートフォリオ」を合わせて最終評価とします。(p.121)

No.3-8

プロジェクト学習における5つの評価

① 授業ごとの評価
② フェーズごとの評価
③ 元ポートフォリオ
④ 凝縮ポートフォリオ（成果）
⑤ 成長報告書

プロジェクト学習の評価

●「授業ごと」の評価

アクションシートを用い，今日の授業の目標とこの授業の成果（手元に記述したもの，会得したこと）を照らし合わせて評価します。

◆ ゴールを意識した授業

授業のはじめに「今日の目標」を明確にします。例えば，「今日の目標は○○をつかむ！です」と言いながら教師は黒板にしっかり書きます。学習者たちも，今日の目標は○○をつかむ！だなと念頭に置くようにアクションシート（下図）に，はっきり書きます。書くことで気持ちも集中します。「何のために何をやり遂げるのか」を自覚することで意志ある学びとなります。自分自身で活用や研究をするときも，今日の目標は，と目標を目の前に書いてからスタートします。

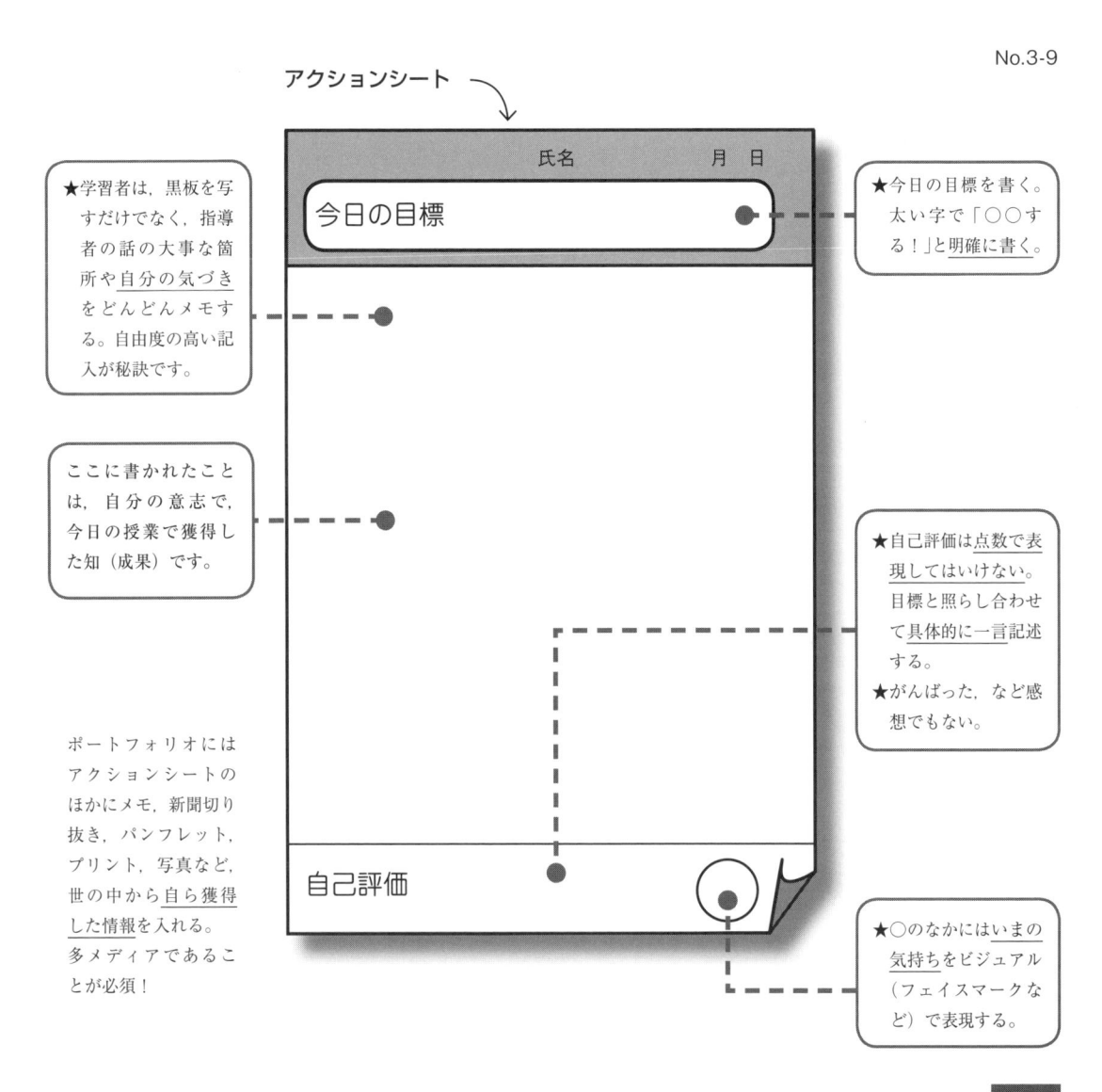

No.3-9

アクションシート

［氏名　　　　月　日　　　　　今日の目標　　　　　　　　　　　　　　　　　　　　　　　　自己評価　　　　　　　　　　　　　］

★学習者は，黒板を写すだけでなく，指導者の話の大事な箇所や自分の気づきをどんどんメモする。自由度の高い記入が秘訣です。

ここに書かれたことは，自分の意志で，今日の授業で獲得した知（成果）です。

★今日の目標を書く。太い字で「○○する！」と明確に書く。

★自己評価は点数で表現してはいけない。目標と照らし合わせて具体的に一言記述する。
★がんばった，など感想でもない。

ポートフォリオにはアクションシートのほかにメモ，新聞切り抜き，パンフレット，プリント，写真など，世の中から自ら獲得した情報を入れる。多メディアであることが必須！

★○のなかにはいまの気持ちをビジュアル（フェイスマークなど）で表現する。

3章　実践への理論と手法

◆ 「始まり」と「終わり」が大事

　「教科書の○○ページを開いてください。○は○○です。」というように始める授業は指導者主体です。それは学習者にとっては"与えられた学び"となり，受け身の授業となりがちです。「学習者が主役」にするためには，授業の始まりに「目標」を明確に学習者のものにするだけでなく，終わりの時間もまた学習者のものにするのです。

◆ 最後に自己評価タイムを設ける

　授業の終わりは，やりっ放しで終えずに，自己評価の時間をもちます。指導者は「自己評価の時間です，どうぞ」と学習者へ伝え，学習者へ時間を提供して終えます。学習者はこの時間に獲得した「知」を俯瞰してその成果を確認します，指導者に見てもらうのではなく自分で自分のやったことを客観的に見て終えることが大事です。

◆ 「自己評価」の手順

　学習者は，呼吸を整え静かな気持ちになります。そしてアクションシートの上に書いた「今日の目標」と今日の授業で獲得した「成果」を照らし合わせて評価します。書き終えたアクションシートはポートフォリオに入れます。

◆ 自己評価と感想は違う

　自己評価は感想ではありません。「楽しかった」「がんばった」という表現は感情を表しているに過ぎません。「目標に対してどうだったか」を簡潔に書きます。感情はアクションシートの右下の丸の箇所にフェイスマークなどで描きます。

◆ 成長へのモチベーションが湧く

　自己評価することで「何がわかって何がわからなかったのか」が自分でわかるので，次への学びの意欲となります。自己評価は「メタ認知」の行為です。自分の中に高次の自分をもち，客観的に自分を見ることが，次へのモチベーションとなります。それだけでなく，客観的に自らを見ることが習慣となるその学習が身につくこと自体が，このアクションシートのねらいでもあります。

アクションシートに記入している様子

●「フェーズごと」の評価

　フェーズをスタートする前に，そのフェーズにおける目標を立てます。またフェーズごとに身につけたい力を明確にします（→p.75）。ポートフォリオを活かして，次のフェーズへ行く前にこのフェーズにおける成果と成長を評価します。

◆「成果」と「成長」の目標をたてる

　フェーズをスタートするとき。「このフェーズでは何を目標とするのか」を学習者自身が考えチームで話しあい決めます。このフェーズで活動するにはどんな力がいるのかも考えます。

　例えば［情報・解決策］のフェーズ。目標も決めずに「とにかく情報を集めよう」では，どこまで情報を手に入れたらいいかがわからず，終わりのない活動になってしまうので，「情報獲得の目標」具体的に対象や人数などを決めておきます。そして「正確な情報を効率的に手に入れる力を身につける」といった「成長目標」も立てます。

　　　　　　　　＊　　　　　＊　　　　　＊

　ただ目の前のことをするだけでは，仕事も成長もそこそこの成果しか望めません。活動している最中も，仕事の区切りの間際にも，仕事を終えたそのあとも，もっとも高いものを求める自分自身の厳しい目で，その仕事や成果を俯瞰する冷静な意識をもつ。それが，成長するための自己評価です。この評価は他者にしてもらうものではありません。自己評価とは，自分の仕事や成果やプロセスや成長を俯瞰し，大切なポイントや自分の変化を見出すものです。自分のしたことから価値を発見するということです。自己評価する力は，自己成長力そのものとも言えるでしょう。

◆「成果」と「成長」を評価する

　一つのフェーズを終えるときは，そのフェーズの「目標」と「成果」と照らし合わせて「評価」します。成長目標（スキルなど）は事前にフェーズシートに記入しておき，その獲得の度合いも評価します。もし不十分であれば，「なぜ不十分だったか」を考えます。例えば「スキルが足りなかったのか」，「時間の使い方がよくなかったのか」など。また「成果」の評価に関しては「量」ばかりでなく「質」に注目することも大事です。

◆ ポートフォリオで自分の変化を見る

　このフェーズでは「○○の力を身につける」や「○○ができるようになる」それをフェーズシート（→p.173）に書いて，可視化してから始めます。それをポートフォリオに入れます。

　そして，そのフェーズが終えたあとに再び見て，「私はここでこの力が身についただろうか」と自己評価します。自分の成長を実感することは，次へのモチベーションにとても有効に働きます。フェーズや毎回の授業における自己評価，チーム評価の時間をもつことは大切です。

※チームプロジェクトを進めている場合，フェーズごとの成果目標はチームで話しあって決めます。成長目標においては，各自が自分で考え書くこともありますし，チームやクラス全体で話しあって決めることもあり得ます。学生や学習者の自律の状況などで決めます。

●「元ポートフォリオ」を評価する方法

◆ ポートフォリオを活かし「プロセス評価」

　元ポートフォリオの最初のページにはゴール（到達目標）が記入されていますから，目標とぶれていないか，目標到達に必要な情報が入っているかなど，その課題解決のプロセスを評価することができ，目標への到達状況がわかります。

　ポートフォリオを見ると，その人の行動や思考，現在の状況やどんな能力や個性をもっているかなども見えます。その人が行った行動がわかるものや考え方のメモ，あるいは，自ら獲得したさまざまな情報や写真，記録などを，ページをめくりながら順に見ていくことで，行動したこと，考えの手順，思考プロセスなどを追っていくことができ，そこから類推して知ることがかなうのです。

　また，いまどんな「知識」や「スキル」を獲得しているのか，目指すもののためには，何が足りないかなども見えるので，学習者のそばにいない外部の講師やゲストなど第三者でも支援や具体的なアドバイスもできます。

◆ ポートフォリオで「行動や思考の特性」を見る

　ポートフォリオを見ることで行動特性や思考特性がつかめます。例えば計算や思考のプロセス，アルゴリズムの組み立や手順が見えるのでそれを追っていくことで，「ここで私はいつも間違えるんだ」と，自分で自分のつまずく箇所もつかめます。あるいは，「あの専門家のところに最初に行くべきなのに，自分の行為ではそれが後となっていた」というようなことも見えるかもしれません。また「そういえば，この手順のここがスコッと抜けているわ。」というように。その結果，「ここを最初に押さえて，こういう流れで次はやろう」と自分で気づきます。ポートフォリオで俯瞰すればこそ，長期的な自分の行動特性や思考特性が見えるわけです。教師は「ポートフォリオで評価する」というのではなく，ここであげたようにポートフォリオを活かし，学習者自身が自分で自己改善につながる自己評価や分析ができることが大切と認識し，その促しがスマートにできることが大事です。

「元ポートフォーリオ」評価の観点

- ☐ 目標への到達状況はどうか
- ☐ 目的を忘れないで進行しているか
- ☐ 目標達成のために必ず獲得しなければいけないものは入っているか
- ☐ 目標達成に必要な何を経験し，何を経験していないのか，やっていないか
- ☐ 自分の行動への反応を推察する客観性をもったか
- ☐ 「行動，振るまい，言動」の影響，反応を意識し改善，工夫したこと

　基本的に「元ポートフォリオ」に点数をつけるようなことはしません。成績評価などは「凝縮ポートフォリオ」を対象とします。次ページ以降参照。

「論理的思考力」と「課題解決力」を評価する

●「凝縮ポートフォリオ」から評価できる3つの力

　プロジェクト学習のゴールとして，学習者は「凝縮ポートフォリオ」を作成します。それは自分の考えを，根拠をもち，他者へ役立つように『論理的』に伝えるものです。それは，自ら『課題発見』をして，情報を集め知恵を出し，「このようにしたらうまくいく，解決する」という『課題解決』の方法を，具体的な行動やふるまい『コンピテンシー』の手順で提案するものです。このような特徴をもつのでプロジェクト学習は，論理的思考，課題解決する力，コンピテンシーを高めることができるのです。

　さらに学習者が互いの「凝縮ポートフォリオ」を評価し合う場面を設けることで，その内容や表現を学び合い，自分の凝縮ポートフォリオをあらためてよりよくすることを身につけます（→p.118）。ここで『知的な改善力』も身につけます。

●「論理的思考力」「課題解決力」「コンピテンシー」

　論理的思考力や課題解決能力，コンピテンシーの育成についてはすでにいろいろな学校で実施されていますが，その評価に関しては，共通する評価の視点や習得段階が明確なものは，確立していないといえます。

　論理的思考力，課題解決力，コンピテンシーなどは，「これが正解」というものはなく，これらは基本的に現実の状況のなかで発揮する力と言えます。現実は常に変化していますので，たまたま1回できたからといって高得点に評価するというようなことや，○×をつけるような評価はできません。「論理的思考力」「課題解決力」「コンピテンシー」などを誰が評価しても公平に近い総括的評価（数値化できる評価）ができる方法はないものでしょうか。プロジェクト学習全体をフィードバックしてつくりあげる「凝縮ポートフォリオ」を活かした評価方法は，それに応えるものです。ここからなぜそれがかなうのか，実際どう評価するのか説明します。

●「凝縮ポートフォリオ」の前提

　凝縮ポートフォリオは，これまでのまとめでもなく，またペーパーテストやレポート，論文とも異なる作り方となります。元ポートフォリオを再構築して凝縮ポートフォリオを作成するときには，以下のような条件を踏まえて向かうことを前提としています。また，p.63からの評価観点も学習者に事前に伝えてから凝縮ポートフォリオをつくるよう伝えます。

再構築の条件

1. 意志ある提案であること
2. 根拠ある情報を含むこと
3. 概念図などビジュアル表現を含む構築的な表現
4. 読んだ人の行動化につながる貢献性を備えること

＊基本的にA3サイズ1枚（A4見開き）で表現

●「凝縮ポートフォリオ」の3つの特性

「凝縮ポートフォリオ」が総括的評価を可能とするのは，先の条件がもたらす，次の3つの特性を「凝縮ポートフォリオ」がもつからです。

特性1【制限性】　論理的な思考力・簡潔でわかりやすい表現力

A3サイズ1枚というその制限は，的確で簡潔な表現を余儀なくさせます。情報の取捨選択，ぎりぎりまでのコンテンツのそぎ落とし，絞り込みを求め，重要かつ不可欠な部材（主張，理由，結論）で構築し表現することとなり，その論理性を極めることになります。

本質を的確に伝えるために，文章で書くことがふさわしいのか，あるいは概念図やグラフ，写真などがいいのか考え，選択します。目でみてパッとわかるビジュアル効果を活かして表現します。それは本質を理解でき，現象を具体的にイメージすることができて初めて可能となることです。

特性2【俯瞰性】　部分知を全体知へ・知の体系化

俯瞰できるので，主張，理由，結論のつながりが見えます。知識と知識，時間と事柄，原因と結果など，部分と全体との関係性も見ることができます。学習者が得た知識や情報の一つひとつが構築され思考の展開を表現するために不可欠な要素として，体系化されたものをそのまま把握することができます。デザインもコンテンツの一つであり，情報を論理的に伝える表現力が必然的に求められます。

特性3【貢献性】　社会性・メタ認知・成長への意欲

学習のゴール＝社会のニーズ（他者の幸せ），これがプロジェクト学習の最大の特長とするところです。「凝縮ポートフォリオ」は他者に役立つ具体的な提案をすることが求められているために，そのデザイン（見た目）もコンテンツ（言葉や情報）も，自分の気持ちが優先するのではなく読み手にとってのわかりやすさを常に意識します。そこには根拠ある情報で論理的に構築されていることはもちろん，自分の表現したものへ客観性をもつことを必要とします。この経験で学習者は，自らのうちに高次の自分を内在させること（メタ認知）を覚えます。

「凝縮ポートフォリオ」は，「知識」ではなく「方法や考え」を伝えるものなので，自分のポートフォリオをめくりながら，事実を踏まえ，分析の正しさを再び追跡し，どうしてこの結論に至ったのか，など自らの思考回路をフィードバックしつつ確認することとなります。（それは人間がさらに成長しようとするときに求められる，普遍的で高度な能力とも言えます。自らの成果を確認するとき，さらなる学びへの意欲が高まります。）

●「凝縮ポートフォリオ」から課題解決力や論理的思考力を評価する

ここから『論理的思考力』,『課題解決力』,『コンピテンシー』の総括的評価の考え方とその評価の観点を述べます。

◆「論理的思考力」の評価の観点

論理的思考力とは,「～だ（主張），なぜならば（理由），だからこうすればいい（結論）」というように,正しく筋道を立てて考える力,原因と結果（因果関係）が矛盾なくつながり,構造化して考えることができる力を意味します。「凝縮ポートフォリオ」は,A3サイズの紙面のなかに,「提案したいこと」「その現状」「原因究明（提案する課題の明確化）」「具体的な解決策」の関係が見えるようにレイアウトするものです。その表現は,論理的思考力があってはじめてできるものです。評価の観点としては,まず伝えたい事が明確か,そしてぶれずに展開されているか,必要なデータ,文章が適切かつ簡潔に使われているか,読んだ人の役に立つものとなっているか,というような評価の観点で見ます。

No.3-10

『論理的思考力』評価の観点
① 伝えたいことは明確か
② 展開がぶれずに組み立てられているか
③ 概念図,グラフなどビジュアル表現の工夫
④ わかりやすい表現,簡潔な文章,収斂性
⑤ 社会的にも役に立つ内容か

◆「課題解決力」の評価の観点

課題解決力とは,文字通り,課題を解決する能力です。プロジェクト学習は自ら課題を発見し,分析して問題の本質を絞り,原因を究明してどうしたらいいか考え出す,そのために情報を手に入れ,解決につながる可能性のあるアイディアをいろいろ出します。事例やヒントになる情報も手に入れます。そして現実的で妥当性のある解決策を決定します。

凝縮ポートフォリオは単なる"まとめ"ではなく,「自ら見出した課題を解決する具体的な方法を提案する」ものです。だから,課題解決力の評価対象とすることができるのです。評価の観点としては,「自分ごと」として現実を見て自分なりの課題を見出すことができているか,現状に対する必要な情報を十分手に入れているか（現状把握が不足しているために原因の妥当性の説得力に欠ける例も少なくない）,情報や分析は不足していないか,その解決策に妥当性があるか,（解決策が現状から導き出されておらず一般論になっているケースがよく見られます）見た人の役にたつ現実にできる具体的な解決策になっているか,という視点で見ます。

No.3-11

『課題解決力』評価の観点
① 現状から必要な情報が獲得できているか？
② 自分が見出した課題のエビデンスはあるか
③ 原因の妥当性はあるか
④ 原因を取り除く解決策になっているか
⑤ 現実にできる具体的な解決策か？

◆ 凝縮ポートフォリオで「コンピテンシー」を評価する

　コンピテンシーとは，自ら獲得した知識やスキルを"活かして"効果を上げることができる実践力，活用力，応用力なので学習者は，知識を得るだけでなくそれを効果的に使える力を身につける必要があります。

　ゆえに凝縮ポートフォリオを見る評価の観点としては，学習者がその「題材」の機能や働き，周囲との関係などを理解しているか，それらを理解した上で現実に活かせる提案になっているか，という視点で見ます。さらに，提案するのは具体的な行動提案なので，そこに書かれている通りにすれば効果を上げられる，うまくいく，というものになっているか，という評価もします。

No.3-12

『コンピテンシー』評価の観点
① 題材の機能・働き・現状を理解しているか？
② 題材の機能をいかした提案になっているか？
③ リアリティ：現実のなかで役立つ提案か？

● 凝縮ポートフォリオで「知的な改善力」を評価する

　「知的な改善力」とは，他者から能動的に学びとり，自己の改善や向上に活かせる能力です。課題解決の方法や，その場，その状況に対する「対応」「行動」「言い方」「ふるまい」などを改善の対象とします。暗記モノなどは正解は一つであり，改善の余地がありませんが，「凝縮ポートフォリオ」などの知的産物は，すべからくもっとよくすることができる，改善することができます。指導者は，学習者にこのことを体験，理解できるシーンを設け学習者自ら試行錯誤してよりよくしていく力や意欲を評価します。

　学習者には，改善前，改善後の凝縮ポートフォリオを提出してもらいます。評価者はそれを見て，その学習者が他者の凝縮ポートフォリオから表現や内容をどの程度まで学び取り，自分の凝縮ポートフォリオをどの程度高めることができたかを見ます。表現の方法（デザイン，矢印，色の使い方など）ばかりでなく，内容や展開の仕方などを学び取っているかを見ます。もともと完成度の高いものは大幅な改善はない，という点も考慮して評価します。ここでは採点することがねらいではなく，学習者自身があくなき改善を求める前向きな姿勢を促すことをねらいとしています（→ p.118）。

> **成長のための評価**
> 他者のよきモデルを見て，自分のものをもっとよくしたいという意欲が湧くことはよいことです。そのモチベーションを活かして，再度作り直し「提出」できるチャンスを学習者へ提供します。結果を評価して査定するだけの評価ではなく，成長を誘う評価だからです。シラバスなどにもこの時間を組み込んでおきます。（p.49，118参照）

● 凝縮ポートフォリオの評価の方法

◆ 評価者について

　凝縮ポートフォリオを評価する際には，必ず複数の評価者で行います。全員が共通の評価の観点が記入されたチェックリスト（p.63～64図 No.3-10，3-11，3-12）を手にします。一つひとつの吟味にかかる平均時間はほぼ均等になるようにします。課題解決力，コンピテンシーの評価を行うときは，その課題や題材に関係する知識や経験をもった評価者（専門家）も入っていることが必要です。

◆ 評価の手順

① すべての凝縮ポートフォリオを見えるように広げ俯瞰する。（写真No.3-13）

② 一つひとつの評価を始める前に，クオリティの高い凝縮ポートフォリオを数点，見出し，評価者同士で話し合う時間をもつ。

③ 評価者全員で，それを見て手元の評価チェックリストと照らし合わせ，どうしてこれが高評価なのかを一つひとつ根拠を口にして確認し合い，全員のコンセンサスをはかる。偏った見方で評価することがないよう，評価の普遍性を極力保証できるために必要な作業である。ここで確認された凝縮ポートフォリオは，よき凝縮ポートフォリオのあり方として評価の基準（ベンチマーク）となるので，付箋を貼り目立つようにしておくといい（もっとも低評価なものを評価者同士で確認し合うこともいる）。

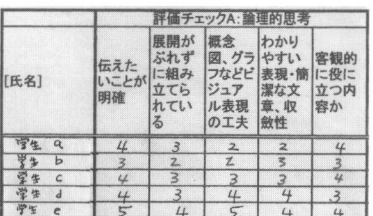

④ 各自が「評価チェックリスト」を手にもち，一つひとつの凝縮ポートフォリオについて観点ごとに5点満点で記入する。
（写真 No.3-14，図 No.3-15）

評価者により「評価の観点」ごとに点数が記入された「論理的思考の評価チェックリスト」

◆ 凝縮ポートフォリオを見るコツ

　評価者は，再構築された凝縮ポートフォリオを見る時に，忘れずに再構築の前提条件とも照らし合わせます。またこのプロジェクトのゴールをたびたび確認することも忘れてはいけません。話題性や派手さに目を奪われず，「誠実さ」「確かさ」を見出す姿勢も大事です。さらにそれが「見たくなるものか，理解しやすいものか」という素直な評価も大切と言えます。それは体裁のきれいさではなく，「知の構築性」が洗練されている現れだからです。逆に多色使いや無駄なアンダーラインや花や星，過激な強調デザイン，リボン，スマイルマークなど遊び的なイラストばかりが目につくものは，"思考のツメが甘い"と見ていいでしょう。制限のある紙面をどう有効に活かすか徹底的に突き詰めていれば，隅々まで意図や思考が巧みに込められているはずだからです。（再構築の方法は p.47, p.115）

凝縮ポートフォリオの総括的評価に関するデータ処理・解析

方法 A大学における2つの学生グループ（aグループ（n=28），bグループ（n=35））に対して，aグループには「大学生が大学生のためのメディアを活かして成長する方法を提案します！」，bグループには「Twitterを使って意欲が湧く授業を提案します！」のテーマを課して，プロジェクト学習の手法を用いて凝縮ポートフォリオを作成してもらった。次に，5名のプロジェクト学習指導経験者により，課題テーマを考慮して，aグループについては，論理的思考力と課題解決力を『論理的思考』評価チェックリストと『課題解決力』評価チェックリスト（→ p.61）を用い，bグループについてはコンピテンシーの習得について『コンピテンシー』評価チェックリスト（→ p.62）にて評価を行った。

「論理的思考力」についての評価

aグループ（n=28）が作成した凝縮ポートフォリオ「大学生が大学生のためのメディアを活かして成長する方法を提案します！」に対し，論理的思考力について5名の評価者によって1人5点満点で採点した結果，5名の評価については，互いに有意（P<0.01）な相関を認めた。

表1　5名の評価者による課題解決力に対する評価得点の相関

		評価者1	評価者2	評価者3	評価者4	評価者5
評価者1	相関係数 有意確率（両側） N	1.000 - 28	.601** .001 28	.551** .002 28	.778** .000 28	.693** .000 28
評価者2	相関係数 有意確率（両側） N	.601** .001 28	1.000 - 28	.774** .000 28	.714** .000 28	.779** .000 28
評価者3	相関係数 有意確率（両側） N	.551** .002 28	.774** .000 28	1.000 - 28	.762** .000 28	.768** .000 28
評価者4	相関係数 有意確率（両側） N	.778** .000 28	.714** .000 28	.762** .000 28	1.000 - 28	.826** .000 28
評価者5	相関係数 有意確率（両側） N	.693** .000 28	.779** .000 28	.768** .000 28	.826** .000 28	1.000 - 28

＊＊相関は，1％水準で有意となります（両側）。
Spearmanのロー
（SPSS19.0によるSpearmanの順位相関係数）

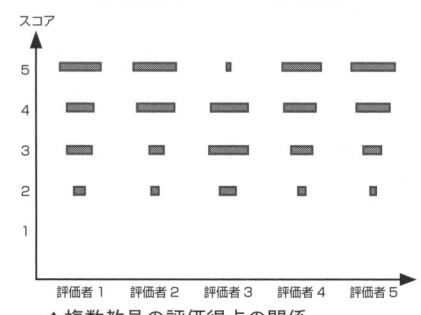

▲複数教員の評価得点の関係（論理的思考力ついての採点状況）

「課題解決力」についての評価

aグループ（n=28）が作成した凝縮ポートフォリオ「大学生が大学生のためのメディアを活かして成長する方法を提案します！」に対し，課題解決力について5名の評価者によって1人5点満点で採点した結果，5名の評価については，互いに有意（P<0.01）な相関を認めた。

表2　5名の評価者による課題解決力に対する評価得点の相関

		評価者1	評価者2	評価者3	評価者4	評価者5
評価者1	相関係数 有意確率（両側） N	1.000 - 28	.523** .004 28	.635** .000 28	.781** .000 28	.719** .000 28
評価者2	相関係数 有意確率（両側） N	.523** .004 28	1.000 - 28	.697** .000 28	.627** .000 28	.606** .001 28
評価者3	相関係数 有意確率（両側） N	.635** .002 28	.697** .000 28	1.000 - 28	.832** .000 28	.640** .000 28
評価者4	相関係数 有意確率（両側） N	.781** .000 28	.627** .000 28	.832** .000 28	1.000 - 28	.727** .000 28
評価者5	相関係数 有意確率（両側） N	.719** .000 28	.606** .001 28	.640** .000 28	.727** .000 28	1.000 - 28

＊＊相関は，1％水準で有意となります（両側）。
Spearmanのロー
（SPSS19.0によるSpearmanの順位相関係数）

課題解決力ついての採点状況

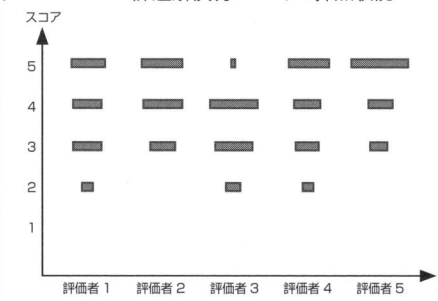

「コンピテンシー」についての評価

　bグループ（n=35）が作成した凝縮ポートフォリオ「Twitterを使った○○の授業を提案します！」に対し，コンピテンシーについて5名の評価者によって1人5点満点で採点した結果，4名の評価については，互いに有意（P<0.05）な相関を認めた。

表3　5名の評価者によるコンピテンシーに対する評価得点の相関

		評価者1	評価者2	評価者3	評価者4	評価者5
評価者1	相関係数	1.000	.736 **	.521 **	.419 *	.338 *
	有意確率（両側）	-	.000	.001	.012	.047
	N	35	35	35	35	35
評価者2	相関係数	.736 **	1.000	.584 **	.550 **	.280
	有意確率（両側）	.000	-	.000	.001	.103
	N	35	35	35	28	35
評価者3	相関係数	.521 **	.584 **	1.000	.866 **	.426 *
	有意確率（両側）	.001	.000	-	.001	.011
	N	35	35	35	28	28
評価者4	相関係数	.419 *	.550 **	.866 **	1.000	.479 *
	有意確率（両側）	.000	.000	.000	-	.000
	N	28	28	28	28	35
評価者5	相関係数	.338 *	.280	.426 *	.479 **	1.000
	有意確率（両側）	.047	.103	.011	.004	-
	N	35	35	35	35	35

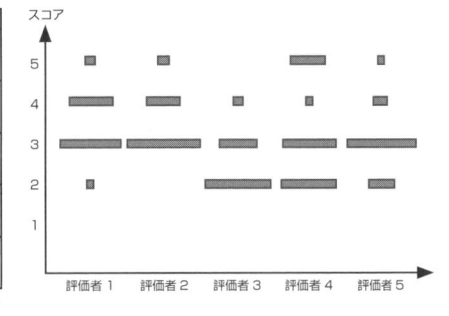

＊＊相関は，1％水準で有意となります（両側）。
＊相関は，5％水準で有意となります（両側）。
（SPSS19.0によるSpearmanの順位相関係数）

Spearmanのロー

コンビテーションついての採点状況

● 評価の普遍性

◆「評価の観点」の公平性について

　今回，プロジェクト学習における凝縮ポートフォリオについて，論理的思考力，課題解決力およびコンピテンシーの各能力について，3～5項目の評価の観点を設定し，複数の評価者による評価結果を検証したところ，論理的思考力と課題解決力については，評価者全員で概ね同じような評価ができたことが認められた。

◆『論理的思考力』と『課題解決力』において

　また，論理的思考力と課題解決力については，同じような相関の傾向が見られたことから，論理的思考力というのは，自分が伝えたいということが明確で，その展開がぶれずに組み立てられるということである。この伝えたいことが明確ということは，コアとなるものに対し，焦点が絞られているということを意味し，課題解決力への獲得から言えば，課題の明確さ，課題の究明，そこへの課題解決策を生み出すということであり，明確に絞れているということゆえ，論理的思考も課題解決力もその根幹となるテーマの明確さが鍵を握っているからだと思われる。

◆『コンピテンシー』において

　コンピテンシーにおいても，有意な相関が認められなかった1名の評価者については凝縮ポートフォリオの題材（今回の場合，Twitter）への理解が浅かったことから，評価者自身についても前もって題材への理解をもつこと欠かせないが示唆された。これらのことから，評価者自身がプロジェクト学習や題材に対する理解を深めた上で，今回提示した評価の観点を用いて凝縮ポートフォリオを評価することにより，評価の普遍性（学習にとっての公平性）を確保し，プロジェクト学習の習得度について評価することが可能だと考えられる。

なぜプロジェクト学習・ポートフォリオ評価が有効か

■ プロジェクト学習で…自信と客観性

プロジェクト学習を経験した学習者に共通するのが自尊感情やメタ認知の高まりです（資料a）。プロジェクトのゴールとして「みんなが助かるための地震対策知恵集」や「健康をかなえるための食生活提案集」などの目に見える知の成果物を作り上げることは，学習者の自信につながります。自分の状況や考えを客観的に見ることは，もっとできるようになりたい，よりよくなりたいと思う気持ちに不可欠です。

以下は，鈴木敏恵が継続的にプロジェクト学習を指導した小学校4年生の感想です。
そのまっすぐな言葉に学びで得られる自信や客観性を見ることができます。

（資料a）

■ プロジェクト学習は人間の成長欲求を高める

生命あるものはみな成長したい，伸びたいと希求します。未来教育プロジェクト学習（以後，プロジェクト学習）は，ここに有効に応え，学びへの意欲や知的欲求を高めます。それはプロジェクト学習が次のような特徴をもつからです。チームで遂行するので仲間とともにがんばるうれしい体験ができる，他者に感謝される貢献性のあるゴールへ向かうので，責任感や認められる喜びを得ます。またプロジェクト学習には正解やマニュアルがないので，これまでにない工夫や努力を挑戦的にすることとなり，その人に内在する可能性を開花させることになります。「集団に所属する」，「承認される」，「自分の可能性を最大限に発揮する」，これらは，マズローの欲求階層説の高次の欲求をかなえるものでもあります（図b参照）。

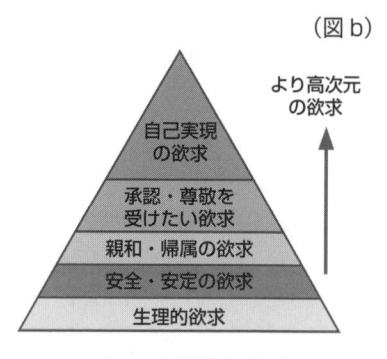

（図b）

マズローの欲求5段階

■ ポートフォリオは数値化できない評価をかなえる

ポートフォリオ評価とは，実際に行っていること，その人の行動，実績，ふるまいなどを評価する手法として，教育界，医学界などにおいて使われている新しい評価手法。コンピテンシーなど数値化できない能力評価に適している。

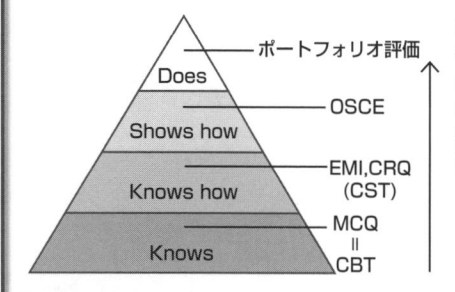

米国のDr.Millerが1990年に提案した能力ピラミッドとその評価を示したもの。ピラミッドの上を評価するほど，より本物の評価となる。（MillerGE：Acad.Med.1990を修正）。単に知っている（Knows），どのようにするかを知っている（Knows Show）はCBTで，どうするかを示す（Shows how＝competence）はOSCEで，実際に行っていること（Does，パフォーマンス，プロフェッショナリズム）はポートフォリオで評価する。

（参考：『週刊医学界新聞』第2530号 2003年4月7日）

出典：鈴木敏恵著『ポートフォリオ評価とコーチング手法』医学書院

4章

実践の手順とポイント
―プロジェクト学習の基本フェーズ―

この章では、フェーズごとにコンピテンシーを身につけるために、具体的な手順や実践的コーチング等を説明しています。どうやって人を伸ばしたらいいのかという教育手法がつかめ「これならできる！」と感じることでしょう。

- ■ プロジェクト学習の流れ
- ■ phase 1 ［準備］課題発見力・気づく力・モチベーション
- ■ phase 2 ［ビジョン・ゴール］目標設定力・現実に主体的にかかわる力
  - ・プロジェクト学習の「全体の目標」と「チームの目標」の関係
  - ・プロジェクト学習の意志あるチームづくり
  - ・プロジェクト学習の「チーム」と「個人」のあり方
- ■ phase 3 ［計画］戦略的に計画する力
- ■ phase 4 ［情報・解決策］分析力・対応力・発想力・課題解決力
- ■ phase 5 ［制作］簡潔な表現力・考えをビジュアル的に表現する力
- ■ phase 6 ［プレゼンテーション］コミュニケーション力・根拠ある説明力
- ■ phase 7 ［再構築］論理的に表現する力・言語能力
- ■ phase 8 ［成長確認］成長や成果を評価する力・成長しつづける意欲

プロジェクト学習の流れ

	フェーズ1 準備 課題を発見する	フェーズ2 ビジョン・ゴール 目標設定をする	フェーズ3 計画 すべき戦略を立てる	フェーズ4 情報・解決策 課題解決策を考え出す
	72ページ	78ページ	88ページ	92ページ
活動	題材について意識し，イメージをふくらませる。現実と対座，自分自身のまわりから課題を発見してポートフォリオに入れていく。	プロジェクト学習を理解し発見した課題をもとに「目標」と「目的」を設定してゴールシートを書く。 同じ関心の人が集まりチームをつくり，チームの目標を決める（→ p.86）	目標を達成するために必要な情報や作業を考え出し，時間配分等して，すべき計画をつくる。	課題を解決するための情報（事例・現状）を獲得し，分析・判断して状況に即し，具体的に「こうしたらいい」という考えを生み出す。
身につく力	・課題発見力 ・気づく力 ・観察する力 ・状況をつかむ力 ・現実から問題を見出す力 ・社会意識 ・俯瞰する力	・目標を設定する力 ・ビジョンを描く力 ・現実に主体的に関わる力 ・やりとげる意志 ・前向きな姿勢 ・チームワーク力	・戦略的に計画する力 ・すべきことをイメージする力 ・優先順位を決める力 ・時間を的確に配分する力	・情報を見極める力 ・根拠ある情報を獲得する力 ・発想力 ・分析する力 ・創造力 ・比較分類する力 ・事態への対応力 ・礼儀・礼節 ・多面的にものごとを見る力
コーチング	『今はどうなの？』	『じゃあ，どうなったらいいと思う？』	『絶対にしなければいけないことは？』	『あなたとちがう考えを手に入れよう』 『原因を取り除く解決策になっていますか？』

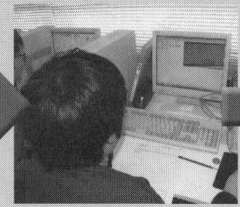

アドバイス！

プロジェクト学習は，基本的に課題を自ら発見し解決して目標へ向かうものです。182ページの「プロジェクト手法による課題解決の手順」とあわせて，ここから先を読み進めていくことで理解が進むでしょう。

プロジェクト学習の流れ

フェーズ5 制作	フェーズ6 プレゼンテーション	フェーズ7 再構築	フェーズ8 成長確認
プレゼン用の制作	プレゼン・評価	凝縮ポートフォリオを作成	自分の成長を確認する
102ページ	108ページ	113ページ	119ページ
考え出したものを図やグラフ，端的な文章を見てすぐわかるように組み合わせてプレゼン用に視覚的，効果的に表現する。	提案したい対象の人々へ，題材の現状を伝え，その課題と自分たちが考え出した解決策を伝え，共有する。評価や感想をもらう。	評価等を活かし，内容を改善し，文章を主体に必要なエビデンスを図等で加え，A3サイズ1枚に各自が表現する。それを合わせ，1冊の提案書（凝縮ポートフォリオ）をつくる。	プロジェクト全体をフィードバックし，成長を書き出し，身につけた能力やスキルを確認する。獲得したコンピテンシーを次へ活かせるものとする。
・わかりやすく表現する力 ・情報を取捨選択する力 ・図，表，グラフを適切に使う力 ・概念図等を使い端的で簡潔に表現する力	・コミュニケーション力 ・根拠をもとに説明する力 ・比喩等でわかりやすく表現する力 ・ノンバーバルな表現をする力 ・聞き手の思いや理解を推察して話す力 ・他者のプレゼンから学びとる力	・論理的に表現する力 ・根拠に基づいて結論を導く力 ・適切に項目立てし，見出しを立てる力 ・的確で簡潔な文章を書く力 ・試行錯誤しつつよりよいものを生み出そうとする姿勢	・成長や成果を評価する力 ・自己有能感 ・自己有用感 ・自尊感情 ・より成長しようとする意欲
『何のためにプレゼンするの？』	『もう一度するとしたらどこを変える？』	『読んだ人が，こうすればいいのか，やってみよう！というものになっているか？』	『あなたの中でこのプロジェクトを始める前と今と変化したことは？』

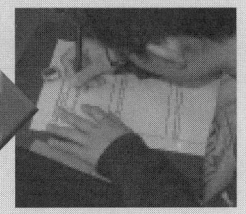

4章 実践の手順とポイント

はじめてスタートする人へ

プロジェクト学習はやってみれば意外に簡単です。うまくいくコツは，[準備]と[ビジョン・ゴール]のフェーズ（→p.173）で学習者が意志をもってスタートできるようにすることです。学習者が自分で目標を立てることができればそのあとのすべてのフェーズも主体的にどんどん進めることができます！

phase 1 ［準 備］
— 課題発見力・気づく力・モチベーション

身につく力

このフェーズでは次のような力が身につきます。
- □観察する力
- □状況をつかむ力
- □現実から問題を見出す力
- □社会へ参画する意識
- □俯瞰する力

活動

このフェーズでは"自分ごと"として，現実の中から「課題」（→ p.42）を発見します。最初にプロジェクト学習とポートフォリオの考え方と手法をつかみます。次に，何についてのプロジェクト学習をするのか「題材」を意識します。意識してはじめて「課題」は見えてくるからです。

内　容	視　点
◆ **プロジェクト学習とポートフォリオの考え方と手法をつかむ** プロジェクト学習とポートフォリオの手法を知り，自主的に進める自覚をもつ。プロジェクト学習の基本フェーズで身につく力を自覚する。	・与えられた学びから，意志ある学びへ ・身につく力の自覚
◆ **プロジェクト学習の「題材」を意識する** プロジェクトの「題材」を決定し学習者へ伝える。学習者は，この題材についてこれから取り組んでいくことの価値や意義を考えてみる。題材についていま自分が知っていることや自分がもっているイメージを客観的に捉える。	・題材に価値を感じる＝意欲が湧く ・題材を無意識から意識化する
◆ **題材に関する「情報」を集める** 題材に関する一般的な情報や基本的な知識を得る，現実を観察し情報や他の人の意見や見方などもポートフォリオに入れる，自分が考えたこともメモをしておき，入れる。	・多面的な視点 ・概念で理解 ・普遍 ・一定の時間を確保する
◆ **題材に対し「課題」意識をもつ** ポートフォリオを俯瞰する。価値観やイメージ，認識など，社会的課題など自分なりの課題意識を見出せるようにする。	・俯瞰 ・社会的課題 ・自己課題 ・問題意識

具体的な進め方

◆ プロジェクト学習とポートフォリオの理解

［準備］のフェーズは，プロジェクト学習のスタートのフェーズです。

プロジェクト学習は，目標達成へ向かい，課題発見から課題解決の一連の流れで展開します。目標へ向かうプロセスで，価値ある経験や気づきをしながら成長していき，コンピテンシーを高めます。学習者は一度，このプロジェクト学習の経験をすることで，目標達成の方法を自らのものとし，その後は，自分なりに応用できるようになります。

プロジェクト学習をスタートする手順とコーチング（下線）

❶ プロジェクト学習のイメージをつかむ

プロジェクト学習とポートフォリオの基本をつかむ。目標へ向かうプロセスで手に入れた情報や思考プロセスを，ポートフォリオへ入れて自己評価しながら進めていくことを理解しスタートする。

●身につく力
○未来へ挑戦する志
○学習へのモチベーション
○プロジェクト学習の基本
○ポートフォリオの基本

⬇

❷ プロジェクト全体の「基本フェーズ」を理解する

フェーズシート（→P.177）を見ながらフェーズの流れとそこでする活動をつかむ。

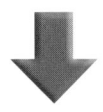

●身につく力
○目標達成の方法
○全体を見通す力
◆評価の観点
◇これからすることをイメージできる

⬇

❸ マイルストーン（節目）の月日を記入する

各フェーズごとに区切り「プレゼンテーションは○月○日」などフェーズシートに記入する。

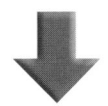

⬇

❹ 各フェーズで「身につく力」を知り，自覚する

各フェーズで身につく能力やスキルを認識し，自分が身につけたい力をフェーズシートに記入する。
<u>コーチング「その活動をしたらどんな力が身につくと思う？」</u>

◆評価の観点
◇全体を俯瞰する姿勢
◇自分で自分を成長させるという意志をもっているか

課題意識が高まる手順とコーチング（下線）

❶ 「題材」を学習者へ伝える
　題材を大きめの字で黒板に書いて視覚的にも伝わるようにする。

　　　　　　　↓

❷ その題材について取り組む「価値」を考える
　その題材についてこれからやっていくことの必然性や意義を考える。他の人の考えも共有する。ホワイトボードに書き可視化する。
　<u>コーチング「この題材についてこれからやっていくことについてあなたはどう思う？」</u>

　　　　　　　↓

❸ 題材について書き出し，意識化する
　その題材について知っていることや今もっているイメージなどを10程度紙に箇条書きすることで無意識から意識化する。

　　　　　　　↓

❹ 題材に関することをポートフォリオに入れる
　ポートフォリオに一定期間その題材に関する基本的知識や情報，気づいたことなどを入れていく。

　　　　　　　↓

❺ 多面的，多角的な視点を手に入れる
　多面的な視点からもその題材を見るようにする。
　<u>コーチング「あなたと逆の立場の人から見たらどう？」</u>

　　　　　　　↓

❻ ポートフォリオを「俯瞰」する
　ポートフォリオをはじめのページから見る，気づいた箇所や共通する要因に付箋を貼る。

　　　　　　　↓

❼ 自分なりの「問題意識」をもつ
　あらためてポートフォリオを俯瞰し自分ごととしての「課題」と感じることを明らかにする。

●身につく力・感性
○意欲が湧く
○概念が広がる

○モチベーション

○題材への意欲

◆評価の観点
◇具体的に書き出せるか
◇現実から見出しているか

◆評価の観点
◇自分の考えや気づきは入っているか
◇ネット情報ばかりではないか

●身につく力・感性
○現実と対座する姿勢
○多様な人の意見を聞く姿勢
○概念としての理解

◆評価の観点
◇狭義であったり一面なとらえ方をしていないか

◆評価の観点
◇一般論でなく自分の目で現実の中から問題発見しようとしているか

phase1 ［準 備］

成長への意図と手法

◆ その「意味」を知ると意欲が湧く

　"意志ある学び"になるために，まずプロジェクト学習の意味を教えます。スタートするときに目的と目標つまり何のために，何をやり遂げたいのかを明確にして自ら向かっていく学習をプロジェクト学習と言います！」と図（→p.19 図No.2-2）を示しながら説明すると学習者のチャレンジする心を誘います。

◆ フェーズがあるので見通しをもって進められる

　プロジェクトは基本フェーズで展開します。プロジェクト学習の各フェーズで，計画を立てる，情報を集める，など活動が異なるので「身につく力」もいろいろあることを説明します。

　基本フェーズの存在があることで，学習者は次にすること，その次にすることがわかり全体が見え見通しをもって自主的に進めることができます。またフェーズの区切りは，学習者とポートフォリオをはさみながら進捗の確認ができる場面にもなります。

プロジェクト学習
基本フェーズシート
（→ p.173）

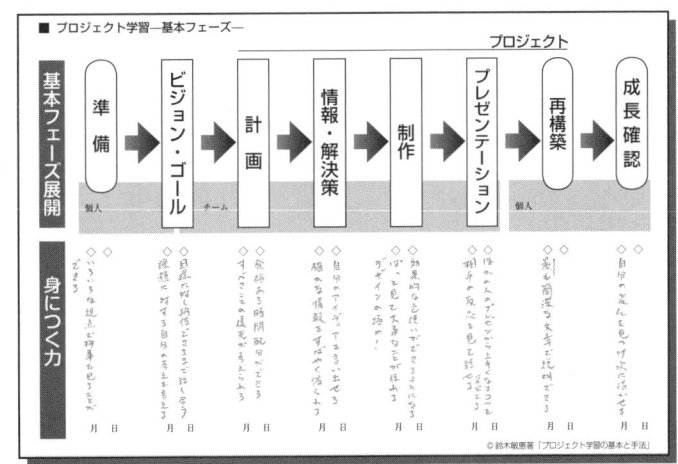

■ プロジェクト学習―基本フェーズ―

基本フェーズ展開：準備 → ビジョン・ゴール → 計画 → 情報・解決策 → 制作 → プレゼンテーション → 再構築 → 成長確認

身につく力

「プレゼンテーションは，○月○日」と日付を記入してすることで進捗の目度をもって自主的に進めていくことができます。

◆ 身につく力を自覚する

　学習者自身は，フェーズシート（→ p.173）に次のフェーズからはじまる前に身につけたい能力やスキルなどを各フェーズの下に書き込み，ポートフォリオへ（ゴールシートの次）入れます。

身につく力を自覚することで，自ら「これをもっとうまくなろう」と意識し行動します。教師は，「あなたが自分で成長目標として書いていた"わかりやすく説明できる力"が身についたね」などと伝えることで学習者は自覚します。それは次に「再現」されるときに意識にのぼり，さらにその力が定着します。この繰り返しで能力やスキルが確かな力として「恒常的」に身につくことになります（右図 No.4-1 参照）。

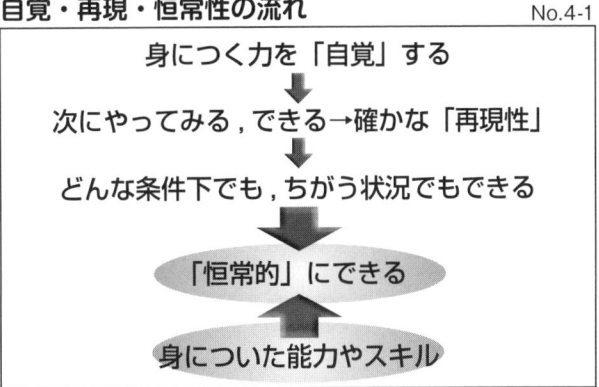

自覚・再現・恒常性の流れ　No.4-1

身につく力を「自覚」する
↓
次にやってみる，できる→確かな「再現性」
↓
どんな条件下でも，ちがう状況でもできる
↓
「恒常的」にできる
↑
身についた能力やスキル

4章　実践の手順とポイント

75

◆ 「ポートフォリオ」で客観的に自分の行動を見る

　学習者はその題材に関する気づきや情報などをポートフォリオに入れていきます。気づいたことや手に入れたプリント，人から聞いたことのメモ，その場所の写真やそのとき考えたことなど多様なモノが入っていることが大事です。そしてさらに大事なのは，入れるだけでなく，入れたものをはじめの方からパラパラとめくり俯瞰することです。それは，客観的に自分の行動や意識を見ることにつながります。客観的に自分の行動や意識を見ることで，その時気づかなかった新たな発見もありますし，足りているもの，足りていないものにも自分で気づきます。それは次に自分がすべきことを教えてくれます。

◆ 課題意識をもつために

　目標を設定するためには，課題意識や願いなどがその前に必要です。だから，自分の現実の中から"自分ごと"として，なんとかしたいという「課題意識」をもてることが不可欠であり，すべてのスタートとなります。「課題を意識する」ということは，教えてできるものではありません。学習者の動機や意欲などが高まることが前提として必要となります，教師はここを理解しコーチングを駆使するなど工夫します。

　「題材」を意識ししつつ現実を見ることで，いろいろなことに気づきだします。なぜあれはこうなのだろう，もっとこうであったらよいのに，しかし今はそうではない，これはなんとかしたい，とか，これは問題だ，などというようにその課題意識からビジョンやゴールを描けることに通じます。そのために，教師は「今はどうなの？」「本来これはどんな状態だったらいいの？」と現状や状況をとらえ課題発見につながるようコーチングし，学習者が目の前の現状の"ありたい像"と比較しながら客観的に見ることを促します。

◆ 無意識から意識化する

　題材を意識することを促すために「その題材について，知っていることや感じていることを10以上書き出しましょう」ということも有効です。10以上となるとなかなか書けないものです。遠くを見て自分の経験や頭に残っていることを探ろうとし出す，この求める姿勢が大事です。学習者の中で「題材」が無意識から意識化されるきっかけになります。

　題材を意識することで現状の問題点が見えてきます。自分の周りや世の中のニュース，情報，風景などに自ら関わるような意識で動的に接し，多角的，多面的な知識を得ることで，その題材について，自分なりに，もっとこうであったら，というような気づきや課題が見えてきます。同時にそれは，「調べた一部分の知識」ではなく，「概念としてつかむこと」をかなえます。

　教師は，見えている表層だけでなく意味や一つ奥を見ようとする意識を促すといいでしょう。

◆ 課題発見できないとき

　プロジェクト学習は，学習者が自分の意志で自分のすべきこと，したいことを決めます。現実に課題と考えていることをテーマとします。実はここに一つのハードルがあります。「問題と感じていること」も，「かなえたいと思っていること」もないと言う学習者も時にいます。

　課題意識がなくテーマや目標を決められない学習者に対し「何でもいいよ，好きなものにし

なさい」や「とりあえず決めなさい」と言ってすませてはプロジェクト学習を行う意味がありません。ではどうしたらいいのか。次のようないくつかの方法があります。

◆ イマジネーションをかき立てる

　問題があってもそれに気がつかないという人も少なくありません。そのような状況でもすぐに課題を与えたり指示したりせず学習者の自分の頭で考えるような投げかけを教師はしたいものです。そのためにいま目に見えている一つ奥を見ることにつながる言葉を投げかけ，イマジネーションをかき立ててもいいでしょう。例えば，「せっかく椅子がおいてあるのに誰も座らないのはなぜだと思う？」と声をかけてみる，場所が悪い，座りにくいなど根本的な問題や理由がそこにはあるはずです。このような所に疑問や好奇心をふだんからもつことこそ課題発見力のレッスンといえます。

　目に映る現実のすべてのものには，一つ奥の意味や意図，価値や因果関係などをその奥に秘めています，そこに気づき出すといろいろなものが見えてきて目の前の現実や状況を見ることがおもしろくさえなります。いろいろに気づく知的好奇心や関心は"課題を発見するセンサー"のようです。身体から"発見センサー"が放たれる状況こそ気づく力や洞察力そのものであり課題を発見するのに不可欠といえます。

◆ 「もし〇〇がなかったら？」

　モノでも人でも状況でもシステムでも段取りでも，すべてのものは完璧というものは存在しません。多くのものは改良，改善すべき要素をもっています。問題がないという人には，「モノでも状況でもすべてのものは完璧というものは存在しません，すべてのものはもっとよくなります。」とはっきり言ってみてもいいかもしれません。それでも課題発見できない人には例えば，「もし〇〇がなかったら？」など，その人が発想したことがない事態を言ってあげることも効果的です。下記に課題発見しやすいのはどんな時か伝えます，このような視点を教師がもっていれば有効なコーチングがしやすいはずです。

No.4-2

課題意識が立ち上がるのは，こんな時！

いますでに"問題が起きている"とき
　　　　　…ex 自転車の事故が常に多い，図書館を誰も利用しないなど

起こりえるリスクが"予見"できるとき
　　　　　…ex 地震が来たら！どうなる⁉ など

自ら望む有り様へ向かうための"障壁の存在"に気づくとき
　　　　　…ex 全員でやっていきたいのに日本語が通じない人たちがいるなど

　自ら何も課題を発見できないという人は，これまで自分で何かしなくとも困ることなくすべきことを与えられ続けてきたのかもしれません。そういう人にこそ，この準備のフェーズは成長のステージとなり価値をもちます。

※このフェーズにおいてポートフォリオに入っているべきモノは176ページを参考にしてください。

phase2 [ビジョン・ゴール]
— 目標設定力・現実に主体的にかかわる力

身につく力

このフェーズでは次の力が身につきます。
- □目標を設定する力　□ビジョンを描く力　□現実に主体的にかかわる力
- □やりとげる意志　□前向きな姿勢

活動

準備のフェーズで見出した問題をもとに，プロジェクト全体のビジョンとゴールをみんなで話しあいコンセンサスを得て決めます。

同じ関心の人が集まりチームをつくり，考えを出し合いチームの目標を立てます。

内　容	視　点
◆ みんなの願いを共有し，「プロジェクト全体の目標」を決定する プロジェクトに参加するみんなの「願い」を出し合い共有する。その願いをかなえるための目標を考え出し決定する。	・「願い」の共有 ・「気付き」→「願い」→「目標」 ・ゴールとモチベーション
◆ 共通する課題の人が集まり，「意志あるチーム」をつくる プロジェクト全体のゴールへチームで向かうために，題材に対し共通する課題意識の人が集まりチームを結成する。チームごとにチームがうまく機能するためのルールを自分たちでつくる。	・チームビルディング ・共通する課題意識 ・ちがう考えが成長を呼ぶ ・夢は一人ではかなわない
◆ チームのメンバーで話し合い，「チームの目標」を決定する プロジェクトの目標をかなえるために，チームのメンバー全員が意見を出しチームが目指す目標をつくる。	・プロジェクト全体の目標 ・チームが目指す目標 ・一人思考から思考共有へ

phase2 ［ビジョン・ゴール］

具体的な進め方

　プロジェクト全体の目標を学習者の全員の合意を大切にしながら決めます。その後，同じ関心の人が集まりチームをつくり，各チームでチームの目標を決めます。

プロジェクトの「目標」を立てる手順とコーチング（下線）

❶ 「願い」を出し合う
前のフェーズにおける「課題」をふまえどうありたいか「願い」をみんなで出し合う
コーチング「どうだったらいいの？」

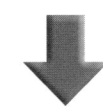

◆評価の観点
◇全員から願いが出る

⬇

❷ 願いを実現する具体的な「目標」について意見を出し合う
「願い」をもとに具体的な「目標」をみんなで考え出す。

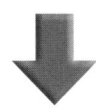

●身につく力
○目標設定力

⬇

❸ プロジェクト全体のビジョンとゴールを決定する
他者に役立つ具体的な知の成果物を考え出す。プロジェクト学習の他の知の成果物として，プロジェクト学習の成果物である『提案書』などを提示して見せることも効果的。

チームの「目標」を立てる手順とコーチング（下線）

❶ 同じ関心の人が集まりチームをつくる（→p.86）

⬇

❷ 「課題」を模造紙の真ん中に書く
チームメンバーで模造紙を囲みすわる。模造紙の真ん中に課題の言葉（キーワード）を赤ペンで大きめにラフに書き，みんながそれを見ながらあらためてその課題について考え話し合えるようにする。

●身につく力
○みんなで目標をつくれる
　ブレーンストーミングを知る

⬇

4章 実践の手順とポイント

❸ **課題を見ながら「現状」の問題点を出し合う**
課題に関することが，実際，どういう状況にあるのか，どういう困ったことがあるのか，など互いにコーチングしながらどんんどん模造紙にメモしていく。
コーチング「今はどうなの？」「題材について困っていることはなに？」「もっとこうであれば，ということは？」

◆**評価の観点**
◇全員の意見が出ているか

↓

❹ **プロジェクト全体の目標と照らし合わせ，課題を絞る**
あらためてプロジェクト全体の目標（「○○○の提案集をつくる！」）をメンバー全員で確認し，模造紙に書かれたものと照らし合わせるように見て，「一番役に立つのはどれ？」とコーチングしつつ決定する。

●**身につく力**
○優先意識
○発散と収束という手法
○価値づけして決定できる力
○現実と対座する姿勢

↓

❺ **コーチングを活かし，「課題」を「願い」の表現に変える**
課題が一つに決まり，○○が問題だ，ということがはっきりしてきたら，「じゃあ，どうだったらいいの？」とコーチングをしてポジティブな表現に変える。例えば…「お母さんと小学生しかいないうちで地震がきて，家具が倒れるのが心配だ，問題だ」であれば「安心できる家具の固定を考え出したい」となる。

↓

❻ **「チームの目標」を決定し端的な表現にする**
その願いをかなえる具体的な目標をチームで話し合い，「チームの目標」を決める。例えば「防災提案集を作る！」がプロジェクト全体のゴールである時，チームの目標は，「小学6年生でもできる効果的な家具の固定方法を提案します！」という具合になる。

■**チームについて**
□進んで自己紹介できる
□チームの中で自分の考えを言える
□ちがう考えの人とも考え方を交わせる
□他のメンバーの発言を聞き書くことができる
□メンバーの考えを引き出すこともできる

成長への意図と手法

◆「プロジェクト全体の目標」の決め方

① 「願い」を出しあい全員で共有する

　教師は,「願い」をどんどん聞いていくとき,ホワイトボードなどに書き全員が可視化できるようにして,「願い」を共有できるようにします。学習者の発言が似ていたり,同じ意見であっても省略することなくホワイトボードへどんどん書いていきます。整理したきれいな書き方にこだわらず,学習者が発言した言葉をそのままの表現で書くことが学習者の意欲を高めるポイントです。

　準備のフェーズで見出した問題に対し,教師は学習者へ「じゃあ,どうだったらいいと思う?」とコーチングをして発言を促すことで「○○が問題です」という表現が,「○○にしたい,○○になったらいい」という願いの表現となります。

② どんな「知の成果物」にするか話しあう

　願っているだけでは,始まりません。プロジェクト全体が目指す具体的な目標を決めるために,話しあいます。

　教師はプロジェクト学習のゴールは,他者に役立つ知の成果へ向かうということをあらためて学習者へ伝えます。学習者からは「○○のために方法を考える」「○○のために工夫やアイデアを出す」というような意見が出ます。「どんなふうに伝える?」と問えば,ホームページづくり,演劇,映像づくり,ポスター,何らかの作品などのいろいろな意見が出ます(そのアイデアはプレゼンテーションのフェーズに該当します)。そこで終えずに,一過性でなく恒久的にみんなの役に立つように最終的には成果物として冊子的なものにする考えを伝えます。学習者から成果物のイメージのアイデアを募ってもいいでしょう。

③ プロジェクト全体の目標を決定する

　『提案書』『ガイドブック』や『ハンドブック』あるいは『工夫集』などの意見が出ます。プロジェクト学習の他の事例の『提案書』などを提示することも効果的です。存分に話しあい,決定します。

　プロジェクト全体の目標(ゴール)が決定することで,学習者のモチベーションが高まるばかりでなく,すべき全体像が見えてくることで帰結点が見え,ここから先の学習者の考え方がスマートになります。プロジェクト全体で目指すビジョンとゴールを決定したら,大きな紙に書き,それをいつでも目に入るように壁に貼っておくなども有効です。

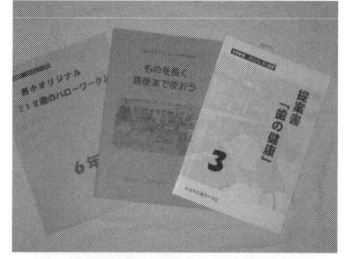

様々なプロジェクト学習の成果物
(凝縮ポートフォリオ)

◆「チームの目標」を決める方法

　チームで話し合い「チームの目標」を決めます。目標は「○○の方法を提案します」という提案型の表現とします。目標を決めるプロセスは，一人で行うときも，複数で行うときも考え方は同じです。プロジェクト全体の目標を見て，そこからぶれないようにして，大きな紙にどんどん課題の現状を書いていく発散，それを収束し一つに決めます。教師は，コーチやファシリテータとしてどんどん意見を出し合える雰囲気を生み出すことがとても大切です。

楽しい気持ち
思いついたことがすぐに描けるように，模造紙を敷いたテーブルにチームの全員がペンをもち，互いの顔が見え，自由で楽しい雰囲気になるように工夫して座る。各自がその模造紙に書くときに，楽な気持ちでどんどんメモしやすくなるため，キーワードは模造紙の真ん中にラフに書くことがコツ。

ひらめきが湧く工夫
□大きな紙（模造紙）を囲む　□各自サインペン　□リラックス
□フラットな人間関係　□自由な雰囲気　□笑顔

① チーム全員で「プロジェクト全体の目標」を確認する
　プロジェクト全体の目的と目標をあらためて見て自分たちは，「何のために何を考えだそうとしているのか」を確認します。何かを始めるときには，必ずプロジェクト全体のゴールを確認する，これは1分もかからないことだが非常に大事なことです。

② 『現状の問題点』を出しあう（発散の段階）
　模造紙の真ん中に書かれた「課題」に対し，「今はどうなの？」「困っていることは？」「ほかには？」「具体的には？」などと互いにコーチングし合い，言葉やふと出たつぶやきなどもどんどん模造紙にメモ（発散の段階）していきます。
　ここでは，課題に対する「現実や事実」を表層に出し明らかにしていきます。ファシリテータ役でもある教師は，はっきりと「課題に関することが，実際，どういう状況にあるのか，いつ，どういうシーンがあるのか，それはどんな人が，どういう場所で，どうしているときか，などの"現実"や"事実"を明らかにするのが目的です」「ここは，意見や解決法を出すシーンではありません。現実にある課題の現状をどんどん出すことが目的です」と伝えます。

手法にとらわれない
　KJ法やマインドマップなどの手法にこだわらずメモとしてどんどん広い余白にどんどん自由にメモしていくことが有効。テーブルクロスのような大きな紙に書くことで，いつでもひらめいたときに即メモできる。ほかの人のかいたものも目に入り，発想の刺激になる。ブレーンストーミング（人も自分も否定することなく，どんどん自由に現状を出し合う，触発し合う）的な方法で進める。基本的には，リーダーや書記係などを決めず柔軟に進行することが望ましい。
　チームの目標をチームのコンセンサスのもとにつくることが大切なので，メンバー全員が発言やメモなどにて参加して進められるように工夫する。

③ 課題を絞る（収束の段階）

現実の課題が模造紙の上に表れたら，収束の段階に移ります。あらためてプロジェクト全体の目標をメンバー全員で確認し，模造紙にメモされた課題と照らし合わせるように見て，「（これが解決されたら）一番役に立つのはどれ？」といいながら決定します。困難性の高いものに決めることがポイントです。

> **リーダーよりゴール**
>
> こういう話し合いをチームで行うシーンでは，しっかりしたリーダーがいると教師はラクです。しかし未来教育プロジェクト学習では基本的にチームを引っ張るようなリーダーの存在を求めません。リーダーが引っ張るのではなく，自分たちが考えた「目標」がチームを未来へ引き寄せることを体感してほしいのです。
>
> 育てたいのは「リーダー」ではなく，自ら「考える力」をもつ一人ひとりです。自分たちが納得した目標があればリーダーの存在がなくとも一人ひとりが前向きに考えることをかなえます。

④ 課題を「願い」に変える

「○○が課題だ」と決まったことに対し，「じゃあ，どうしたらいいの」とコーチングして「願い」の表現に変える，その願いがかなう具体的な目標を決定しゴールシートに記入してポートフォリオの1ページ目に入れます。ゴールシートにはチームの目的と目標を書きますが，余白上部にプロジェクト全体の目標も必ず書いておきます。目標が決まると，さあやろうという志や使命感が胸に湧きます。

No.4-3

元ポートフォリオにゴールシートを入れる

ゴールシート

目標シートを元ポートフォリオの最初のページに入れる。

ゴールシート（→ p.172）

元ポートフォリオ

⑤「目標」を共有する

　チームの目標を全体で披露し合い，共有する。そのことで，同じ方向に向かって進んでいるんだという確認ができます。また，他のチームと共通する活動があれば協力し合ったり応援し合うことにも通じます。

> **目標は「約束」**
>
> 　目標を立て，それを公言することは，社会の中にそれを置いた，という感じに似ています。目標はそこへ向かっていくぞと未来へ約束することと同じです。例えば最初に「○○の方法を提案します！」とチームのメンバーで高らかに言ってからスタートします。目標は約束として，その実効性を期待されます。自分たちにとっても目標を掲げる時には，もう向かうしかない！さあ未来へその実現のために行くぞ！という気持ちになります。

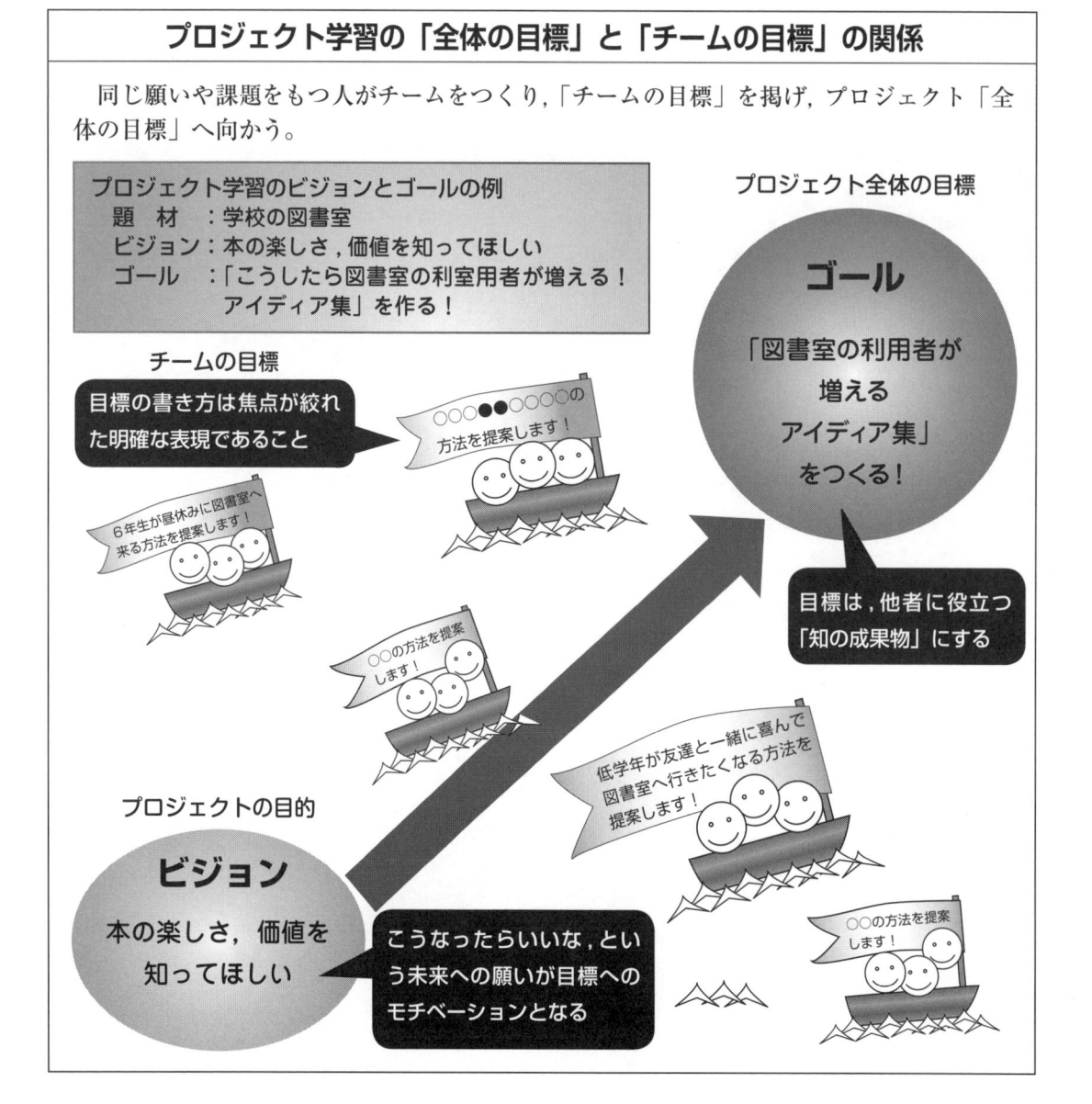

プロジェクト学習の「全体の目標」と「チームの目標」の関係

　同じ願いや課題をもつ人がチームをつくり，「チームの目標」を掲げ，プロジェクト「全体の目標」へ向かう。

プロジェクト学習のビジョンとゴールの例
　題　材　：学校の図書室
　ビジョン：本の楽しさ，価値を知ってほしい
　ゴール　：「こうしたら図書室の利室用者が増える！
　　　　　　アイディア集」を作る！

チームの目標

目標の書き方は焦点が絞れた明確な表現であること

○○○●●○○○○○の方法を提案します！

6年生が昼休みに図書室へ来る方法を提案します！

○○の方法を提案します！

低学年が友達と一緒に喜んで図書室へ行きたくなる方法を提案します！

○○の方法を提案します！

プロジェクト全体の目標

ゴール

「図書室の利用者が増える
アイディア集」
をつくる！

目標は，他者に役立つ「知の成果物」にする

プロジェクトの目的

ビジョン

本の楽しさ，価値を知ってほしい

こうなったらいいな，という未来への願いが目標へのモチベーションとなる

「目標」を書くときのポイント

　明確な目標を立てられるということは，それを紙にも書くことができるということです。しかし現実にはいざ書いてみようとすると，いろいろな言い回しや語彙が浮かんできてすっきり絞り込むことができず，だらだら長い文章になってしまうことがあります。
　言い換えれば書いてみて初めて，自分の目標が絞りきれていないということに気づくのです。
　次に目標を紙に表現できる（以後，目標の表現）するときのポイントや注意点を述べます。
　チームの目標は具体的で焦点が絞れていることが大事です。わかりやすく平易な表現であること。できるだけ端的な一行で表現，必要な際はサブテーマを添えるといいでしょう。「○○の方法（やり方）を提案します」というように提案型であること。いろいろなことを含め過ぎたり，対象を複数にすると焦点がぼけてしまいます。例えば「すべての人に役立つ学習方法を提案します」は"すべての人"に役立つ方法などあり得ないので目標としてはふさわしくありません。

■　目標の表現への注意点
- □ 偏向した表現やネガティブな表現は使わない。また差別的表現はもちろん，否定感を与える表現は使用しない。ex「へんな人とそれなりにつきあう方法を提案します」など。
- □ 目標を書く時には"あたりまえ"のことや抽象的なことは書かない。なんら健康や生活に問題がない学生が，「授業中寝ない方法を提案します」など（「授業中の睡魔を払う方法」などにします。）ex「朝起きて学校へ行ける方法を提案します」など誰もが当然！していることですから，目標にする必要もないはずです。

■　目標設定のポイント
- □ 具体的で焦点が絞れていること
- □ ターゲットがはっきりしていること
- □ 誰が読んでも同じシーンが浮かぶ表現であること
- □ 現実に可能で実際にできること

■　目標の立て方への評価
- □ その目標は目の前の現実から生まれているか
- □ プロジェクト全体のゴールに沿っているか
- □ チーム全員のコンセンサスを得ながら設定しているか

■　目標への評価
- □ その目標は抽象的な表現が入ってないか
- □ その現実に達成可能なものか
- □ その目標を達成すると現状がよくなるものになっているか
- □ その目標は行動や成果をともなうものになっているか

※このフェーズにおいてポートフォリオに入っているべきモノは176ページを参考にしてください。

● プロジェクト学習の意志あるチームづくり

（1）自分の関心のある課題を「チームづくりシート」に書く

プロジェクト全体の目標を確認して，自分はこのことに関心があるというものを「チーム作りシート」の上半分に大きく書く，
下半分にはその「理由・動機」を書く。

（2）同じ課題意識の人でチームをつくる

同じ課題意識の人でチームをつくるために学習者は，事前に壁に貼られたカテゴリー用のキーワードを見て関心のある所へ行き，自分の「チームづくりシート」をそばに貼る。同じ課題意識のある人でチームができる。

*ポイント：チームの人数は4〜6人がよい。なぜならこの程度の人数だと一人
　ひとりが自分の得意や働きを活かして活躍しつつ進めていけるから。また，全員が意見を出しやすいから。
*ポイント：人数が多すぎたら，同じカテゴリーに集まった人たちで「チーム作りシート」を見ながら似ている「理由や動機」の人同士で二つに分けるなどして調整する。
*ポイント：カテゴリー用のキーワードは，この日までの学習者たちのポートフォリオを見ておき，どのような関心が多いか大まかにつかんでおき，それらを包括するようなキーワードを考えておく。それをカテゴリーとする。

（3）チームの目標をつくる

チームテーマを決めるためにチームごとにブレーンストーミング。一人ひとりがどんどん意見を出す。その後，プロジェクト全体の目標と照らし合わせて，課題意識に基づいた決定をする。

*ポイント：模造紙の中央にラフにキーワードを置き，話し合いがぶれないようにそれを見ながら現状の課題を話し合いチームテーマを決めていく。
*ポイント：チームテーマは「○○の方法を提案します」と他者へ役立つ行動や方法を提案するものとする。
*ポイント：「明確な目標」になるようコーチングする。

（4）チームの目標を共有する

各チームで決定したチーム目標を模造紙の上部に大きな字で書きほかのチームの人たちへ披露する，聞いた人たちは承認，励まし，期待などを込め拍手をおくる。

チームでするのには意味がある

プロジェクト学習はチームでします。なぜならチームですることにより人は成長するからです。プロジェクトとは夢に向かうもの。夢は一人ではかないません。一人でできることには限界があります。相手がいたほうがアイデアや知識もグンと広がります。一人ひとり意見や考えは違います。ちがうからいいんです。それは，新しい気づきや深く考えるチャンスとなります。
チームでするよさを考え，みんなで話し合うことも意義があります。

◆ なぜチームでするとよいか
・チームワーク力がつく。
・自分の考えをしっかり表明できる力がつく。
・互いの経験から学び合うという新しい知識の獲得法が得られる。
・自分とちがう考えの人と話し合うことで，考えが広がる。
・自分の考えとちがう人間と組むことで，知の触発，ひらめきが湧くアイデア発想法を覚える。

● プロジェクト学習の「チーム」と「個人」のあり方

■ ケース１…プレゼンテーションまで「チーム活動」
活動の仕方……
　［準備］のフェーズの自分なりの課題を見出すところまで「一人」でする。［ビジョン・ゴール］のフェーズで，同じ課題意識の人が集まり「チーム」を結成する。チームで情報収集や課題解決策を考え出し，プレゼンテーションをする。その後，チームを解散し，［再構築］のフェーズから「一人」に戻り，凝縮ポートフォリオをつくり，［成長確認］のフェーズで終える。未来教育プロジェクト学習では，これを基本とする。
特徴・課題……
　総合的な学習の時間や専門教育，大学，社会において一般的に実践されている。
　チームワーク力や互いに触発し合い知的なアイディアを生み出したり，困難を乗り越える力などを育成できる。
　クラスや所属など特定の集団が初めからあるところに向いていると言える。
　再構築のフェーズで自分独自の凝縮ポートフォリオがつくれないこともあるので，スタート段階から自分自身の目的意識が明確であることが求められる。
　初めから，チーム活動はプレゼンテーションまでであることを伝えておくこと。

■ ケース２…ほぼすべて「チーム活動」
活動の仕方……
　［準備］のフェーズは「一人」でする，［ビジョン・ゴール］のフェーズから，最後の［成長確認］のフェーズまで「チーム」でする。
特徴・課題……
　総合的な学習の時間や専門教育，大学，社会において一般的に実践されている。
　チームワーク力や互いに触発し合い知的なアイディアを生み出したり，困難を乗り越える力などを育成できる。「凝縮ポートフォリオ」づくりもチームで行っているので，一人ひとりの総括的評価ができない。

■ ケース３…すべて「個人活動」
活動の仕方……
　［準備］のフェーズから，最後の［成長確認］のフェーズまで，すべて「一人」でする。
特徴・課題……
　専門コースや大学，修士などにおいて個人で進めるものにふさわしい。他者とともに困難を乗り越える力，触発し合い課題解決する力がつきにくい，また自分一人なので目標達成への戦略などに限界がある。

> **「チーム」と班とグループはちがう**
> チームは班やグループとはちがいます。チームは同じ願いや志を共にする者の集合です。

phase3 ［計　画］
── 戦略的に計画する力

身につく力

このフェーズでは，以下の力を身につけます。
- □ "すべきこと"をイメージする力
- □ 優先順位を決める力
- □ 時間を的確に配分する力

活動

　チームごとで話し合い，目的を達成するためにどうすればいいのか考え出します。チームの目標を見ながら"すべきこと"を洗い出し，計画を立てます。時間はどのくらい使えるのか，何をどんな方法でするのか，その段取りはどうするか，「これを先にしておかないと，次ができない」という優先すべきことは何か，手順も十分考えておく必要があります。先を見通し戦略的に考え，大まかで簡潔な工程表を作ります。

内　容	視　点
◆ 使える「時間」を把握する 　チーム全員が集まれる時間は全部でどれだけあるのか，それをどう使うのかを考える。 　時間の把握，使い方，役割分担など，時間管理ができるようになることで自主的に進められる。	・時間／仕事／俯瞰 ・タイムマネージメント
◆ 自分たちが「すべきこと」を考えだせる 　全体を見通し，すべきことを洗い出し，その個々を何人でどうするかどこまでするか，関係し合う仕事は何か，準備や段取りを考え，大まかに計画を作る。	・すべきことを洗い出す ・関係し合う仕事や段どり
◆「優先すべきこと」を峻別できる 　使える時間とすべき仕事を照らし合わせると，考えたことがすべてができるわけではないことに学習者たちは気づき，優先すべきこと（プライオリティ）を考え，そのために絶対に必要なものは何かを峻別する。相互の仕事の関係を考え調整する。	・モチベーション ・考え，判断，行動 ・全体を俯瞰できる力 ・峻別できる能力 ・仕事と仕事の関係 ・余裕をもっておく
◆「計画」を計画に落とし込める 　チームごとに計画が決まったら，チームを超え，プロジェクト全体で「計画」を披露し合い戦略を共有する。	・多様な目標達成の戦略 ・共有で知恵が湧く

具体的な進め方

　目標達成のためにすべき優先順位を考え出し，カレンダーのなかに落とし込み計画をつくります。計画とは目標を達成するためにすべきことや方法や順序などを考えることです。ここで一番大事なことはまずは，"すべきこと"を考え出せるということです。

計画を立てる手順とコーチング

❶ まず「使える時間」を把握する

自分たちがこのプロジェクト学習のために一体，何時間使えるのか話し合う。
コーチング「使える時間は全部で何時間あるの？」

❷ 課題解決のために「すべきこと」を考える

チームの目標づくりと同様，模造紙を囲んですわってチームの目標を確認し，その内容を達成するためには何をする必要があるのか考えだし，どんどん書いていく。
コーチング「チームの目標は？」
コーチング「そのためにすべきことは何？」

◆評価の観点
◇目標に対し必要な行動は計画に入っているか

❸ 優先順位を考える

チームの全員で模造紙を俯瞰し，目標達成のために絶対にしなければいけないことを決め，その優先順位を考える。
コーチング「一番，優先すべきことは何？」

●身につく力
○時間配分力
○イメージする力
○優先順位を見極める力
○峻別できる力
○事態の予測ができる力
○戦略力
○構想力

❹ "すべきこと"の一つひとつを具体的にする

絞り込んだ"すべきこと"が決まったら，その一つひとつを具体的にしていく。

❺ 工程表に落とし込む

実践のカレンダーをもとに，いつからいつまで何をするのか，それは何人（誰）で行うのか，そのための下準備は何か，関係し合う活動などを書き込み，いつ誰が何をするのかなどが一目で見えるようにする。
コーチング「この通りにすれば目標は達成できるのね？」

◆評価の観点
◇余裕はもたせているか
◇実行可能か
◇仕事と仕事の関係に無理はないか

成長への意図と手法

◆ 自主性と時間管理

◇ "すべきこと"は，学習者が考える

　意志ある学びを実現するためには，学習者が指示されて動くのではなく，自分たちがすべきことを自分で考え出せることが必要です。目標へ向かい何をしたらいいのか，そこにはモデルはありません。自分たちの時間をどう使うのか，それを考えるのが［計画］のフェーズです。そこには自由と責任がともないます。だからこそそこで人は成長します。教師は，計画を立てさせ工程表を作らせることではなく，目標へ向かい「自分で自分のすべきことを考え出せる力」の大切さを念頭に置き，関わります。

◇ チームワークで有効に活動する

　役割を分担して，限られた時間に有効に動けるようにします。活動の多くは情報の獲得となります。現地で観察する，実際にやってみる，五感でつかむなども含め，すべて何らかの情報を得ることです。一人でするのか数人で組んで行うのか，すべきことをもっとも少ない人数と時間でできることを考えます。必要な情報を手に入れることも大事ですが，もっと大事なのは，それをもとに課題解決策を考えることですからうまく時間を使うように計画します。自分の役割の仕事が終えても他のメンバーの仕事を積極的に声をかけて担います。

◇ 作業を具体的にする

　目的により必要な情報は，いろいろでありその入手手段は変わります。情報を獲得する手段には，ネット検索，現場を観察する，専門家にインタビューする，人々からアンケートをとるなどいろいろな手段があります。

　例えば，「アンケートをとる」ということには，アンケートしたい内容を考え出す→アンケート項目化する→その評価をおこない，手直しして→最終確認を行い→印刷→場合によっては配付先の許可を得る→配付→回収→集計→考察という具合にたくさんの段階を必要とします。この一つひとつの段階を踏まえたうえで他の仕事との兼ね合いも合わせて計画に盛り込み工程表に落とし込む必要があります。その際，175ページの「目標達成シート」を活用することもできます。

◆ 工程表を評価する

　自分たちが作った工程表を評価します。まず，チームの目標を確認します。その目標と「工程表」に書かれた内容を見比べて，これをすれば，目標に書かれたことが達成できるのか？という視点で評価します。

　教師はこの工程表は必ず確認します。学校外における活動も含みますから，十分に内容を話し合い問題なく活動に入れるチームにOKを出します。この工程表をチーム間で共有できるように，壁に掲示しておきます。互いに助け合うきっかけにもなります。

phase3 ［計 画］

No.4-4

工程表，チェックリスト

- ☐ 目標達成に必要な活動は入っているか
- ☐ 時間配分は妥当か
- ☐ 作業の優先順位を考えたか
- ☐ もっといい進め方はないか？ と自問自答しながら進めているか
- ☐ 進め方，段取りにもれはないか
- ☐ 活動や作業の手順はベストか
- ☐ 戦略をもって進めているか（一面的な情報収集にならないか）

- ☐ チームで話し合う時に一人ひとりが意見を出し合えたか
- ☐ チーム内で分担する作業をそのチームメンバーが知っているか

※このフェーズにおいてポートフォリオに入っているべきモノは 176 ページを参考にしてください。

4章 実践の手順とポイント

phase4 [情報・解決策]
— 分析力・対応力・発想力・課題解決力

身につく力

このフェーズでは，次の力が身につきます。
- □情報を見極める力
- □比較・分類する力
- □礼儀・礼節
- □創造力
- □分析する力
- □事態への対応力
- □多面的にものを見る力

活動

プロジェクト学習のゴールは，「課題解決の方法を，考え，提案する」というものです。「考える」ためには「情報」が必要です。そこでこのフェーズでは必要な情報を集め，分析し，原因を明らかにして，課題解決策を考え出すために，何をしたらいいのかをお伝えします。

内　容	視　点
◆ 目標達成に必要な「情報」をイメージできるようにする 自分たちの考えを提案するためには，どんな情報がいるのか，イメージできるようにする。	・根拠ある情報 ・他者の考え ・過去の事例 ・類似事例　etc…
◆ 必要な「情報」を手に入れる 必要な情報（課題解決に必要な情報）はどこにあるのか考えられ，情報を見極め，自ら獲得できるようにする。	・情報を見極める ・自ら情報を獲得できる
◆ 情報を「分析」し原因究明する 手に入れたデータや情報を俯瞰し，比較したり分類，情報と情報を関連づけてみるなどいろいろな視点で考えられるようにする。	・比較，分類，関連 ・本質 ・ゼロベースで発想する
◆「こうすれば！」という課題解決策を考え出す 原因を解決するためにどうしたらいいのか，根拠を添え具体的に提案できるようにする。	・現実的な提案 ・妥当点を探る

phase4 ［情報・解決策］

具体的な進め方

　現実を明確につかむことなしに解決を考え出すことはできません。ゆえに確かな情報を得ることが最初にすべきこととなります。その上で原因を究明し課題を絞り，現実的な解決策を考え出すことになります。

課題解決策を考え出す手順とコーチング（下線）

❶「目標」を確認する
プロジェクト全体の目標を確認し，次にチームの目標を見て，「すべきこと」をあらためてイメージする。

↓

❷ 現状の「情報」を手に入れる
チームの目標に関する現状がわかる情報を多面的に集める。
コーチング「あなたの逆の立場からの情報を手に入れよう」

●身につく力
○クリティカルシンキング
◆評価の観点
◇ネット検索だけしてないか
◇直接情報（人や現場）を大事にしているか
◇多面的に見ているか
◇偏向してとらえていないか

↓

❸「目標」と「現状」を照らし合わせ「原因究明」する
目指す状態（目標）と現状を照らし合わせ，ギャップ＝取り組むべき課題を明らかにします。

↓

❹ 原因を究明するための「情報」を手に入れる
手に入れる必要がある情報，類似事例，過去のデータ等は，できる限り集め，原因をさぐる。
コーチング「その情報はどこにあるの？」「ほかには？」「最新の情報を手に入れよう」

●身につく力
○分析力
○ブレーンストーミングによる発想力

↓

❺ 課題解決策を考え出す
課題と照らし合わせ，共通性，相似，特殊性などを考え解決策を探る。手に入れた情報をすべて見えるように広げ俯瞰して，アイデアが出やすくする。ブレーンストーミング：ひらめきやアイデアをメモして可視化しながら行う。
コーチング「一番有効なのは？」

◆評価の観点
◇全体を俯瞰し関連性を発見しようとしているか
◇目標からずれていないか
◇可視化しながら話し合っているか
◇情報がないまま判断しようとしていないか
◇発散と収束を分けているか

↓

❻ 妥当性を検討して決定する
「一番，有効なのはどれか」というようなコーチングをし合い一つだけ選ぶ。

●身につく力
○課題解決力
○思考プロセスを客観的に見る

◆評価の観点
◇その解決策を実施する際の問題点も踏まえているか
◇エビデンスを添えられるか

4章 実践の手順とポイント

成長への意図と手法

● 考える力と情報について

◆「どんな情報」を手に入れたらいいのか

　課題解決策を考え出すためには，今もっている知識だけではなく，外から情報を手に入れる必要があります。教師は学習者がどんな情報を集めているのか，どこから手に入れているのか，何のために情報を求めているのかを見失っていないか，などその情報のクオリティばかりでなく，情報入手のプロセスも見つめている必要があります。ここにポートフォリオが役立ちます。成果だけでなく，そのプロセスを見てこそ，その学習者を伸ばすことができるからです。また，学習者が十分な情報を得ないまま判断しようとしていないか？　という評価の視点も必要です。

> **情報と絵の具**
>
> 　情報の集め方，その判断はどうしたらいいのでしょうか。量より質，と言いたいところですが，量も大事です。必要最低限なものだけ集めよう，無駄なことはやめよう，と考えたくなるのが人間ですが，湧き上がるイメージを絵にするとき，たっぷりの絵の具がパレットにあるほうが自由に発想でき，いい絵がかけます。

◆ すべては「目標」がよりどころ

　情報収集から課題解決に至るそのすべてのよりどころとなるのは，何のために何をやり遂げたいのか，「目的」と「目標」の存在です。どんな情報が必要なのか，的確にヒットする検索サイトへの入力文字は何か，本当にアンケートをとる必要があるのか，どんな人に聞いたらいいのか，思考，判断，表現，これらを導くものは，自分たちの「目標」がすべてよりどころになります。何かを「調べる」というより「この目的や目標のために情報を獲得する！」という意志がかしこい判断や行動をもたらします。

◆「正しい情報」とは？

　多くの学習者は「正しい情報」を手に入れる必要があると自覚しています。しかし問題は「正しい」は人や立場などにより一つではないということです。「正しい情報とは何か？」と学習者へ問いかけ考える時間をもつとよいでしょう。さらに，いろいろなメディアの特徴と問題点を考える時間を設けることも根拠ある情報を獲得できる力を高めるために有効です。

◆ それは，エビデンスとして使える情報か

　山ほど情報を集めても出典や日付のないような不確かな情報であればエビデンス（証拠・根拠）として使うことができません。学習者が情報を得ているとき，教師は次のような視点で見ます。エビデンスを重視しているか，またその情報を受け止めるときに不要な憶測をもっていないか，事実ありのままを見つけ出す謙虚な姿勢をもっているか，事実（本当のこと）と自分の意見・私感をまじえないでいるか。先入観をもってしまっていないか。たくさんの情報が得

られても，それが偏向していたり，ネット検索だけですませたり，不確かな情報であればこの行動をしている意味がありません。

No.4-5

確かな情報を手に入れる基本

- ☐ 情報源がはっきりしている（出典，日付）
- ☐ 複数のメディアで確認する
- ☐ 一次情報，現地，当事者から得る
- ☐ 自分の考えと違う見解にもフラットな感覚で触れる
- ☐ 最新であること

◆ 課題解決のために「必要な情報」とは

学習者が情報を扱うとき，情報の真偽という意識をもっているかという評価の観点が教師には必要です。それだけではなく，通り一遍の情報しか手に入れていないか，偏向した情報収集になっていないか，などの視点も必要です。人は誰でも自分の考えを補填する情報ばかり集めがちだからです。また先入観や思い込みも情報の偏りに通じます。だからこそ「あなたの考えと異なる情報を探そう」と学習者へコーチングすることもがいるのです。

◆ 考える力と情報…成長を見守る

情報をただ集めるだけなら誰でもできます。活かすための情報であること論証に耐えるものとすることが大事です。論理的に構築できる"使えるもの"なのかを考えることが大事です。

チームの自主性を尊重し，その進行を少し離れて見つめながら，教師は，「それには，どんなリサーチが必要か？　それは，どう調べることが最適か？」「適切な情報を得るため，専門家に会って話を聞くことが必要か」あるいは，「その行為で情報収集されたそのデータの信憑性は大丈夫か？」「それをどう集計するか？」等々起こり得るあらゆる局面をできるだけイメージし，必要なら最小限のアドバイスやコーチングをして，学習者がこのフェーズで確かな力を身につけることを意識しながら見守ります。

◆ 「現実」からの情報獲得力

誰でも手に入れられる一般的な情報だけでなく，その地やそこの人からしか手に入れられない固有の情報を獲得することに時間も知恵も使うべきです。そのとき例えば，それが「現場の情報」ということであれば，「よく現場を見なさい」と言うだけではダメです。

それは今，実際のところどうなのか，どこで発生しているのか，誰が関わっているのか，などディテールが見えるような情報を手に入れるのがポイントです。常に現場（現実）は，動いていますから，その状況で，的確な情報を得るには動体視力とも言いたい集中し続ける視線や複雑にからみ合っているものから本質を見抜く力なども備える必要があります。鋭い意識，事柄や現象の表層の奥を見ようとする決意も求められます。ここで教師はコーチングを駆使します。

No.4-6

> **「現状」をつかむコーチング**
> ☐ それは，今はどうなの？
> ☐ 何が起きているの？
> ☐ それは，本来どうであるべきなの？
> ☐ それは，どこで起きているの？
> ☐ それは，いつ起きているの？
> ☐ そこに誰がいるの（関わっているの）？
> ☐ それはなぜ起きたと考える？

◆ **多様な手段で得る情報**

　課題解決のアイデアや方法を生み出すためにも，いろいろな視点や手段で情報を手に入れます。情報を手に入れるということは，書籍やネット検索やアンケートの実施ばかりではありません。直接触れたり，観察したり，実際にやってみる，という体感的な情報も含みます。誰でも手に入れられる≪一般情報≫だけでなく，むしろ"その人"にしか手に入れられない≪固有情報≫を獲得することに時間も知恵も徹底的に使うべきなので，時間配分に注意します。

No.4-7

> **いろいろな情報の取り方**
> ☐ 一般的情報：ネットや書籍など誰もが手に入る基本的な情報，HP等
> ☐ 固有的情報：現地や関係者から手に入る情報，資料，データ
> ☐ 体験的情報：やってみてわかる情報。実験，実体験，触れるなど嗅覚等
> ☐ 継続的情報：定点観測してわかること（環境の変化や人の動き）

No.4-8

> **「課題解決」に役立つ情報**
> ☐ 類似事例
> ☐ 成功事例
> ☐ 失敗事例
> ☐ 過去のデータ
> ☐ 経験者の声
> ☐ 背景や事情，状況が近いケース…etc

◆ **人から情報を得るとき**

　情報はネットからだけではなく，専門家からインタビューをしたり，現場へ出かけるなどが入ります。専門家ばかりでなく，現地の人や経験を積んだ人から，暗黙知を引き出すようにその考え方を聞かせていただくという情報収集（資料，写真，データ，証言，経年変化，因果など）は中でも価値の高いものです。ネットではなく直接人と会うことはその情報ややりとりした内容を超越し人を成長させます。

　例えば説明する言葉やアンケート用紙が完璧でも，こちらの都合ばかりで，相手の状況，疲

れている，時間がなさそうなど，を感じ取れる心をもっていなければ，そこから得られるデータは信憑性をもたない結果になるかも知れません。

　また体験者の思いを聞けるチャンスがあったとしても，きちんと挨拶とともに自己紹介や趣旨を説明することができなければ，またおどおどしていたり，お礼を適当に言ってしまうというようなことがあれば，相手の方の気分を害してしまうかもしれません。逆に好意を感じるときは，誰でもいっそう，惜しみなく協力してくれるものです。型にはまった挨拶やスキルに増して，人の心を推察できる心の深さも身につけることを，（教師が）意識していることで課題解決のための情報を手に入れるシーンで学習者たちは，人としての礼儀，ふるまいなど，大切なことを同時に身につけることがかないます。

◆「事態への対応力」を身につける

　インタビューや現地調査などは「事態への対応力」や「イメージする力」を身につけることができる機会となります。

　教師は，「気をつけて行きなさい」とか「失礼のないようにしなさい」と教えるだけでなく，一工夫することで学習者たちはそこでグンと力をつけることができます。例えばインタビューやアンケートを取りに行く前に，学習者が，そこで起こりえる事態を事前にイメージするようにコーチングします。

　教師「そこへインタビューしにいくとき，起こりうる最悪の事態は何？」と問うのです。その言葉を投げかけられた学習者は，イメージを具体的にすることができます。「起こりうる事態は？」ではなく，「そこで起こりえる"最悪の事態"は？」と聞くことがミソです。次に「そうならないためにどうしたらいいと思う」と問うことで，学習者に先を読んだ対応力を身につけることにつながります。

No.4-9

「事態への対応力」へのコーチング

☐　最悪の事態は何？
☐　そうならないためにどうしたらいい？
☐　そうならないためにいまできることは？

　ここまでは，主に確かな情報をどう獲得するのか，についてお伝えしてきました。ここからはその情報をどう課題解決に活かすのかということを説明します。

● 課題解決の考え方と真髄

◇課題解決と「確かな情報」

　課題を解決するために「考える」…そのほとんどは，ああでもないこうでもない，こうか，いや違う，など頭の中で思考錯誤の状態です。分類したり比較したり，ああかな，こういうこともできるかな，これはどうだろう，こうしたらこうなるという仮説や推理をしつつ，思考の構築を部材を入れ換えながらしています。その部材が情報やデータです。部材と部材の無限に近い組み合わせのトライ＆エラーに役立つのが，新しい情報の存在やほかの人の考えや評価で。自分の頭で考える，とはよく使う表現ですが，考えるための部材の何もかもを今の自分がもっている訳ではありません。だから「情報」を集めたり互いの考えを出し合ったり，ちがう角度から意見を言ってくれる人の存在が大切なのです。チームメンバーや教師はそういう存在でいたいものです。また自らも自分と違う考えや苦い意見を受け入れられる自分でいたいものです。

　すでに知っていることと新しく入ってきた「情報」が結びつき知識に変わり，アイデアが生まれます。ただしこの部材がいい加減ではすべてが崩壊します。だから，根拠ある情報を獲得できる力や，見極める力が大事なのです。

No.4-10

課題解決への視点

- ☐　事実を知り，新しく気づいたことは何か
- ☐　情報を多角的に得て，立ち位置を変えて考えたか
- ☐　いろいろ組み合わせて考えることをしたか
- ☐　目標と照らしあわせ俯瞰しているか
- ☐　常に基本に返ること，そして考えること

No.4-11

「課題解決への発想を広げる」コーチング

- ☐　一般的には（過去には）どうなのかな？
- ☐　ほかの場所（ケースあるいは地域）ではどうなのか？
- ☐　どうしてこれまで起きなかったんだろう？
- ☐　いまどんな全体をイメージしている？
- ☐　似たプロジェクトのいろいろな事例も見なさい
- ☐　あなたの考えと異なる情報を探そう
- ☐　同じ問題に対して，ちがう見解を探しなさい
- ☐　どうすればこの状況をよくできるかな？

◇ 正解のない課題解決で成長する

　課題解決には，正解はありません。さまざまな方法や選択を試行錯誤して，よりベターと判断して決めます。また人へ提案することは，極力自分でもやってみることも必要です。その結果無理があるならば，それは人へ提案することはできません。いずれにしても大事なことは正

解を出そうとすることではなく，何とかしたいと粘り強く工夫やトライをしつつ考え続ける姿勢です。

　学習者の主体性を大事にする活動は，時に最適行動ではないこともありますが，教師や指導者はその時もすぐに誤りを指摘し，振る舞いを変えるよう注意するのではなく，本人が気づき自ら直せるようにします。その経験から学んで成長するかどうかを見守ることこそ大事です。ここにもポートフォリオの存在がものを言います。本人がポートフォリオでフィールドバックして自分のやったことを客観的に見ることでその時でないことでも，もっとよいやり方や工夫が湧くこともあります。正確があるものでは身につかない価値ある成長をここでします。

◇ 妥当な提案であること

　苦労して得た情報でも，それが課題解決に役立つとは限りません。またたとえすばらしいアイデアや提案でも時間や経費がとてもかかり現実的ではない，それを説得する術も考えもない，何から始めていいかの考えはない，というのであれば，プロジェクト学習の知のゴールである「提案」とは言えません。

　夢の提案ではなく，現実に「こうしたらいいよ」という親切で具体的な提案をすることがこのプロジェクト学習のゴールなのです。無理な提案，無責任な提案もダメです。例えば，野菜不足の高校生のための30種類の野菜がとれる朝食を提案します，ただし調理に40分もかかる，高価な食材でお金も法外にかかる，などであれば提案者へ「あなたはそれができる？」というコーチングをしてもいいでしょう。提案は実際に行動可能なものである必要があります。

◇「対処」と「解決策」はちがう

　そのことに対して何とかしたいという願いがあるときに二つのことが考えられます。対処と解決です。対策と解決はちがいます。対処は一時的な「行為」です。いまその場でできることをしたにすぎません。外から情報を得ず，熟考もしていない。だから再び問題は生じてしまいます。しかし解決は，その原因を認識し課題や障壁そのものを取り除くために有効な情報を探してそれを現実に取り込む方法を考えます。教師はそれがポートフォリオに入っているか確認することも有効でしょう。情報を手に入れてからが勝負です。「課題解決策を考え出して提案して役に立てることがゴールですから」聞いてくれた人が「なるほど，そうすればうまくいくのか，私もそうしてみよう！」と思うためには，エビデンスを添える必要があります。

◆「分析」を考える

　手に入れた情報を俯瞰し，その後分析します。事前にどこまで分析するかを決めておくことも必要です。そうでないと延々と分析に時間がとられてしまいます。何のために何をやり遂げたいのか，「目的と目標」がここでもその判断や決定のよりどころとなります。

◇ 俯瞰と分析

　分析は複雑な事柄を一つひとつの要素や成分に分けること，分けるとその一つひとつは細かい「部分」になります。しかし，あまり分析にこだわると，もっとも大事な全体が見えなくなるということがおきます。そのとき大事なのは俯瞰です。常に大きく全体を遠くから離れて見

る「俯瞰」を忘れないようにしましょう。俯瞰する姿勢は今あるものを捉えるばかりでなく，その先の「予測」できたり，見えない価値あるものもときに浮かび上がらせます。分析すること，俯瞰することで課題発生をもたらす心理や課題解決につながるセオリーが浮き上がります。

No.4-12

分析とは何か…

「分析」の意味…要素に分けて，その意味や性質をはっきりさせること
「分析」の視点…人，時間，場所，状態，部位，理由等々にて分けて考える
「分析」の方法…近くから見て細かく分ける，遠くから俯瞰し差異を発見する
「分析」の手法…静止でなく動体視力で「時間」と「場所」上にストーリーを再現してみる
「分析」の評価…情報を一元化し俯瞰して，そのもたらした価値を見出す
「分析」のコツ…人間の心理を追いながらその行動，視界などを追う

◇「分析」は課題を見出すために

　はじめは絞りきらず，関係しそうなものを集めます。方向性（目的と目標）は明確にもっているが，可能性は絞らず無駄も覚悟でより多くの情報を手に入れる姿勢が大切です。その後分析します。課題解決のためにはまずどんな情報を集めたらいいのか，その切り口を考えます。何を分析するのか，どこを分析したらいいのか，分けるといっても"何で"分けるか，例えば新と旧，年代など，その視点はいろいろです。分析はしなやかな発想や頭の使い方が必要です。現実や状況のどこを分析するか次に伝えます。内容が詰まっているところを切ったり，難しさがありそうなところを分析します。そのために「○○と○○の発生の可能性は」，「○○はどんなときに起こるの？」などとコーチングしてもいいでしょう。

No.4-13

分析を促すコーチング

☐ 比較する→コーチング…何を基軸に比べるのか
☐ 分類する→コーチング…何をもとに分けるのか，どう分けるのか
☐ 演繹・推論する→何が要因でこの状態になったんだろう？
☐ いろいろな見方をする→もし○○だったら？

◆ 課題解決に必要なもの

◇ あふれる課題解決の手法

　KJ法，マインドマップ，フィシュボーンなど，ありとあらゆる発想法や課題解決の手法が雑誌や書籍にあふれます。すべきことをもれなく洗い出したい時など，状況に応じそれぞれに有効な働きをします。しかし待ってください。もし手法が有効であるとしてもAさん，Bさんにより，課題解決のアイデアが同じように出るということにはなりません。

◇「情報や知」は手法を超える

　どんなに優れた手法でも，その人の中にたくさんの情報や知のかけらが素材として存在しなければ発想や創造につながりません。そのために日々の授業，書籍，雑誌，目に映るすべてからいかに情報や知を獲得できるかがカギです。そのためにいつでも好奇心や向上心いっぱいに

「知を求める人」でありたいと思います。そしてそこから本質や普遍的なセオリーを見出せる視力も精進して磨く必要があるでしょう。これらすべてを含めあらゆる項目や事象から謙虚に学べる姿勢なしには，あらゆる課題解決の手法も活きません。

◇ 希求する心

　なにより，なんとか課題解決したいと願い，そこに集中できるかどうかがカギとなります。なんとかしたいと寝ても覚めても考えている。どうにかしたいと切望している。苦しいくらい求めているとき，パッと全体が見え，その解決の糸口となるアイディアが湧いてくる瞬間があります。それは偶然ではなく常に求めていたからこそです。求める心は，手法や段階を超越し，もっとも単純でもっとも適切な答えを与えてくれます。課題解決に何より必要なものは，自分の深いところから湧き上がる希求する思いなのです。

発想が湧く方法

「思考」を見ながら発想する

　課題解決策を考える時には，考えたことや頭の中にあることを伸びやかに自由にいい加減に書き込める大きな紙をテーブルに用意することが必須です。アイデアを考える時は，きちんと書くことより，どんどん書けることを大切にします。大きな紙の余白に誘発されてどんどん書き出すといいでしょう。

　一人で，あるいはみんなでブレーンストーミングしつつ，既知や課題やアイデアをメモして互いに可視化しながらすることができるからです。もちろん目標やキーワードはしっかり目に入るところに大きく書いておきます。それを見ながら発想します。

客観的に思考を見る

　メモをして思考を可視化することで，頭の中でそれを覚えていなくていい状態にできますから，その分伸びやかにアイデアに身を任せることができます。メモしてあれば客観的に自分の考えていることやこだわっていることを見ることができます。するとまた新しい見方ができます。またテーブルクロスのように大きな紙に自由に描くことで，他者の目にも入ります。それが刺激になり互いに触発され，ひらめきが湧くこともしばしばあります。思っているだけ，考えているだけ，口で言うだけではだめです。紙に書かないとすべてはないと同じです，生み出すためにしているのですから。

ブレーンストーミング―どんどん書く

　みんなでブレーンストーミングしつつ，既知や課題やアイデアをメモして可視化しながらする。発想をするときはとことん出す。書くことが重複してもいい。収束や分類や整理のしやすさなど後のことを一切考えず行う。ネガティブな気持ちをよそへ置き，「それはムリ，これはできないだろう」というような否定的言葉は使わない。他者へ使わないばかりでなく，自分自身にも使わないようにします。アイディアは創造的にあふれるものです。それは自由で伸びやかな発想の中にあります。

発想のために滑らかなペン

　滑りのいい書きやすいペンを使うことを勧めます。アイディアは絵の線をかくように滑らかに表現できることで気持ちよくかけます。すると次々表したくなります。鉛筆で書く時も2Bなど濃いものを。消しゴムは使いません，線を引けばいいでしょう。前に書いたものが目に入り，ひらめきにつながることもあります。丁寧さより，すばやくかけること，もれなく"描き出す"ことが大切。

※このフェーズにおいてポートフォリオに入っているべきモノは176ページを参考にしてください。

phase5 ［制　作］
― 簡潔な表現力・考えをビジュアル的に表現する力

身につく力

このフェーズでは，次の力が身につきます。
- □ わかりやすく表現する力
- □ 情報を取捨選択する力
- □ 図，表，グラフを適切に使う力
- □ 概念図等を使い端的で簡潔に表現する力

活動

　ここではプレゼンテーションのための制作物を作ります。それは「知識やモノ」を披露するのではなく「課題を解決する具体的な方法」を提案するものです。対象者がこのプレゼンテーションを見て「なるほど！ 私もそうしよう！」と納得し，実際にそう行動できることをそのねらいとします。納得するためには，エビデンスをもとにした論理的な展開が求められます。その表現は思考を構造化でき，初めてできることです。

内　容	視　点
◆ プレゼンテーションの制約を踏まえ情報を取捨選択をする 　プレゼンテーションの持ち時間，表現方法，対象者，会場などを踏まえて適した最適な情報（エビデンス）をもとに展開することができる。	・制約が思考を磨く
◆ 課題解決の方法を「どうしたら表現できるか」考え出す 　自分たちが考えた課題解決策がどうしたらわかりやすく効果的に伝わる表現になるか考え出す。	・思考の表現 ・客観性
◆ 制作のための準備（下ごしらえ）をする 　個々のパラグラフ（一つの考えのまとまり）ごとに平易かつ簡潔に完結するよう，文章を簡潔にする，データのグラフ化，概念図の作成などの作業と同時に最適な表現で仕上げる。	・部分と全体 ・収斂したパラグラフ
◆ 思考の展開を構築的，視覚的にレイアウトする 　直感的に伝わる表現（ビジュアル表現）を考える。	・知の構築力 ・思考の全体をで見せる

phase5 ［制　作］

具体的な進め方

「方法」を提案するということは，あるやり方や手段，つまり一連の動きや手順を提案するということです。このようなねらいで最初はこうして，次はこうする，その時のポイントは○○で…という流れをわかりやすく伝えられる必要があります。

プレゼンテーション用の制作の手順とコーチング（下線）

❶ 「条件」を確認する
　プレゼンテーションの条件（表現方法，持ち時間，対象，会場）を確認する。

⬇

❷ ポートフォリオから情報を取捨選択し集約，加工する
　あらためてチームの目標を照らし合わせ，ポートフォリオから必要な中身を俯瞰しつつ取り出す。

◆評価の観点
◇展開がぶれていないか
◇内容が飛躍してないか

⬇

❸ 伝えることと目的を確認する
　何のために何を伝えたいのかをあらためて考える。
　コーチング「一番，伝えたいことは何？」

●身につく力
○情報の取捨選択力
◆評価の観点
◇的確なエビデンスか

⬇

❹ 論点を組み立てる
　論点を組み立て，ストーリーボードを構想する。
　現状・課題に，エビデンス（根拠・証拠）を添える。

◆評価の観点
◇説得力のある展開か

⬇

❺ 課題解決策をわかりやすく表現する
　課題解決の具体的な方法を手順を含め，わかりやすく表現する。

●身につく力
○制限のある表現力
○平易，簡潔な表現
○感性
○創造性

⬇

❻ パラグラフの見出しやキャプションをつける
　一つひとつのパラグラフに「見出し・タイトル」をつける。図やデータにキャプション（説明文）を適切につける。

◆評価の観点
◇色を使いすぎてないか
◇納得する結論になっているか

⬇

❼ 全体のバランスを考え仕上げる
　客観的に全体を"初めから終わりまで順序よく展開されているか"という観点で見て収斂，洗練させ完結する。

4章　実践の手順とポイント

成長への意図と手法

◆ 効果的な工夫を考える

　どういう状況でプレゼンテーションするのかがわからないと「制作」はできません。例えば，高齢の人にするのか，小学生にするのかにより，字の大きさなどばかりでなく，写真の選択やグラフの種類も考える必要があります。もし広くない会場で少ない人数へ行うのであれば，実物を直に示したり模造紙に手書きなどで親しみやすい表現にすることも考えられます。

No.4-14

制作するために確認したいこと
- ☐ プレゼンテーションの「持ち時間」
- ☐ 対象者の年齢，立場，どんな人たちか
- ☐ 会場の広さ，どんな環境でプレゼンテーションするのか
- ☐ 対象の人数
- ☐ 映像機器の性能など

No.4-15

多様なプレゼンテーション
- ・ポートフォリオをめくりながらするプレゼンテーション
- ・模造紙サイズなど大きい紙に手書きで表現するプレゼンテーション
- ・実物の披露と口頭によるプレゼンテーション
- ・フリップボードをめくりながらするプレゼンテーション
- ・ロールプレイによるプレゼンテーション
- ・映像制作によるプレゼンテーション
- ・プレゼンテーションソフトなどPCによるプレゼンテーション

◆ ビジュアル（視覚）への情報伝達

　プレゼンテーションのための制作物は，限られた時間で考えを簡潔に伝えることができるよう，直感的で，パッと見てわかりやすい表現であることが求められます。必然的に，文字による伝達ばかりではなく，概念図や写真，囲み表現など，ビジュアルで表現され容易に伝わる，視覚に訴える表現が主となります。

　方法や考え方を相手にわかりやすく提案するものなので，制作の表現は，いたずらにインパクトを追うのではなく，その中にしっかりとした「根拠」が盛り込まれ，構築的に相手の中に大事なことが伝わる工夫が有効です。

◆ 「こうすればいいという方法」を提案する

　このプロジェクト学習では，「こうすればいいという方法」を提案するものです。方法とは，一連のプロセスからなる動きや振る舞いです。最初はこうして，次はこうする，その時のポイントは○○で…という流れをわかりやすく伝えられる必要があります。その制作もその目的に沿ったものとします。プレゼンテーションを聞いた人が，「こうすればいいのか！　やってみ

よう」と言うためにはどうしたらいいのか工夫します。例えば，手順の流れがわかるように矢印や図を活かして，ビジュアル表現としてうまく使うのも効果的ですし，ストーリーボードを作成したり，フローチャートの要領で表現することもあります。

◆「思考の構造」をそのまま表現する

　初めにリード文として概要を伝えます。そして現状の問題の原因を明確にし，課題とします。その課題を解決する方法，具体的な提案をしていくこととなります。それらをだらだらと表現するのではなく，例えば，「現状」「原因（課題）」と「課題解決策」の一つひとつをきっちりと分けてそれぞれを一塊と考えます。このような方，法をパラグラフ（一つの考えを表現するかたまり）と言います。パラグラフごとに，その内容を極めます。つまり必要不可欠な文章，図，データなどだけにしてその一つひとつの完成度を高めます（その要素としてエビデンスは欠かせない）。一つひとつのパラグラフごとにその中身を収斂させます。そのために無駄なものは思い切って捨てることも必要です。パラグラフには見出しとも言えるタイトルをつけ，相互の関係がわかるように矢印でつないだり，線でくくったりして全体の思考の構造が相手に伝わるようにします。

◆ 有効なコーチングで促す

　教師やチューターが「制作」の時にどんな関わりをもつか，有効な気づきを与えるか，そのひとこと，一つの振る舞いが学習者の成長にものを言います。教師が忘れてはいけないのはよい制作をかなえるのは，つきつめるところ表現の上手さではなく，伝えようとしている内容がいいものかどうかであり，それは，どこまで考えているか，という「思考」の突き詰めや深さによるということです。考えるためには情報が必要です。ですから先生は制作の前に「これですべて必要な情報は出した？」「目標と照らし合わせてもっとも有効なものはどれ？」「あの（集めた）情報がまだ出ていないんじゃない？」「ほらポートフォリオに入っていたあの小さなメモもここへ出しましょう」と状況を見て，はっきり言います。というのは，学習者には自分が持っている情報の「価値」に気づかない（わからない）ことがままあるからです。

◆ 模造紙の機能と効果

　制作する際の表現手段としては，あえて「模造紙によるプレゼンテーション」を勧めます。パワーポイントやフィリップボードなどは，数枚で展開するので受け手にとっては内容を一つひとつ分割して見せられることになりますが，模造紙であれば一枚の中にすべてを網羅して作るので思考の全体像が一目でつかめ理解しやすいという特徴をもつからです。

模造紙でプレゼンテーションするよさ

◇制限のあるよさ

　模造紙（2枚以内）と制限があるから，内容を凝縮して本質的表現に近づく。

◇自由，創造性，個性が現れるよさ

　模造紙は自由に手描きができるだけでなく工夫しだいで実物（お菓子の袋など）や立体的なものが貼れるなど創造性も発揮することができる。既製のプレゼンテーションソフトと異なり均一感がなく，変化があり楽しい。個性がや親しみを表現することができて魅力で手軽。

◇ポスターのように壁に貼り共有できる機能性

　一人ひとりの模造紙を壁にずらりと並べて掲示することで，全員の知が一元化され俯瞰して見ることができる。

模造紙の前でロールプレイングを交えプレゼンテーションしている様子

感性あふれる表現の模造紙の前でプレゼンテーションしている様子

◇リターンの紙が貼れる

　プレゼンテーションを聴いた人が，"ここ"がよかったよ，あるいは"ここを"こうしたらもっとよくなるということが書いた「リターン評価（付箋）」を書く，模造紙であればその"箇所"に貼ることができ，改善点がわかりやすい。

プレゼンをききながら「リターン評価」を書いている様子

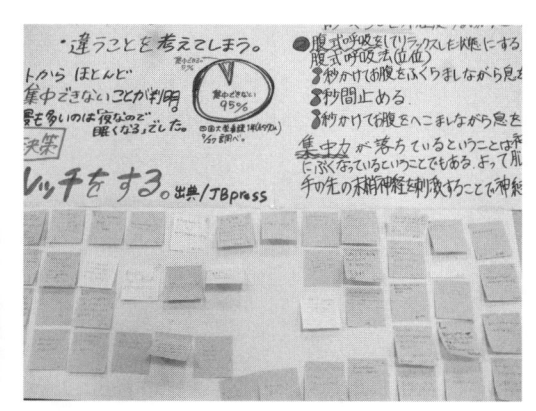

模造紙に「リターン評価」がはられている様子

phase5 ［制　作］

◆ **制作・再構築の性格のちがい**

　プロジェクト学習の提案を他者へ披露する活動としては，制作・プレゼンテーション「再構築」というフェーズがあります。どれもこれまでやってきたことを伝えるという作業は似ていますが，その情報伝達のシーンは大きく異なります。制作されたものはプレゼンターと共にありますから情報伝達の主導権は情報の発信側にあります。しかし再構築された凝縮ポートフォリオは，一人歩きしますから，その主導権は読み手にあります。それでもなおかつ，情報の送り手の考えがわかりやすく伝わる必要があるのです。ゆえにより論理的に筋道を立てて展開されている必要があります。

※このフェーズにおいてポートフォリオに入っているべきモノは 176 ページを参考にしてください。

phase6 [プレゼンテーション]
— コミュニケーション力・根拠ある説明力

身につく力

このフェーズでは，次の力が身につきます。

- □ コミュニケーション力
- □ 比喩等でわかりやすく表現する力
- □ 聞き手の思いや理解を推察して話す力
- □ 他者のプレゼンから学びとる力
- □ ノンバーバルな表現をする力
- □ 根拠をもとに説明する力
- □ 他者のプレゼンを評価する力

活動

　未来教育プロジェクト学習においてプレゼンテーションは互いに「知」をプレゼントし合う「知の共有」です。それは「役に立つことを，互いに伝え合う」ものです。学習者たちは自分たちが現実から見出した課題とその具体的な解決策などを伝えます。その聴取者たちは，仲間や同僚です。互いにこのフェーズで学び合います。

内　容	視　点
◆ **自分たちの考え出した提案をプレゼンテーションする** 目標を達成するために，状況や対象者をリアルにイメージした練習を行った上で，聞いてくれた人の役に立つようなプレゼンテーションをする。	・プレゼンテーションは人を成長させる ・貢献性 ・やりがい
◆ **相互評価で互いに改善点を見つけ高め合う** プレゼンテーションの中身，プレゼンテーションの仕方などを学び合い，さらなる改善や上達に活かす。	・やりっぱなしで終えない ・自己評価 ・相互評価 ・学び合い ・すべてのものはもっとよくなる
◆ **個人知を全体知にする** 互いにプレゼンテーションを聴き合うことで，知が共有され全体が総合的に高めることを果たし成長する集団になる，互いに尊敬する雰囲気となる。	・全体が高まる ・知の共有
※ **社会へプレゼンテーション** できるかぎり，同じ課題意識のある地域や社会の人々へプレゼンテーションをして貢献を広げる。	・学習のゴール＝社会のニーズ

phase6 ［プレゼンテーション］

具体的な進め方

　このフェーズでは単にプレゼンテーションスキルの獲得だけでなく，評価力や達成感などさまざまなものを得ます。価値ある「知の共有」のシーンをどう工夫したら最大限，成長することができるのか，ここを説明していきます。

プレゼンテーションとコーチングの手順（下線）

❶ **事前：練習をリアルにイメージする**
プレゼンの会場や対象者の様子をリアルにイメージして，当日と同じ「持ち時間」で十分に練習してスキルを向上させておく。

⬇

❷ **当日直前：プレゼンテーションの目的を理解する**
自分たちの考えを提案して役に立つこと，他のプレゼンテーションを聴き改善点などを互いに評価し合うことを理解して始める。
<u>コーチング「何のためにプレゼンするの？」</u>

⬇

❸ **当日：チームごとに，プレゼンテーションする**
限られた時間のなかで，現状の課題とその具体的な課題解決の方法を最も親切にわかりやすい工夫で披露する。
<u>コーチング「一番，伝えたいことは何？」</u>

⬇

❹ **当日：互いに，プレゼンテーションを評価する**
ここがよかった，こうすればさらによくなると考えながら，プレゼンテーションを聞き，それを評価カードに書いて模造紙に貼る。
<u>コーチング「もう一度するとしたらどこをよくしますか？」</u>

⬇

❺ **当日終了：プレゼンテーションのあと自己評価をする**
プレゼンテーションへの自己評価を行い必要な改善をする。同時に自分自身の成長を自覚する。
<u>コーチング「この経験で得たことは何ですか？」</u>

●**身につく力**
○プレゼンテーションのスキル

◆**評価の観点**
◇効果をイメージしながらスキルを磨いているか
◇根拠を含めた展開か
◇目的と目標を押さえたプレゼンを想定しているか

●**身につく力**
○個性を生かしたチームワーク
○わかりやすい表現力
○わかりやすく伝える力
○説得力
○バーバル(言葉による)コミュニケーション
○ノンバーバル(言葉によらない)コミュニケーション
○平易，簡潔な表現
○隠喩，比喩の駆使
○例示の駆使

4章　実践の手順とポイント

成長への意図と手法

◆ **相手のことを考えることが成功の秘訣**

　プレゼンテーションの"スキル"を上げることや上手なパフォーマンスができることが大事なのではなく，どうしたら聴いてくれた人の役に立てるか，それがかなうプレゼンテーションができるかを"考えること"こそが大切です。

　プレゼンテーションを聞いてくれた人に，自分たちが提案する課題を解決する方法をやってみてほしい，そのためにわかりやすく伝えたいと願う，だから背筋を伸ばし，相手の目を見て滑舌よく話す，しっかり聴いてもらうために，大きく明瞭な声を出し，より伝わるように仕草も見せる，という具合です。自分のためにするのではなく，対象とする人や，地域や社会のよき未来のためにするという意識をしっかりもつことが結果的にスキル向上へと結びつきます。

　エビデンスと論理的な展開で心を込めて相手のために行うことで，プレゼンテーションは成功します。この本で提案するプレゼンテーションの成功とは，聴いた人に「なるほど，そうすれば上手くいくのか，私もやってみよう」と思ってもらうことです。このようなことがかなうようために例えば対象者の思いや状況をを具体的にイメージして，どんな工夫をしたらいいのか以下の括弧に記入します。そしてそこに記入したものが実際にできるような練習をすることも有効です。

No.4-17

ひとつ上のプレゼンテーションを考える
□ 対象者が集中して聴いてくれるためにはどんな工夫や振る舞いが有効か　→【　　　　　】
□ 納得してもらえるためにはどんなものを見せたらいいのか　→【　　　　　】
□ 方法を伝えるためにはどんなしぐさをしたらいいのか　→【　　　　　】
□ わかりやすいと思ってもらうための工夫は　→【　　　　　】
□ 聴きやすいと感じてもらう声の出し方はどうしたらいいのか　→【　　　　　】

◆ **プレゼンテーションは，コミュニケーション**

　プレゼンテーションは，一方的なものではありません。双方向に共に作り上げてよりよいものになります。プレゼンターは話しながら，対象とする人々の目や様子を見ます。首を傾けていたり，きょとんとしていたら，こちらの話がわかりにくかったのかもしれません。声が小さくて聞こえにくいのかもしれません。あるいは，そもそも話の内容がわかりにくいのかも知れません。聞き手の様子を見ながら，ゆっくり区切りながら話したり，その頷きやリアクションにより，共感を得ていることを実感しながら，次の内容を説明します。真摯なプレゼンテーションが大切です。笑顔，心からの拍手などはコミュニケーションのたまものです。コミュニケーションで大事なのは，まず相手のことを考えるということではないでしょうか。プレゼンテーションも同様です。プレゼンテーションで伝えたい内容も展開も自分のためではなく相手のことから考えることが何より有効な結果につながります。

phase6 ［プレゼンテーション］

◇ エビデンスで心が動く

　どうしたら人の心は動き，なるほどと納得するのでしょうか。それは原稿を丁寧に読み上げる，声に強弱をつける，目を見て手振りをつけて話す，といったテクニックがいくらうまくてもかないません。最も重要なことはエビデンス（根拠，証拠）の存在です。それは，信用を得るために必須です。聴いている人が一番，身を乗り出し頷いたりその内容をメモしたりと能動的になるのは，プレゼンターが，「なぜならば，○○」と固有名詞，や場所などを具体的に言った時です。分類や比較など分析から見えてきたことなど根拠ある情報をわかりやすく示しながら伝えたとき聞き手は納得して心が動くのです。それは，いっときのパフォーマンスの披露ではかなわないものです。この日までに，コツコツ必要な情報を集めたり，直面している問題を明確にするために細やかな観察を続ける粘り強さなどの結果，得られたそのエビデンスこそが，相手の心や行動を動かすことを，学習者たちは実感するでしょう。

◆ プレゼンテーションはプレゼント

　プレゼンテーションは，これまで考えてきた価値ある「知」をプレゼントすることです。「こうしたらいいよ！」「○○がよくなりますよ」という，役立つ「方法や工夫」などをみんなに伝えます。それは一人ひとりの成長をかなえるとともに，現実の仕事や未来をよくする効果をもつものです。そのために目の前の仲間や地域の人々に直接プレゼンテーションするだけで終えず「成果」をインターネット上にあげるなどして，「教室」の外にオープンにすることも有効です。

No.4-18

ネットで知の提供をする効果

- 自分たちの考えたことを多くの人に見てもらうことにより，よりよいものになる
- 反響や感想が寄せられることで，励みになる（モチベーションアップ）
- 自分たちがまったく予想していなかった，色々な意見が寄せられ，多様な考え方があることを知る
- 情報スキルの向上になる

◇ モチベーションアップ・達成感

　自分たちの考えたことを他の人々に伝えることができ，評価や共感，認知されることでモチベーションアップします。一つのことをやり遂げた達成感も得ます。大勢の前で提案を伝えることができやりがいを感じます。

◆ 互いに学び合い成長する「知の共有」

　プレゼンテーションを知の共有のシーンにすると考えることが有効です。プレゼンテーションの機会は学習者に前向きな覚悟をさせます。今日までやってきたことをみんなにわかりやすく伝えるためには，言葉を収斂し背を伸ばし自分の考えを表現することとなります。

　多くの人の目に触れた「成果」には，さまざまな意見が感想が返ってきます。それがやる気

4章 実践の手順とポイント

をさらに増すことはもちろん，すべてのモノは，多くの人に見てもらうことにより，よりよいものになる。ということにも気づくでしょう。教室の中で先生の話を聞き，黒板の字をを写すという受動的な時間だけでなく発信して初めて知識やスキルは身につくものです。また世の中には，いろいろな考えがあることや，正解は一つではないことを知ることで，より大きな成長を得ることにもなるでしょう。

　このフェーズでは単にプレゼンテーションスキルの獲得だけでなく，評価力や達成感などさまざまなものを得ます。チームテーマにもとづき全チームがプレゼンテーションし，互いに学び合います。同時にみんなで，ほかのチームのプレゼンテーションを聞きながら，"もっとよくなる"ためのアイディアを考え，提供してあげます。何より大事なポイントは，プレゼンテーションを行う時も聞く時も，このプロジェクト全体の「何のために何をやり遂げたいのか」というビジョンとゴールを見失うことなく常に意識しながら進行することです。

◆ 相互評価でさらによくする

　プレゼンテーションを聴き終わったら，ピンクの付箋に「ここがよかった」ということを具体的に書きます。もうちょっとだったなあ，と思ったらブルーの付箋に「こうしたらもっとよくなる」という自分なりの考えを具体的に書きます。そしてプレゼンテーション後，壁に掲示された模造紙の該当する箇所に互いに貼ります。この行為は，具体的に見極めたり考えたりできる評価力を自分自身に身につける，価値あるシーンとなります。

　二つの付箋はポジティブカードとネガティブカードのようですが，どちらも結果的にはポジティブカードです。プレゼンテーションに問題があると感じても非難するのでなくこうしたらいいのでは？　ということを見出してあげて，それをプレゼントする。そうすると，プレゼンテーションした人たちは，これを参考にすると次はもっとよくなると知ることができます。どちらの付箋ももらってうれしいし，自信もつくものです。そのやり取りで相互評価し合うことによって，評価力が身につきます。このように，プレゼンテーションの時に，やりっ放しにせずに，互いに評価し合うことで成長シーンを入れることをかなえます。さらにセルフコーチングとして「自分たちのプレゼンテーションはどこがよかったか？」「もう一度するとしたら具体的にどこをよくしますか？」と自ら問うことも有効です。

◆ プレゼンテーションで終わらない

　プレゼンテーションでチームは解散しますが，そのあとに一人で静かに全体をフィードバックして，「知の再構築」をするということを学習者へあらためて伝えます。

※このフェーズにおいてポートフォリオに入っているべきモノは176ページを参考にしてください。

phase7 [再構築]
— 論理的に表現する力・言語能力

身につく力

このフェーズでは，次の力が身につきます。
- □論理的に表現する力
- □根拠に基づいて結論を導く力
- □適切に項目立てし，見出しを立てる力
- □的確で簡潔な文章を書く力
- □試行錯誤しつつよりよいものを生み出そうとする姿勢，推敲力

活動

一人ひとりが元ポートフォリオ（→p.48）を再構築して「凝縮ポートフォリオ」を作ります。この再構築を経験することで「論理的に考えを組み立てる力」や読む人を意識した思考表現を身につけます。凝縮ポートフォリオはA3サイズの紙面という世界に，自分の目標＝「提案タイトル」と「その現状」「課題」「解決策」「具体的な解決の方法」をわかりやすく表現するものです。凝縮ポートフォリオは完成後，共有し互いに評価し，改善をします。

内　容	視　点
◆「凝縮ポートフォリオ」を作る 「元ポートフォリオ」やプレゼンテーションにおける評価を活かし一人ひとりが自分の提案したいことを再構築して他者に役立つ知の成果としてA3サイズの紙面に論理的に表現する。	・根拠ある情報 ・知の構造化
◆「凝縮ポートフォリオ」の評価の観点を理解する 論理性，課題解決力，コンピテンシーなどの評価の観点（p.63，64）をあらためて，その考え方と共に理解した上で凝縮ポートフォリオをつくる。	・他者から学ぶ
◆ 他者の「凝縮ポートフォリオ」を評価する ほかの人のポートフォリオを見て評価力（価値を見出せる力）を身につける。	・評価の視点
◆ 他者の「凝縮ポートフォリオ」から学ぶ ほかの人のポートフォリオを見て，自分の凝縮ポートフォリオを改善するところを考え，修正した後，教師に提出する。	・試行錯誤 ・すべてのものはもっとよくなるという信念

※これまでチームで行った活動やそこから得た情報，データなどを活かし，自分が最も提案したい内容を表現する。

具体的な進め方

　凝縮ポートフォリオの内容は課題解決の方法をわかりやすく説明したものであり，その表現の組み立ては論理的思考の現れとなります。そこにはこれが正確というものはありませんから，学習者は試行錯誤しつつ少しでも質の高いものを作ろうとします。この試行錯誤しながら知的なものを創り上げるプロセス自体に価値があります。

再構築の手順

❶ 再構築の「制作」と「その意図」をつかむ
再構築の仕方や条件を理解するだけでなく，なぜ，この再構築をするのかという意味や価値をつかむ。

❷ 元ポートフォリオから情報を選択する
元ポートフォリオからすべての中身を出し俯瞰し自分の目標と照らし合わせ関係するものをピックアップする。

●身につく力
○情報の取捨選択力

❸ パラグラフに振り分ける
ピックアップしたものを「A：自分の目標」「B：現状と課題」「C：解決策」「D：具体的な提案」に大きく振り分ける。

◆評価の観点
◇的確なエビデンスか

❹ 一つひとつのパラグラフを収斂させる
パラグラフごとに収斂させ内容がわかる見出しをつける。

◆評価の観点
◇説得力のある展開か
◇展開がぶれていないか
◇内容が飛躍してないか

❺ 紙の上にレイアウトしてみる＝思考の構成
A3サイズの紙面の上にパラグラフを「思考の流れ」に沿ってわかりやすくレイアウトする。

●身につく力
○制限のある表現力
○平易，簡潔な表現
○感性
○創造性

❻ 読み手を意識して全体のバランスを整える
パラグラフとパラグラフの間に適切な余白はあるか。あらためて主張（提案したいこと）と現状の見方，課題解決への展開はズレていないか俯瞰して仕上げる。

◆評価の観点
◇色を使いすぎていないか
◇読んだだけで実行できるものになっているか

成長への意図と手法

「再構築」については，3-1「ポートフォリオで知の再構築」(→p.46)に詳しく書きました。ここでは筆者が学習者へ説明する際のパネルを紹介しながらお伝えします。

◆ 価値，作成，意図を説明する

(1) 凝縮ポートフォリオにはなぜA3サイズ一枚という制限があるのか，なぜ概念図などビジュアルを含んだ表現にするのかといった意図を説明します。

A3サイズ一枚で表現する意図
「俯瞰」
　一目で，全体が把握できる＝伝え手の思考の展開を俯瞰して見せることができる。
「全体知」
　獲得した知識や情報を関係づけ表現する力が急につく…(部分知から全体知が追える。
「簡潔」
　一枚なので，制作そのものに時間や手間がかからず内容にうちこめる。

(2) 再構築の条件を説明します。実際の凝縮ポートフォリオを提示しながらしても有効です。

※凝縮ポートフォリオは，レポートでも論文でもなく，課題解決へ自分が考えた具体的な提案をするものです。プレゼンテーションと異なり事情や背景をまったく知らない人が見ても伝えたいことがしっかり伝わる表現や構成であることが求められます。

再構築の条件
1. 読んだ人の役に立つこと
2. 「意志ある提案」であること
　　自分自身の課題意識や視点がベースにある提案であること。
3. 「根拠ある情報」を添えること
　　根拠ある情報(数字，固有名詞，月日)などを必ず添えること。
4. ビジュアル(概念図など)を添えること
　　概念図，写真，円グラフ，比較表など必ず"ビジュアル表現"を含めること。
5. 「解決策」を踏まえ『具体的な提案』であること
　　現状の課題や問題点を明確にし，その解決策を具体的に表現すること。現実的で具体性をそなえていること。

(3) デザインもコンテンツのうち，構成や全体のデザインについての注意点を説明します。

※書いてあることが"何なのか""ポイント"なのか「課題」なのか，「現状の分析」なのか，見出しやキャプションを必ずつける。

読む人を意識した構成ポイント
- □ 全体をテーマが貫いているか
- □ パラグラフ(かたまりくくり)で全体構成しているか
- □ パッと見てわかりやすい(見る気になる)か
- □ 余白を活かしているか
- □ 文章や箇条書きや図などに適切な見出しをつけているか
- □ 罫線を使いすぎていないか
- □ 色は意図(凡例)を持ち，使っているか
- □ 字体，字の大きさはふさわしいか
- □ 字体の種類は多すぎないか
- □ 文頭ぞろえなど見やすさはどうか
- □ 背景が濃くて内容が見にくいことはないか
- □ 見る側の知的立ち位置で表現しているか

(4) 凝縮ポートフォリオの構成は，論理的思考そのものです。いらないものは捨て，必要なものだけで知を構築します。

※現状に対する必要な情報をしっかり網羅すること。そこがきちっと入ってなければ原因の妥当性に説得力がもてません。
具体的な提案を書くところは本当に具体的か，つまり，ここを読んでそのままできるようなことが理想です。一般的で型にはまったような提案にならないよう覚悟して向かいます。

再構築のレイアウト例 A3サイズ

- ■目標　→　テーマ
- なぜならば
- ■現状の課題　→　現状・課題
  データ，根拠，課題の絞り込み
- ■課題解決　→　課題解決
  どう解決するか，アイデア，方法，工夫
- だからこうしたらいいよ
- ■具体的な提案
  「だから，こうしたらいいよ！」
  実行への手順、ポイント、行動、意識、

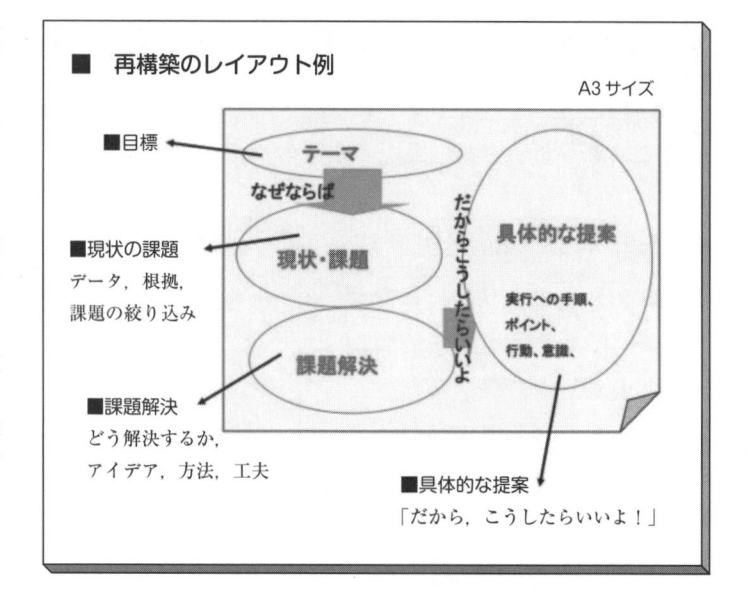

◆ 具体的な提案

具体的な提案を書くところは本当に具体的か，つまり，ここを読んでそのまままできるようなことが理想です。一般的で型にはまったような提案にならないよう覚悟して向かいます。

ポートフォリオを俯瞰

ポートフォリオから情報の取捨選択
① ビジョンとゴールを頭に描く
② 自ら獲得した「知」を客観視する
③ 価値ある「知の素材」が浮き上がる

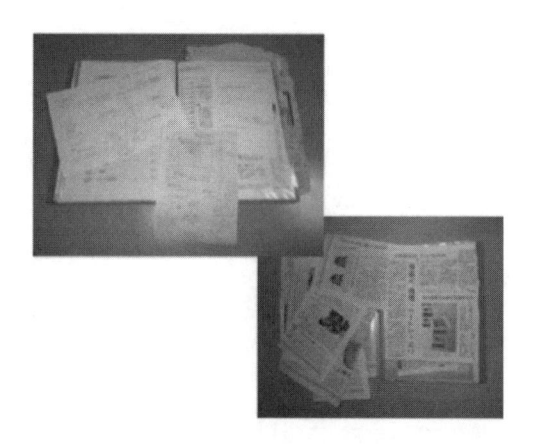

© 鈴木敏恵／未来教育プロジェクト

凝縮ポートフォリオ—成長のための相互評価

　凝縮ポートフォリオは教師に提出して終わりという存在ではありません。ほかの人の凝縮ポートフォリオを見て評価して，優れたものからも，そうでないものからも学び，自分の凝縮ポートフォリオをさらに改善します。

◆ 相互評価
◇「凝縮ポートフォーリオ」を学習者が互いに評価する

　学習者たちが自分たちの凝縮ポートフォリオを評価する経験をします。その意図は，学習者が評価という行為を経験することにあります。これまでは「評価された」経験しかなかった学習者は初めて，「評価する」経験をします。その手順は次のようにします。

①教師は「評価のルール」を初めに学習者と話し合います。まず学習者へ問いかけます。

教師「どんな姿勢で評価してもらいたいですか？」
学習者「真剣に，誠実にして欲しい」
教師「ではあなたたちもそうしましょう」
　　　（実際，誰一人おしゃべりをしません。）

②「評価の観点」を共有します。学習者たちには，確認しながら評価するよう伝えます。評価の観点はすでに共有しているもの（→p.63，64）以外に右上写真のような例もありえます。

③「評価の仕方」つまり，どうすべての凝縮ポートフォリオを見て，どう自分の意志でもっともいいと思ったものを選ぶのかその方法を説明します。学習者の机の上に「凝縮ポートフォリオ」を展示するかのように並べます。

教師「2枚の付箋を手にもちましょう。1枚は仮貼り用です。気になったものに貼っておけるようにします。もう一回，回ってみた時に，これだ！　と決心して，その凝縮ポートフォリオに付箋を貼ります。付箋に自分の名前を書いておきます」と伝えます。

◇ 成長に有効な「知のギャラリー」

　ポートフォリオには「これが正解」というものはありません。しかし「質の高いもの，学ぶべきもの」「秀逸と言いたいもの」はあります。それを教師だけが見るのでなく，学習者たちが見る時間を設ける，これがとても成長に有効な「成長のための評価」となるのです。

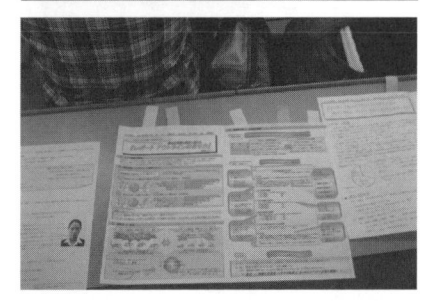

ほかの学生から付箋を貼られた凝縮ポートフォリオ

◆ 互いの凝縮ポートフォーリオから学び合う

多くの凝縮ポートフォリオをギャラリーのように並べ一堂に俯瞰することで、「見る目ができる」ことにつながります。学習者は机上に置いた凝縮ポートフォリオと同じものを自分の手にもち、他者の凝縮ポートフォリオから学んだことを書き込めるようにします。

教師は「ほかの人の凝縮ポートフォリオから学ぶことは多くあります。その時ただ、すごい、とかうまいと感心するだけでなく、どうしてそう自分が感じたのか、どこでそう思ったのかを考えてその秘訣やポイントを学び取りましょう。自分の凝縮ポートフォリオへの改善点ととらえましょう」と伝えます。

◇ 知の共有としての必然性

プロジェクト学習では、凝縮ポートフォリオはもともと「他者の役に立つ成果物」としての存在です。ですから学習者が教師に提出して終わり、ではなく学習者同士が互いのポートフォリオを見ることに必然性があるものなのです。

> **学習者の感想**
> 「いろいろな人の凝縮ポートフォリオを見ることで本当にすごいなと思いました」
> 「同じように授業に参加し、同じ先生の講義を聴いているのに一人ひとりみんなちがいました。自分以外の人の考えや提案こんなふうにたくさん見ることができることはすばらしい価値があると実感じています」

◇ 自分の成果の改善

他者から学んだことを活かし早速自分の凝縮ポートフォリオを改善します。これはとても大事なことです。思考錯誤しつつ粘り強く最後までいいものにしたい、その心と習慣を宿すことこそ何より価値あるプロジェクト学習の成果です。

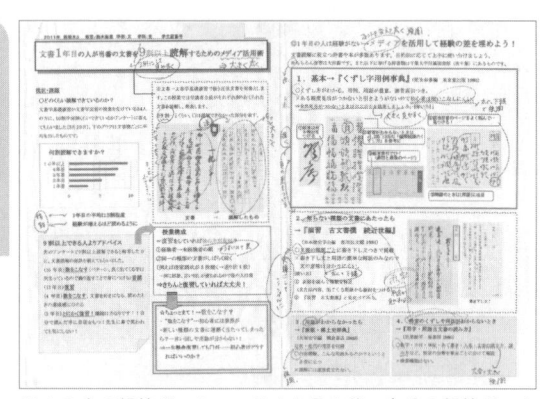

ほかの人の凝縮ポートフォリオを見た後、自分の凝縮ポートフォリオに改善点を記入したもの。改善点した後、さらにクオリティーがあがった凝縮ポートフォリオとあわせ、教師に改善前と後の両方を提出する。

◇ 知の共有

多く付箋を貼られたものばかりでなく、学習者が互いに知を共有できるようプレゼンテーションをし合い、「あなたの提案やプレゼンテーション、私に役に立ちました。感謝します」という思いを込めてサンキューカードを交わし、プロジェクト学習は終盤を迎えます。

※このフェーズにおいてポートフォリオに入っているべきモノは176ページを参考にしてください。

phase8 [成長確認]
— 成長や成果を評価する力・成長しつづける意欲

身につく力
- □ 成長や成果を評価する力
- □ 自己有用感
- □ 自己有能感
- □ 自信

活動

プロジェクト学習の最後のフェーズでは，これまでに身につけたことなどを「元ポートフォリオ」などからあらためて見出し「成長報告書」を作ります。「成長報告書」は，3種類のシート（→P.177, 178, 179）を使います。自分の成長を自覚する，それは確かな自信となり，次の成長へとつながります。

内　容	視　点
◆「成長」とは何か考える 　何かをすれば何かを得ます。プロジェクト学習の経験は人に成長を与えます。自らの成長を確認する前に「成長」とは何か考えて共有します。	・目に見える成長 ・目に見えない成長 ・変化変容
◆ 自分で自分の成長を見出す 　プロジェクト学習は「自分で自分を成長させる」という意志をもつことを大切にします。教師や指導者に「評価される」のでなく，プロジェクトをフィードバックして自分の価値ある成長を見出します。	・どこで成長したか ・可視化
◆ 互いの成長を見つけ合い，伝え合う 　共にプロジェクト学習をしてきた仲間同士，すぐそばで見てきた者として，よき変化，変容をカードに書いて渡します。	・尊敬し合う気持ち ・おしみなくほめる
◆ 経験することで成長することを実感する 　身についた力を一つひとつ，自分で確認することで成長を実感します。それは，自信や自尊感情につながりさらなる成長や学びへのモチベーションとなります。	・なぜ成長したか ・どこで成長するのか ・身につけた力の自覚，再現，恒常性 （p.75 No.4-1）

4章　実践の手順とポイント

具体的な進め方

「成長」はポートフォリオをめくることで見出すことができます。それを紙に書き出し可視化します。それが「成長報告書」です。

「成長報告書」の手順

❶ 「成長」とは何かを考える
「成長」とは何かをイメージする。いろいろな意見や思いを黒板などに書き共有する。成長にはスキルの向上など「目に見える成長」と，相手の心や事態の先を考えられるなど「目に見えない成長」があることに気づく。

◆評価の観点
◇多様な意見が出ているか
◇目に見えない成長の大切さにも気づくか

↓

❷ 元ポートフォリオを見ながら「(c) 講義俯瞰シート」（次ページを参照。以下同様）を書き込む
一回一回の授業で，どんなことをして，何を身につけてきたのかを俯瞰することで実感する。

●身につく力
○自分の学びを俯瞰する

↓

❸ 元ポートフォリオを見ながら「(b) 成長エントリー」を書く
頭のなかにそのときの活動や会話，シーンをよみがえらせながら箇条書きする。

◆評価の観点
◇多様な視点をもてているか
◇目に見えない成長の大切さにも気づくか

↓

❹ 「(b) 成長エントリー」を見ながら「(a) 成長報告書」を書く
獲得した力をどう活かすかイマジネーション豊かに描く。

●身につく力
○自己評価力
○他者への感謝
○自己有能感
○自尊感情
○俯瞰力

↓

❺ 『成長報告書』を順にして必ず左上にホチキスをして提出する
教育や学びの効果を実感する。

成長への意図と手法

◆「成長報告書」の説明のしかた

「成長報告書」は，(a) 成長報告書，(b) 成長エントリー，(c) 講義俯瞰シートの3種のシートからなります。学習者へは次のような説明の仕方をするといいでしょう。

「これから『成長報告書』の書き方を説明します。3枚綴りです。来週までに提出してください。

まず『講義俯瞰シート(c)』を見てください。元ポートフォリオを確認しながら，毎回の講義の内容とその日に獲得したものを記入してください。講義では毎回，今日の目標を確認してから始めていました。それを内容の箇所に書くことができます」

「『成長エントリー(b)』のシートを見てください。ポートフォリオを見ながら自分がこの講義に参加しプロジェクト学習で進めてきた中で成長したこと，気づきや視点の変化，身につけたもの，変化，変容を見出し，このシートにどんどん，一つひとつ箇条書きします。先にポートフォリオに付箋をつけておいてもいいでしょう。まずは最初の方を見ます。3か月前といまと比べてみましょう」

「すべて書き出したら，それを俯瞰します。そして自分にとって価値ある成長ベスト3を選びます。

それを『成長報告書(a)』の1の箇所に記入します。2の箇所にはこのプロジェクト学習でもっともねらいとしていた力がどの程度伸びたのかコメントと共に書きます。3の箇所にはこのプロジェクト学習で獲得した力をどう現実に活かすか，イメージして具体的に書いてください」

(c) 講義俯瞰シート
(p.179)

(b) 成長エントリー
(p.178)

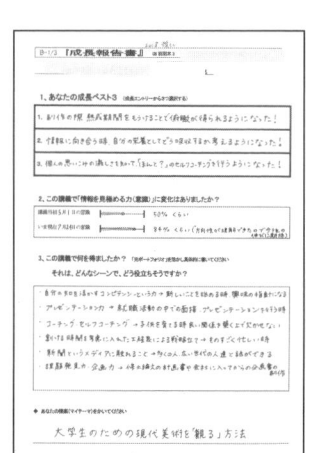

(a) 成長報告書
(p.177)

◆ 評価とは価値を見出すこと

　［成長確認］のフェーズは，自己評価のフェーズです。評価とは，価値を見出すこと。これまでのフェーズの一つひとつで身につけた力や考え方の変化，ものごとの見方が変わったことなどを自分自身で評価することは，学びや出会いや経験のもたらす価値にも気づかせます。それはこれから先，生きていく力や自信になります。自信とは，自分を信じること。自分に自信をもつと，さらに自分の可能性を伸ばしたくなり，人のことも大切にしたくなります。

アクションシートを使い自分の成長を書きだしている様子

◆ 成長・感謝・うれしさ

　成長の機会は，うまくいった時ではなく，むしろうまくいかなかったり，チームで意見が割れたり，困ってしまうシーンに潜んでいるということに気づきます。また，うまくいったり，地域の人にほめられたりした時，なぜそうできたのかを考えます。他の人への感謝の気持ちが湧くこともあるでしょう。その時は，一言添えて「サンキュカード」を交換し合うこともいい時間となります。プロジェクト学習はスキルの習得のためにあるのではなく，人間として成長することを目的としています。教師はいつでも，学習者のモチベーションが高まるよう，前向きな言葉をかけましょう。学習者に教えたり指示することは極力せず，本人の気づきや考える力が高まるコーチングを工夫しましょう。そして，教師や大人でなければできないことを惜しみなくしてあげましょう。

※このフェーズにおいてポートフォリオに入っているべきモノは176ページを参考にしてください。

5章

プロジェクト学習の実践事例と活用

プロジェクト学習はさまざまな分野で確かな成果や成長をもたらします。5章では,「総合的な学習の時間」で実施している「プロジェクト学習の学校全体計画」と6年生の『防災』を題材にしたフェーズごとの学習活動と評価基準を紹介します。そして,事例をもとにしたいろいろな活用例を紹介します。

■「総合的な学習の時間」におけるプロジェクト学習
  □ 総合的な学習「学校全体計画」
  □ 防災プロジェクト学習の「指導計画書」
  □ 防災プロジェクトのフェーズごとの学習活動と評価基準

■プロジェクト学習のいろいろな活用
  □ 国語科 「百人一首ガイドブック」をつくろうプロジェクト
  □ 国語科 ツイッターで「言語能力向上」プロジェクト
  □ 算数科 「合同な図形の説明書」作成プロジェクト
  □ 算数科 「クラスオリジナル速度事典」作成プロジェクト
  □ 理科 「12歳の私たちにもできる環境保全」プロジェクト
  □ 社会科 「お米のよさが伝わる米袋を作ろう」プロジェクト
  □ 外国語活動 「いろいろな国の人の平和への考えを共有する」プロジェクト
  □ 総合的な学習の時間(食)「健康な大人になるための食生活提案」プロジェクト
  □ 総合的な学習の時間(情報)「ケータイを安全に使おう」プロジェクト
  □ 総合的な学習の時間(健康)「朝から元気でいよう」プロジェクト
  □ 総合的な学習の時間(国際)「3カ国間におけるweb国際交流」プロジェクト
  □ キャリア教育 特別支援学校高等部における自立に向けたプロジェクト学習
  □ 進路指導 「パーソナルポートフォリオで進路成功」プロジェクト
  □ 専門教育 ものづくりで実践するプロジェクト学習
  □ 実習 医療薬学の実習をプロジェクト学習の手法で実践する
  □ 教員研修 「教師ポートフォリオ」で職場が元気になる!
  □ 自己管理 「健康管理」にポートフォリオでセルフコントロール
  □ 若者・活動 ボランティアの心を一つにした「募金プロジェクト」
  □ 市民(防災) 市民による,市民のための「防災プロジェクト」
  □ 自治体(地域) 若者に魅力的な「まちづくりプロジェクト」

「総合的な学習の時間」におけるプロジェクト学習

● 総合的な学習「学校全体計画」

総合的な学習の時間全体計画

学校課題	学校の教育目標 豊かな心をもち、たくましく生きる力のある子	市町村教育委員会の方針と重点
□児童の実態 ・与えられた課題や仕事に真面目に取り組んだり、人の話を素直に受け止めたりすることができる。 ・自ら課題を見つけ、自ら解決方法を考え、根気強く追究していく意欲や力、表現力に課題がある。自己有用感をもたせ、最後までやりきる学習活動を実践させたい。 □地域の実態 ・自然に恵まれ、柿やバラなどの特産物もある。また、地名や神社など歴史的な名残のある地域であり、学校教育への関心も高く、協力的である。	**学校の総合的な学習の時間の目標** ・自分で考え、判断し、行動し、課題を解決することができる。 ・自分を振り返り、自己の生き方を考えることができる。 **学校としての育てたい資質や能力、態度** ・課題を見つける力：身の回りの人や社会・自然に主体的に関わり、自分なりの課題をもつことができる。 ・課題を追究する力：自分の課題について見通しや追究の方法を考え、解決することができる。 ・学び合う力：地域の人や仲間との関わりから、自分の思いや考えを広めたり深めたりすることができる。 ・伝える力：調べたことや考えたことを、聞き手を意識して工夫して分かりやすく伝えることができる。 ・生き方を考える力：自分や仲間の取り組みの様子を振り返り、自分の成長を確かめ、生活に生かすことができる。	○問題解決能力を育てる体験的・問題解決的な学習活動の工夫 ・学校の基本的な考え方を明確にした特色ある指導計画の工夫・改善 ・一人一人の子どもに「作品」が残る学習活動の工夫・改善

総合的な学習の時間の名称	プロジェクトタイム

教科との関連	総合的な学習の時間の内容及び学習活動					特別活動との関連
	学年	3学年	4学年	5学年	6学年	
<指導内容> ・課題解決力 ・表現力 国語 ・人の話を目的をもって聞く ・伝えたいことをはっきりさせて話す 社会 ・資料の読み方 ・まとめ方 算数 ・論理的思考 ・アンケートの集計 理科 ・予想をもって調べる、まとめる <学び方> ・目的にあったアンケートの作り方 ・インタビューの仕方、敬語の使い方 ・情報リテラシー ・伝えたいことのまとめ方 ・他者からの評価の生かし方	題材	運動	もったいない	防災	仕事	・望ましい集団生活 ・個性の伸長 ・自主的実践的態度の育成
	願う児童の姿	自分や身近な人に役立つためにアイデアを出して活動する子	自分達が見つけた問題を解決するために調べ考える子	自分や家族や地域の人達の命を守る方法を考えて活動する子	色々な職業を知り、尊重し、自分の将来を考える子	
	フェーズ	75時間	75時間	75時間	75時間	
	準備	運動を意識してみる	むだ・ゴミを意識してみる	地震(防災)を意識してみる	職業を意識してみる	
	テーマ・ゴール	よい点・問題点をはっきりさせ、願いをもつ	問題点から、願いと方法を明らかにする	願いと方法を明確にし、使命感をもつ	願いと方法を明確にし、使命感をもつ	道徳との関連
	計画	ゴール達成のために、何をすべきか考える	ゴール達成のために、何をすべきか考える	自分は何をすべきか考え、イメージして計画表を作る	自分は何をすべきか考え、イメージして計画を作る	1-① 1-②
	情報 解決策	聞き取りアンケート・体験活動	聞き取りアンケート・体験活動	見学・調査・聞き取り・実験	自分が納得するまで調べ体験し、確かめる	1-④ 1-⑤
	制作	基本様式を使い、まとめる	基本様式を使い、まとめる	聞き手を意識した意図的な見出し	聞き手を意識した意図的なレイアウト	2-① 2-② 2-③ 2-④
	プレゼンテーション	発表して伝えるという意識をもつ	相手にどんな気持ちになってほしいか意識する	聞き手を意識した話し方の工夫	説得力のある話し方の工夫	3-①
	再構築	基本様式に従い、自分の考えをまとめる	接続語や矢印を使ってまとめる	読み手を意識した表現にする	情報の根拠を明らかにし読み手に訴える。	4-① 4-② 4-④ 等
	成長確認	自分や仲間の成長を確かめる	自分や仲間の成長を確かめる	自分や仲間の成長を確かめる	自分や仲間の成長を確かめる	

○国際理解教育　英語活動	10時間	10時間		
○情報教育　情報リテラシー	10時間	15時間		

総合的な学習の時間の評価

「評価方法」(ポートフォリオ評価)	「評価の観点」		
・毎時間の自己評価 ・学習の歩みが分かるファイル ノート・作品	・準備／課題発見・関心意欲 ・テーマ・ゴール／自己課題 ・計画／計画力	・情報リサーチ／表現力・判断力 コミュニケーション力 ・制作／情報活用力	・プレゼンテーション／表現力 ・再構築／自己決定 ・成長エントリー／自己理解

校区の小(中)学校との連携	地域等の人材活用・教育機関等との連携
・教育公開日には、キャリア教育の視点で交流を図る。 ・小中連絡会 ・小中分団会	・地域人材ファイルの活用と充実 ・市役所　・図書館　・文化協会　・ＪＡ　・消防署 ・給食センター　・防災センター　等

● 防災プロジェクト学習の「指導計画書」

> この実践事例は鈴木敏恵が平成17年より指導している岐阜県瑞穂市立西小学校のものです。当実践は、課題解決力やコミュニケーション力（人間関係を築ける力）、将来を描ける能力などの育成にきわめて効果的な実践として、文部科学省より平成23年度『キャリア教育優良教育委員会、学校およびPTA団体等文部科学大臣表彰』を受賞しました。

指導計画

(1) 目標
地震災害から自分や家族、地域の人達の命を守るために、自分たちでできることを考え、家庭や地域に発信していくことを通して、問題意識と目的をもって課題を追究する力を育てる。

(2) つけたい力
○課題を見つける力…防災に興味をもち、現状から願いや課題を明確にもつことができる。
○課題を追究する力…防災に関わる自分なりの考えをもち、見通しをもって情報を収集したり、取捨選択したりすることができる。
○学び合う力…自分なりの考えを話したり、仲間の意見を聞いたりして、話し合いながらお互いの考えをより確かなものにすることができる。
○伝える力…常に願いを意識し、確かな根拠をもち、相手にわかりやすく伝えることができる。
○生き方を考える力…地域の一員として、常に防災を意識して生活しようとすることができる。

(3) 題材・テーマ・ゴール

題材		ビジョン（テーマ）	ゴール
「地震・防災」	＝	地震が起きてもあせらないように防災対策をしよう。	「やってみよう！安全・安心防災対策提案集」を作る！

フェーズ	ねらい	活動のイメージ	時数
準備	・ビデオの視聴や新聞を活用した情報収集、防災センターでの体験、市の防災担当の方の話の視聴、図上演習などを通して地震のこわさに気づくことができる。	□「地震の怖さ」を意識する。 ・ビデオ、新聞記事などから地震に関係する情報を得る。 ・防災センターでの見学、体験をする。 ・実際に身近な所（教室・自宅）の危険場所を把握する。 　上記のような体験を通して、テーマやゴールについての見通しをもつことができる。	14
ビジョン・ゴール	・災害から命を守るために自分達でできることをしたいという願いをもち、課題を設定することができる。	□テーマ・ゴールを決める。 ・テーマ：地震が起きてもあせらないように、防災対策をしよう。 ・ゴール：「やってみよう！安全・安心防災対策集」を作ろう。 □チームをつくる。 ・みんなが大切な家族の命を守れるようにするために、何を提案したいのか、同じことに関心ある子でチームをつくる。	7
計画	・調査の目的や内容をはっきりさせて計画を立て何をすべきかイメージをもつことができる。	□チームの提案について考える。 □チームで企画書を作成する。 □情報の問題点に気づき、その解決策を考える。 □工程表（調べること・すること・分担・準備）をつくる。	7
情報・解決策	・チームのテーマにそって聞き取り・本・インターネットなどで情報を収集し、説得力のある確かな情報を得ることができる。	□工程表にそって必要な情報を獲得する。 ・本やインターネットで調べる。 ・専門家にインタビューをする。 ・検証実験をする。 ・獲得した情報を整理し、伝えたい内容をまとめる。	13
制作	・自分達のテーマにそった地震への対策方法について説得力のある効果的な表現を考えながら、提示資料を作成することができる。	□模造紙2枚に調べたことをまとめて、プレゼンテーションの提示資料を作成する。 ・必要な情報を出し合い、チーム全体で確認する。 ・提案したいことの「根拠」を明確にする。 ・どんなプレゼンテーションにするか考える。（誰に・いつ・どこで・どのように）	10
プレゼンテーション	・自分達のテーマにそった「地震対策の方法」について、説得力のある効果的な話し方を工夫して発表することができる。	□プレゼンテーションの準備をする。 □プレゼンテーションを行って、自分達の考えを家族や地域の方々に提案する。 □仲間の発表を聞く。 □アドバイスから、よかったことと課題を明らかにする。	7
再構築	・自分達のテーマにそった「地震への対策」について、情報の根拠を明らかにし、考えを組み立てて提案をすることができる。	□再構築する方法を学ぶ。 □手順にそって下書きをする。 □再構築を行う。 □プレゼンテーションやこれまでのポートフォリオをもとにして、「今すぐできる！やって安心地震対策集」としてまとめる。	8
成長確認	・「防災（地震）」の学習を振り返り、自分や仲間ができるようになったこと（成長）を見つけることができる。	□ポートフォリオを活用して、プロジェクト学習を通して得たことを振り返り、自分の成長したことを確かめる。 □互いの成長を伝え合う。	4

● 防災プロジェクトのフェーズごとの学習活動と評価基準

フェーズ	月	時	おもな学習活動・体験活動	評価基準	身につけたい力	人材・見学先
準備	4	1	○プロジェクト学習のイメージをつかもう。 ○基本フェーズの流れを俯瞰し、学習で身につく力を知ろう。		将来を描く能力	
		2	○地震について自分の知っていることをはっきりさせよう。・題材「地震」に対するイメージを書き表し交流し、課題意識をもつ	・地震について自分の知識や思いをシートに書く。	専門家の話・防災センターの見学・新聞やインターネットで調べたことから、地震について無意識だった自分を知り、地震を意識してみることから、防災の必要性に気づく。	
		3	○大人は地震に対してどう備え、考えているかつかもう。考えをまとめる。 ・「地震」について家族や身近な人から聞いてきたことを交流する。	・仲間と発言を聞き合い、考えをまとめる。	コミュニケーション・規律・マナー	
		4	○阪神淡路大震災のビデオをみて、自分の感想や考えを書こう。 ・阪神淡路大震災のビデオを見て、感想を交流する。	・地震の恐ろしさに気づき感想を発表する。	専門家の話・防災センターの見学・新聞やインターネットで調べたことから、地震について無意識だった自分を知り、地震を意識してみることから、防災の必要性に気づく。	
		5	○阪神淡路大震災を消防の立場で体験した人の話を聞こう。	・地震に対しての備えが被害を小さくすることに気付く。	専門家の話・防災センターの見学・新聞やインターネットで調べたことから、地震について無意識だった自分を知り、地震を意識してみることから、防災の必要性に気づく。	消防署
備	5	6 7	○防災センターを見学し、地震について考えたことをまとめよう。 ・防災センターを訪問し、地震体験等をする。	・マナーを守って見学したり体験し、得た情報をまとめる。	情報活用 コミュニケーション・規律・マナー	広域防災センター
		8	○地震についての基本的な知識をゲットしよう。 ・地震発生の仕組みを知る。	・話や資料から地震は近い将来起きることがわかる。	情報活用	
		9	○瑞穂市ではどんな防災対策がされているかをつかもう。 ・市の防災対策について知る。	・市ではどんな対策がされているかが話や資料からわかる。	情報活用 コミュニケーション・規律・マナー	市役所総務課
		10 11 12	○地震が起きたときの、自宅危険チェックをしよう。 危険チェックをする。 ○地震が起きたときの自宅の危険なところをつかむ。 ・図上演習を通して、地震が起きたときの自宅の危険を具体的に考える。	・地震を想定して、自宅の危険を考える。 ・自宅の危険に対し無意識だったことに気づく。 ・防災の必要性がわかる。	専門家の話・防災センターの見学・新聞やインターネットで調べたことから、地震について無意識だった自分を知り、地震を意識してみることから、防災の必要性に気づく。 防災の学習は、自分と家族の命を守るために必要であることがわかる。	
		13 14	○登下校中に地震が起きたらどんな危険が発生するかみつけよう。 ・登下校の道で地震が起きたときを想定し実際に通学路を歩き地域危険チェックをする。	・通学路の危険に気づく。 ・防災の必要性がわかる。	専門家の話・防災センターの見学・新聞やインターネットで調べたことから、地震について無意識だった自分を知り、地震を意識してみることから、防災の必要性に気づく。 防災の学習は、自分と家族の命を守るために必要であることがわかる。	

フェーズ	月	時	おもな学習活動・体験活動	評価基準	身につけたい力	人材・見学先
ビジョン・ゴール	6	1	○「防災プロジェクト」全体のテーマを決めよう。族の命を守りたいという ・準備でいろいろなことに気づいたり考え願いをもってテーマを考えたりしたことから，みんなで，「防災」について思ったこと気づいたことを，よい点と問題点に分けて出し合う。 ・問題点から，どうなったらいいかを話し合い，テーマを決める。	・地震災害から，自分や家族の命を守りたいという願いをもってテーマを考えることができる。	自分や大切な家族の命を地震災害から守るという課題を，どのように解決していくとよいかを話し合うことから全体のテーマを決めることができる。	
		2	○「防災プロジェクト」のゴールを決めよう。 ・なぜこの学習をするのか考える。 ・プロジェクトをどんなものにして，世の中に伝えるのか考える。	・ゴールが自分や家族や地域の人たちに役に立つことがわかる。	将来を描く能力	
		3	○防災プロジェクトのテーマに向かって，自分はどんなことに取り組みたいかという願いと理由をはっきりさせよう。 ・自分の願い（提案したいこと）を具体的に書く。	・地震災害から命を守るためには何をすればよいかという，自分の願いをはっきりさせることができる。	自分のテーマをもち追究していくことが，自分や家族や地域の人のためになることがわかる。	
	7	4 5	○同じ願いをもつ子でチームをつくろう。 ・自分がどのカテゴリーに入るかを自分で考えて，チームをつくる。	・カテゴリーに分かれ，同じ願いの子とチームをつくることができる。	地震災害から命を守るためには何を考えたいかをはっきりさせて，チームを決めることができる。	
		6 7	○チームの提案を決めよう。 ・どんなことを提案したいか相談して，チームの提案（テーマ）をきめる。	・チームの一人一人が自分の願いを出し合って，具体的な提案（テームテーマ）にまとめることができる。	地震災害から命を守るためには何を考えたいかをはっきりさせて，チームを決めることができる。 自分のテーマをもち追究していくことが，自分や家族や地域の人のためになることがわかる。	
計画	7	1 2	○チームで提案をするために，これから何をしたらよいかを考えよう。 ・まずは自分一人で，「すべきこと」を考え，どんどん書きだす。	・チームテーマを意識し，自分一人でこれからすべきことをイメージし書き出すができる。	自己決定・自己責任	
	9 10	3	○チームの提案のために，自分の考えを伝え合って，チームで「これからすべきこと」を話し合って決めよう。 ・チームで，個人の考えを伝え合って，模造紙に，書いたカードを貼る。 ・同じ内容のものをまとめ，「これからすべきこと」を決める。	・チームでお互いの意見を尊重して聞き合い，考えを共有し，これからすべきことを整理することができる。	仲間と自分の願いの違いを理解しながら，お互いの意見を尊重しあって，計画をたてることができる。	
		4	○プロジェクトの企画書をつくろう。 ・チームで話し合って決めた模造紙を見ながら，企画書を書く。	・企画書を書くことで，これから先の活動の見通しがもてることがわかる。	課題を解決するためには，情報収集活動の日時・いくところ・役割分担の計画を立ててから実行していくことが重要であることがわかる	
		5	○情報収集の手段と特徴を知り，問題点やその解決策を考えよう。 ・情報を手に入れる基本を学ぶ。 本・新聞・パンフレット・雑誌・インターネット・アンケート・インタビュー	・情報の問題点に気づき，どうしたらよいかという対策がわかる。	情報活用	
		6 7	○実行可能な情報リサーチの工程表を作ろう。 ・日時，仕事（行くところ・すること，仕事分担，用意するもの）を表に表す。	・情報収集活動をするためには，日時・行くところや役割分担など計画を立ててから実行することが大切であるとわかる。	課題を解決するためには，情報収集活動の日時・いくところ・役割分担の計画を立ててから実行していくことが重要であることがわかる。	

フェーズ	月	時	おもな学習活動・体験活動	評価基準	身につけたい力	人材・見学先
情報・解決策	10	10	○必要な情報を手に入れるための準備をしよう。 ・アンケートを作成する。 （何をつかみたいのかはっきりさせ，シンプルで分かりやすいものにする） ・どこに連絡をして情報を集めるとよいか調べる。（インターネットサイト・インタビューする人・訪問先など）	・アンケートをつくるときにどんなことに気をつけたらよいかがわかる。	予想される問題や困った事態を考え，対応策を準備してから情報収集活動に出かけることができる。	
		2 3 3 5 6 7 8 9 10 11	○テーマをもとに情報リサーチしよう。 ・本や新聞・インターネットで調べる。 ・アンケートを集約して，グラフ化する。 ・実験や専門家への聞き取りなどで確かめたいことを決める。 ・実験，聞き取りなどで調べる。	・マナーを意識して見学や体験活動などができる。 ・防災に真剣に取り組んでいる人の思いがわかる。 ・獲得した情報から伝えたい内容を，理由を明らかにしながら考えたり話し合ったりすることできる。	学や体験やインタビューに臨むことができる。 見学や体験を通して，防災に真剣に取り組んでいる人々と交流し，命を守る意義や苦労がわかる。 獲得した情報から伝えたい内容を，理由を明らかにしながら考えたり話し合ったりすることができる。 予想される問題や困った事態を考え，対応策を準備してから情報収集活動に出かけることができる。	消防 市役所 医師 保健師 県防災課 栄養士 養護教諭 業者 市図書館
		12 13	○集めた情報を整理しよう。 ・1シート1情報に見やすいよう見出しをつけて整理する。	・見出しをつけながら一つ一つの情報を整理することができる。	獲得した情報から伝えたい内容を，理由を明らかにしながら考えたり話し合ったりすることができる。	
制作	11	1	○「これが大事」という情報を選びだそう。 ・チームの提案を確認する。 ・プレゼンテーションの基本情報を確かめる。 ・チームで話し合い，必要な情報を選ぶ。	・「伝えたいことは何か」という視点で集めた情報が必要であるか・根拠ある情報であるかを考えて取捨選択することができる。 ・選び出した情報を，表やグラフを使って，相手にわかりやすいように，まとめることができる。 ・自分の願いを伝えたり，仲間の意見を聞いたりしてテーマに必要な情報を共有することができる。	「伝えたいことは何か」という視点で集めた情報が，必要であるか・根拠ある情報かを考えて，取捨選択することができる。 選び出した情報を，表やグラフを使って，相手にわかりやすいように，まとめることができる。 自分の願いを伝えたり，相手の意見を聞いたりして，テーマに必要な制作情報を共有することができる。	
		2 3 4 5	○選んだ情報を見やすく分かりやすくまとめよう。 ・グラフ化，表つくりなど，表現に必要な部分素材をつくる。	・目的に合わせて表現することができる。	自己決定・自己責任	
		6 7 8 9 10	○模造紙を使って，制作物を作成しよう。 ・見やすく作った物を組み合わせ，チームの提案が一目でみてわかるか確認する。 ・模造紙に下書きする。 ・ペンで書く。	・チームテーマの提案のためによりよい方法を考えることができる。	チャレンジ精神・創造力	

フェーズ	月	時	おもな学習活動・体験活動	評価基準	身につけたい力	人材・見学先
プレゼンテーション	11	1	○「プレゼンテーション」成功の秘訣を考えだそう。 ・何のためにプレゼンテーションをするのか考える。 ・プレゼンテーションを聞いてくれる人にどんな気持ちになってほしいか考える。 ・そのために何をすべきか考える。	・伝えたいことを，分かりやすく伝えるための方法を，考えたり工夫したりできる。	伝えたいことを，分かりやすく伝えるための方法を，考えたり工夫したりできる。	
		2 3	○プレゼンテーションのリハーサルをしよう。 ・根拠をはっきり示しながら聞き手に「なるほど」と言わせるよう考えて，原稿をつくって練習する。	・みんなで話し合って決めたことを表現できる。	相手が何を伝えたいのか考えて聞き，よい点やアドバイスしたいことを伝え，受け取った側は，再構築に生かすことができる。	
	12	4 5 6	○プレゼンテーションを聞き合って，自分たちのチームの提案のよさと改善することを見つけよう。 ・他チームのプレゼンテーションを聞いて「わかったこと，よかったこと，アドバイス」を伝える。	・仲間が何を伝えようとしているかを考えて聞くことができる。 ・「こうすれば助かる」という自分たちが伝えたい情報を，自信を持ってプレゼンテーションすることができる。	相手が何を伝えたいのか考えて聞き，よい点やアドバイスしたいことを伝え，受け取った側は，再構築に生かすことができる。 「やってみようと思える，安全・安心防災対策」という観点から，自分が伝えたいことをはっきりさせてプレゼンテーションをし，仲間からのアドバイスを聞いて，プレゼンテーションを振り返ることができる。	
		7	○プレゼンテーションを振り返ろう。 ・他のチームからもらったアドバイスをみて，再構築に生かしたいところを見つける。	・仲間からのアドバイスを聞いてよかったことと課題を明らかにすることができる。	自己課題	
再構築	12	1 2	○「やってみよう！安全・安心防災対策集」を作るために，自分の考えを「再構築」する方法をつかもう。 ・再構築の手順を知る。 ・プレゼンテーションで得たアドバイスをどのように生かすか考える。 ・ポートフォリオを俯瞰し，自分はこれが伝えたいということを決める。 ・ポートフォリオを見直し，自分が伝えたいことに関係する所に付箋を貼る。	・地震防災対策集をつくるために今まで学習してきたことをまとめ，自分らしく考えたことを組み立てて根拠ある提案書をつくることができる。	地震防災対策集をつくるために今まで学習してきたことをまとめ，自分らしく考えたことを組み立てて根拠ある提案書をつくることができる。	
	1	3 4 5 6 7 8	○「やってみよう！安全・安心防災対策集」を作ろう。 ・付箋をつけたものを取り出し，整理する。 ・情報を組み合わせる。 ・組み立てを考えて，Ａ4の紙2枚に再構築する。	・地震防災対策集をつくるために今まで学習してきたことをまとめ，自分らしく考えたことを組み立てて根拠ある提案書をつくることができる。	地震防災対策集をつくるために今まで学習してきたことをまとめ，自分らしく考えたことを組み立てて根拠ある提案書をつくることができる。	
成長確認	2	1	○自分が「成長」したところをみつけよう ・「成長」とは何かを考える。 ・自分の成長したこと，身についたことなどを具体的に書く。	・ポートフォリオを振り返り，自分の成長したことを見つけることができる。	これまでの自分や仲間の取り組みを振り返り，自分や仲間の成長に気づくことができる。	
	3	2	○仲間の成長を見つけ合おう。 ・仲間の成長したところやがんばっていたことを具体的に書いてわたす。 ・ポートフォリオを俯瞰する。	・活動を振り返って，仲間の成長をみつけ，伝えることができる。	これまでの自分や仲間の取り組みを振り返り，自分や仲間の成長に気づくことができる。	
		3	○お世話になった人にお礼の手紙を書こう。 ・情報リサーチ等でお世話になった方々にお礼状を書く	・お礼状の基本を守り，感謝の気持ちを込めてお礼が書ける。	コミュニケーション・規律・マナー	
		4	○成果物を届けよう。 ・お礼状と共に成果物を届ける。	・成果物を家庭で紹介し，地域の公的な機関に届ける。	これまでの学習を振り返り，自分の家庭や学校で実践できる。	

プロジェクト学習のいろいろな活用

国語科
「百人一首ガイドブック」をつくろうプロジェクト

小学6年生：国語科（14時間）

■ 概　要　新学習指導要領を反映して厚くなった国語の教科書のなかの「学んだことを生かして調べる」「日本語のひびきを味わう」「随筆を書こう」等の単元の関連性をもたせ，再構成しプロジェクト学習の手法で実施。ビジョンは，「全校生徒に百人一首の魅力を伝えたい」そして「『百人一首ガイドブック』をつくる！」を［ゴール］にして目指した。

■ 目　標
- 目的に応じて，複数のテキストを読み比べ，内容や構成を読み取ることができる。
- 複数のテキストを活用しながら，効果的な構成を考えてガイドブックを書くことができる。
- 「百人一首」に進んで触れ，伝統的な言語文化を継承・発展させる態度を養う。

■ プロジェクト学習の効果

国語の授業において『百人一首ガイドブック』を作るプロジェクト学習として実践。百人一首の魅力を下級生にもわかりやすく伝わるようにするため，まず自分たちが「百人一首」により親しむようになることはもちろん，目的意識や相手意識に応じた言語活動を進んで行うことができた。分厚くなった教科書は，そのまま使用するのではなく，再構成しプロジェクト化することで効果的に活かすことができる。教科書を指導書に忠実になぞっていくのではなく，教科書を良質な素材集としてとらえて，再構成できる「意志ある教師」を目指すことができた。

百人一首についての文献を調べている様子

自分たちが作った百人一首ガイドブックを誇らしげにもつ子どもたち

子どもたちが制作した百人一首ガイドブック

■ 展　開

フェーズ	内　容	ポイント
準　備	◇これまでの自分たちの「百人一首」の取り組みの様子を振り返り，問題点を考える。	・下級生と学級を超えて「百人一首」に取り組んでいることを前提としたプロジェクトである。 ・「下級生があまり覚えていない」「6年生との力の差が広がっている」といった問題点が出される。 ・「下級生に覚え方を教える」「意味がわかると覚えやすくなるので意味も教えたい」という意見が出される。 ・まずは自然の美しさをテーマに各自がいくつかの和歌を選ぶ。
ビジョン・ゴール	◇ビジョンとゴールを決める 　ビジョン：学校のみんなが，百人一首をおぼえて，強くなって，楽しんでほしい。 　ゴール：「百人一首ガイドブック〜自然の美しさ編」を作って配ったり，プレゼンテーションをしたりして「百人一首」の楽しさを伝える！ ◇どのようなガイドブックにしたいかを考え，マイゴールを決める。	
計　画	◇プロジェクトの見通しを知り，活動計画を立てる。	
情報・解決策	◇複数の市販のガイドブックを読み比べ，それぞれのよい点や問題点をつかむ。 ・自分が作りたいガイドブックの構成を考える。	・検討の資料として，市販のガイドブックを4種，同じ和歌のページをコピーして配付する。 ・市販のガイドブックの検討から得たアイデアを活かしながら自分で構成を考えて試作する。 ・制作のフェーズでは，特に互いの取り上げた和歌を音読し合う等鑑賞する時間を設定する。 ・常に下級生が読むという相手意識をもちながら検討できるように，コーチングしていく。
制　作	◇各自が短歌を一つ選び，試しに「ガイド」を作成する。 ◇試しに制作した互いの「ガイド」を読み合い，話し合う中で，よい点と改善点をつかむ。 　1. 取り上げた項目はよいか 　2. 効果的な構成になっているか 　3. 文章は適切か ・話し合ったことをもとに，自分のガイドのよい点と改善点をまとめる。	
プレゼンテーション 再構築	◇つかんだ改善点をもとに，構成や内容，書き方を工夫しながら「ガイド」を作成する。 ・これまでの取り組みから「百人一首」への思いを「あとがき」として短い随筆に書く。 ・できあがった「ガイド」を印刷し，製本し，ガイドブックを作成する。 ・下級生に向けてのガイドブックの紹介や活用の呼びかけの準備や練習を行う。 ・下級生に向けてガイドブックの内容の紹介や，活用の仕方を説明したり，随筆を発表したりして，百人一首を覚えるための意欲づけを行う。	・話し合ったことをもとに試しの「ガイド」を修正し，雛型として，自分の担当する残りの和歌のガイドを制作していく。 ・随筆は情報の再構築の一環として位置づける。 ・実際にガイドブックを使って一首覚えてもらうことで，下級生にガイドブックの価値を体感してもらうことを6年生に教師が提案する。
成長確認	◇自分の学びを振り返り，互いの成長を話し合うことで，自他の成長を自覚する。 ・プロジェクトを通じた自他の成長や次への抱負について文章にまとめ，読み合う。	・ポートフォリオやガイドブックを読み返し，ハイライトシーンに付箋を貼っていくことで成長を可視化していく。

> 国語科

ツイッターで「言語能力向上」プロジェクト

小学6年生：総合的な学習の時間，国語科，社会科，道徳，理科（25時間）

■ **概　要**　自分たちの学校・地域のことを調べるだけでは自分たちの学校・地域の特徴や魅力を見出すことはできない。そこで，「ツイッター」を通じて他校の児童と自分たちが見出した「地域の様子」を伝え合うことで，それぞれの魅力を見出していけるようにした。「ツイッター」への書き込みは140字以内という制限があることが，短い文で端的に伝える言語能力の向上にもつながった。すぐに反映されるというリアルタイム性・全員がすぐに発信者になれるという特徴を活かし即時性の高い交流を行うことで一つのものごとに対し，いろいろな意見や考えを共有することができることをねらった。

■ **目　標**
・自分たちの住む地域を客観的に見ることができる。
・140文字制限というツイッターの特性を活かし簡潔な表現で言語活動の充実を図ることができる。
・相手を意識しながら自分の考えをわかりやすく伝えることができるようになる。
・ツイッターという新しいメディアのメリットと，「なりすまし」等のリスクについても理解する。

■ **プロジェクト学習の効果**

「やりとり」することが目的化しがちなメディアによる交流であるが，プロジェクト学習の特徴である「目的」と「目標」を明確にしてからスタートするということが，このツイッターによる交流を実りあるものにできた。ブログやメール等も活かして並行して情報をやり取りしながら展開する。［再構築］のフェーズで「地域の魅力をつたえるサイト」をつくることをゴールとすることで，誰もが意欲的・主体的に情報メディアにかかわれるようにした。

ツイッターだけでなくテレビ電話などでも交流　　写真を添えてツイッターでやりとりしている様子

■ 展 開

フェーズ	内　容	ポイント
準　備	◇ 2校間でインターネットを使いお互いに自己紹介をする。 ◇ プロジェクト学習とは何かをつかむ。 ◇ 題材「地域の魅力」について主にツイッターを使いながら，発見し合うプロジェクト学習を進めていくことを伝える。	・双方の学校で，総合的な学習の時間で取り組むプロジェクト学習の基本的な内容を理解する。 ・自己紹介と写真をネット上に掲載し，交流をする。
ビジョン・ゴール	◇ ビジョン・ゴールを決める。 　ビジョン：自分たちの住んでいる地域の魅力やよさを知りたい 　ゴール：「互いの地域の魅力集サイト」をつくる！	・ツイッターを中心とするが，メール交換，掲示板などいろいろな方法でネット交流を進めることで，ITコミュニケーション力を身につけさせる。
計　画	◇ 遠隔で交流する学習は，計画を共通することが大切なので互いの学校行事など考慮しながら工程表をつくる。	・互いの約束ごとも決めておく。例えば，必ず週内にリターンするなど。
情報・解決策　　制作	◇ 他を知らなければ，自分の地域のよさも見えないので交流をどんどん多面的に進める。 ・全方位の写真や同じ視点での写真を交換し，校舎の比較を通して，よさを考える。 ・国語の発表や社会科や理科での取材，道徳での共同授業等いろいろな学習での情報交換を積極的に行う。 ・ネットによる交流だけでなく，手紙や作品の交流等の実物による交流も行う。	・ツイッターだけでなく掲示板やものの交換を宅配便でするなど，他のメディアを平行して使うことがミソ。 ・教員同士も平行して交流して常に情報交換する。 ・途中でも情報交換を行い，それまでの経過についてもお互いに知っておく。 ・相手をイメージしながら，わかりやすく伝えようとすることを大事にする。
プレゼンテーション　　再構築	◇ 双方の学校において，地域の人々を対象にプレゼンテーションする。 ◇ その際のアドバイスや声も活かして合作でネット上に自分たちの「地域の魅力サイト」をつくる。	
成長確認	◇ ツイッター（140文字）の特性を活かし，簡潔に書く力やわかりやすい表現力が高まったかという観点やメディアリテラシーの力が高まったことも，各自見出す。	

算数科
「合同な図形の説明書」作成プロジェクト

小学5年生：算数科，国語科（8時間）

■ **概　要**　通常，合同な三角形をかいて終わりという単元だが，あえて「合同な四角形」をかく時間を位置づけることにより，活用力，説明するための言語活動の充実を図るようにした。その成果として「5年生が作る5年生のための合同な四角形がかけるための説明集」を作った。

■ **目　標**　「合同」の概念や性質について理解し，合同な三角形をかくことができるようにするとともに，対角線によってできる三角形についての考察を通して，平面図形への理解を深める。身のまわりの合同な図形に興味・関心をもち，それらの図形について積極的に調べようとする。

■ プロジェクト学習の効果

自分の頭で考え行動できるような子どもたちを育てるために，プロジェクト学習の手法を活かし，教師が単元の［ビジョン］［ゴール］を明確にし，子どもたちに単元の最初にそれを伝え，どんな力が身につくのかを確認した。その結果，子どもたちは「今日は〜やるんだったね」と目的意識をもって取り組めるようになり，「早くやりたい」という声も聞こえるまでになった。『5年生が作る5年生のための合同な四角形がかけるための説明集』を作ることにより，合同な四角形をかくには，対角線で三角形に分けてかけばよいことがわかるだけでなく，言語活動の駆使の ポイントである「平易」「簡潔」「図・グラフ・表（非連続テキスト）」を使って説明する力や，根拠をもとにして説明する力をつけることができた。

合同な四角形がかけるための説明集の中身

初めは自分ひとりで考える

隣の子に「合同な四角形」がかける説明をしている

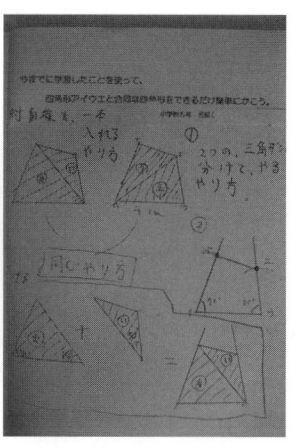

■ 展　開

フェーズ	内　容	ポイント
準　備	◇教室にあるまったく同じ形のものを探してみる。 四角形を提示し，定規を使ってまったく同じ大きさの四角形をかいてみる。	・長さを正しく測るだけでは，合同な四角形をかくことができないことをつかむ。
ビジョン・ゴール	◇ビジョン・ゴールを決める。 ビジョン：「合同とはどういうことかがわかり，合同な図形をかくにはどうしたらよいか理解しよう」 ゴール：「合同な四角形をかけるようにし，そのかき方を仲間に説明できるようにしよう！（合同な四角形がかける説明集を作る！）」 この単元が終わるまでに次のような力がつくことを全員で確認する。 ・「合同」の意味がわかる。 ・合同な三角形をかくには，何が必要かがわかる。 ・合同な三角形や四角形をかくことができる。 ・図や言葉，文章を使って順序よく仲間に説明する力がつく。	・単元全体を見通すことができる学習予定表を子どもたちに渡し，自分たちの学習のゴールを明確にさせる。 ・どんな力がこの単元を通して身につくのかを最初に伝え，子どもたちが主体的に学習できる意欲づけを行う。
制　作	◇2つの図形を重ね合わせてみて，合同とはどういうことなのかが理解する。 ◇合同な図形を比べ，対比する辺の長さと角の大きさを調べてみて，合同にはどんな性質があるかを理解する。 ◇合同な三角形をかくには，どうすればよいかを理解する。 コンパスや分度器を用いて，合同な三角形をかく。 ◇平行四辺形やひし形に対角線を引いてできる三角形は合同かどうかを理解する。 ◇（本時の目標） 「今までに学習したことを使って，合同な四角形をできるだけ簡単にかくには，どのようにするとよいのだろうか」 ・これまでに学習してきたことを使って，自分の考えで合同な四角形をかいてみる。	・「今までに学習したことで使えることはない？」「まずどうしたらいいと思う？」「どんな順序で進めていくとよいと思う？」「ほかに方法はない？」といったコーチングを行い，子どもたち一人一人に自分の考えをもたせる。
プレゼンテーション 再構築	◇自分の考えでかいた合同な四角形をもとに，，ペアでかき方を交流する。 ・全体でかき方を交流し，それぞれのかき方の共通点を見つける。 （合同な四角形は，四角形を対角線で2つの三角形に分け，合同な三角形のかき方を使えばかくことができる。） ◇自分の家で見つけてきた「合同な図形」を発表する。 （練習問題）	・「どうやって説明するとペアの子にわかってもらえると思う？」という投げかけをして，図，言葉，文章を使って，順序よく説明できるようにする。 ・次の時間までに，自分の家にある「合同な図形」を見つけてくるようにする。 ・自分の身の回りに多くの「合同な図形」があり，生活の中で役立てていることに気づかせる。

> 算数科
「クラスオリジナル速度事典」作成プロジェクト

小学6年生：算数科・国語科（6時間）

■ **概　要**　「速さ」「早さ」は日常的に使われる言葉であるが，それだけに数学的な概念として「速度」を理解させることは意外と難しい。本実践では，さまざまなものの速さを計測する活動を通じて「速度」を実感的に理解させるとともに，『クラスオリジナル速度事典』を作ることを［ゴール］に設定することで，主体的な学びが展開されることを意図した。

■ **目　標**
・計測できる速さと計測できない速さの条件を知る。
・みんなが知りたいと思うことの速さを調べることができる。

■ **プロジェクト学習の効果**

自分たちでさまざまな『クラスオリジナル速度事典』を作るためには，「速度」の概念を理解していないとできない。子どもたちは楽しく活動しながらさまざまな速さを観察し，「速度」というものを概念で理解していった。活動中心の学習は，ともすると活動の方向がぶれたり散漫になったりしがちであるが，「『クラスオリジナル速度事典』をつくる！」という［ゴール］の存在とプロジェクト学習のコーチングを大事にすることで，学習者が明確な意図をもって各活動を行い成長することができた。プロジェクト学習の手法を活用することは，教科学習においても有用であると実感した。

ストップウォッチを手に速度をはかろうとしている様子

自分たちで考えたことをまとめてクラスへ共有している

■ 展 開

フェーズ	内 容	ポイント
準 備	◇ 題材「速度」を意識する。 ◇ 身近なところから，みんなが知りたがるような速さをもつものを見出し，計測できる（しやすい）ものと計測できない（しづらい）ものがあること，その条件のちがいを理解する。 　例・学校から家までに歩く速さ　…○ 　　・信号が青から赤に変わる速さ…× 　　・バットの素振りの速さ　　　…○ 　　・パソコンで文字を打つ速さ…○	・まず自分で考えて，それを書き出して，計測が可能か，どうかを考える。 ・既習事項を使いながら，検討し，思考過程を記録し，ポートフォリオへ入れる。
ビジョン・ゴール	◇ ビジョン・ゴールを決める 　ビジョン：速度についていろいろな見方，計り方，とらえ方があることを伝えたい。 　ゴール：「クラスオリジナルの速度事典」をつくる！ ◇ グループごとに速度の計り方についてのテーマを決める。 　・ボールの速さについての考え方 　・人の走り方とスピードについての見方，計り方 　・話すスピードと言葉の数の関係	・グループで1枚の模造紙を机に置き，そこにグループで検討していったことを可視化する。
計 画	◇ 家で調べてくるものをグループで分担する。	・前時で確認した計測できるものを全体で整理して，グループで分担をする。
	◇ グループで，それぞれの考えたことを検討し合い，計測できる（しやすい）ものと計測できない（しづらい）ものとの条件のちがいを理解など考えたす。 ◇ 自分たちが決めたものの速度について，こうすれば計れるという計測のしかたを考え出す。	
情報・解決策	◇ フォーマットを決めて，まとめる準備をする。 ↓ テーマに沿って，速さについてまとめる。	・まとめ方は，論理的に思考し，式，答え（結論）を導き出せるようなチャート式にする。
制 作	◇ 友達に説明することを意識しながら，図や式も活かしまとめ，終わったらより伝わる表現の練習をする。	・計測している様子を写真にし，それを貼り付けたり，その時のエピソードをまとめに入れたりするのもおもしろい。
プレゼンテーション	◇ 自分が計測してきた速さを自分のグループ以外の人たちに説明する。	
再構築	◇ クラス全員で計ってきた速さをまとめ，世界に1つしかない「クラスオリジナル速度集」を作成する。	・他のクラスや他の学年にも見せて役立ててもらう。
成長確認	◇ この学習で得たこと，身につけたことを書き出す。	・速さについての概念の広がり。 ・数の見方がかわる。

5章　プロジェクト学習の実践事例と活用

理科

「12歳の私たちにもできる環境保全」プロジェクト

小学6年生：理科（10時間）

■ **概　要**　6年理科では1年かけて自分を取り巻く自然環境について学習を進める。まとめとなる単元が「人と環境」である。1年間の学習を振り返り，知識の習得に終えず"自分ごと"として「12歳の自分たちに何ができそうなのか，何を知っておかなければいけないのか」を一人一人の児童が保護者や市役所（地球環境課）の職員など地域の人たちの前で提案する。

■ **目　標**
- 理科のまとめの単元として，人と環境との関わりを調べたり考えたりする。
- 環境保全に取り組むことの重要性を自分の問題としてとらえ，行動することができる。

■ **プロジェクトの効果**

学んだことを"自分ごと"にすることの重要性は様々なところで強調されており，学習指導要領の記述からもその趣旨は読み取れる。その意味でもプロジェクトの学習の手法が生きる。また「同じ願いをもった仲間とチームで計画をたて，情報を収集することができる」「集めた情報をもとにチームでプレゼンテーションをすることができる」という力が効果的に身につく。

一人ひとりが最新情報を手に入れている

互いの情報や考えを共有している様子

風車による自然エネルギーに対し，良い点と問題点を考え可視化している様子

■ 展　開

フェーズ	内　容	ポイント
準　備	◇環境保全について意識する 人が環境とどのように関わっていたのかを，これまで学習したこと（空気や水，生きものとの関わり）から振り返る。そして，人と環境との関わりについて，「よさ」と「問題点」はどんなことかを書き出す。 ○よさ ・ソーラーシステムや風力発電を開発している。 ・節電の工夫をしている。 ・夏には直射日光を遮るためにヘチマを植えている。 ・川のゴミ拾いをしている。 ○問題点： ・放射能が怖い。　　・干潟が減っている。 ・メダカが減っている。「食べる・食べられるの関係」が壊れないのか。 ・自分が節電をしていない。何をしてよいのかわからない。 ・川にゴミを捨てるために汚れて，生きものがすめない。 ・田んぼのまわりや畑に除草剤をまいているが，大丈夫なのか。	・ノートや，掲示物を参考にして，1年間の学習をふり返りながら一人思考させた後に，全体で交流する。 ・ふだんから，新聞やニュースで話題になっていることを意識させる。
ビジョン・ゴール	◇ビジョン・ゴールを決める 　ビジョン：環境保全のためにできることをしたい 　ゴール：12歳の私たちができる環境保全行動提案集をつくる！ ◇さらにくわしく調べてみたいこと（願い）を決め，その願いごとにチームを作る。	
計　画	◇チームごとに「調べたいことは何か。（※①）」「どうやって調べるのか。（※②）」を話し合い，調べる計画を立てる。	・一人思考の時間を設ける。その後にチーム分けを行う。
情報・解決策	◇計画に沿って調べる。 ・インターネット・市役所地球環境課の職員 ・JAの職員・学校図書室・市図書館の資料	・チームごとに模造紙を囲んで話し合う。 ・調べる時間や，方法について制約がある場合は始めに伝える。 ・毎時間の始めと終わりにチームごとに話し合いの時間を設けて，「何を調べるのか」「何がわかったのか」「何がわからなかったのか」を言葉にさせるようにする。
制　作	◇プレゼンテーションの準備をする。	
プレゼンテーション	◇プレゼンテーションを行う。「12歳の自分たちに何ができそうなのか，何を知っておかなければいけないのか。」を相互に伝えられたかどうかを相互評価する。	・模造紙1枚以内発表2分以内という制約をすることで，優先順位や伝えたいことを明確にさせる。
再構築 成長確認	◇自然の中で生きていくことについて，相互の発表から学んだことを話し合う。12歳の自分たちにできそうな環境保全とは何かをまとめる。	・付箋を利用して，伝わったかどうかをチーム相互に伝え合う。

社会科

「お米のよさが伝わる米袋を作ろう」プロジェクト

小学5年生：社会科・図画工作科（4時間）

■ **概　要**　どこの家庭にもある「米袋」を題材に，社会科と図画工作科のクロスカリキュラムによって，「情報」「デザイン」「農業」といった内容について総合的に追究する学習活動を展開した実践である。

■ **目　標**
- その米ならではの情報や安心・安全が伝わる米袋を作ることができる。
- これまで学んだことを図やテキスト，デザインに置き換えて表現する力がつく。
- その米のどんな情報をどのようなプライオリティをつけて表示するのか考え表現できる。
- 根拠ある情報を正確に表示しつつ商品のよさをアピールする体験で，誇張されがちな情報を見極めるリテラシーを得ることができる。
- チームで一つのものを作るという合意形成の体験ができる。

■ **プロジェクト学習の効果**

それぞれ米袋で伝えたいことが近い者同士がチームを作り，さらによいものを作るというプロジェクト学習の手法を活かし，チームビルディングや合意形成の学びも効果的にできた。米袋には，そのお米の情報やよさをイメージや文字で表現して消費者にアピールするほか，産地などの必要不可欠な情報を表示する必要がある。どの情報をどのようなプライオリティをつけて表示するのか，根拠ある情報を正確に表示するにはどうしたらよいかといった，情報を扱うリテラシーを主体的に追求する姿が見られた。農協の人たちへのプレゼンを行って評価を受けることで，教室の中だけで終わらない，現実社会につながる学習とすることができた。

子どもたちが自宅からもちよった米袋 　　チームで制作している様子 　　米袋にはどんな情報があるのか分析している

■ 展　開

フェーズ	内　容	ポイント
準　備	◇ 題材「米袋のデザイン」を伝える。 ◇ 各自自分の家の米袋を持ち寄り，その米のよさがどう表現されているか考えてみる。 ◇ 自分でオリジナルの米袋を作るならどんなデザインにするかを考える。	
ビジョン・ゴール	◇ ビジョン・ゴールを決める ビジョン：お米の良さを表現したい。 ゴール：「そのお米の情報が正確に伝わるよい米袋をデザイン」する！	・1人1人がアイデアを出し，それを持ち寄って，さらにいいオリジナル米袋を作るというゴールを明確にする。
情報・解決策	◇ それぞれ考え描いてきた，デザインのシートを持ち寄って伝えたいこと，強調したいことが似ている者同志集まりチームをつくる。 ・集まった者で，さらによい米袋をつくるために話し合いをする。	・どこに学んだことが生かされているか考えてみる（流通，産地，理科，国語など）。 ・書き出す。
制　作	◇ 自分なりの米袋デザインをこれまで学んだことを生かしながら細かいところにまでこだわって作る。 ◇ 集まってきた者のそれぞれのよさを生かしながらチームでオリジナルの米袋を作成する。 ◇ その米の安全性や美味しさを簡潔に文字と図等で表現する。	・チームのメンバーそれぞれの持ち寄ったアイデアや発送を生かして，1枚の米袋を作るようにする。 ・合意形成に至るまでの紆余曲折，試行錯誤も「学び」であることを価値づける。
プレゼンテーション	◇ オリジナル米袋のプレゼンテーションの練習をする。 ・各チームの米袋のプレゼンテーションを聞き，それぞれのよいところをシェアし合う。	
再構築 成長確認	◇ 各チームの米袋を一つにし，「クラスオリジナル米袋集」を作成する。 ◇ 作成した「クラスオリジナル米袋集」を保護者や地元の農協などにも，プレゼンテーションする。	・保護者や農協などの子どもたちの外の社会との接点も意識させて取り組ませる。

外国語活動

「いろいろな国の人の平和への考えを共有する」プロジェクト

小学6年生：外国語活動・総合的な学習の時間・国語科・社会科（10時間）

■ **概　要**　平和学習と外国語活動を合科学習で実施する。国語科，社会科，外国語活動，特別活動のクロスカリキュラムにより行った。修学旅行に行く前に，自分たちがいろいろな国の人に聞いてみたい平和についての質問を考え，端的な日本語で書く。それを英語の時間にAETの先生に協力していただき英文にする。気持ちのいい自己紹介や基本的な挨拶とともに，英語で言えるように練習する。修学旅行先の広島平和公園で，外国の人に直接関われる機会を活かし，「平和についての考え」を英語でインタビューし，たくさんの人の意見を聞くことでいろいろな考えがあることを知る。

■ **目　標**
・聞きたいことを短くまとめることで言語能力の向上をはかる。
・自分の考えを英語で言えるコミュニケーション力。
・さまざまな国の人の考えを聞くことで多様な視点があることを理解する。
・ホームページで表現することでITスキルの向上をはかる。

■ **プロジェクト学習の効果**

プロジェクト学習の各フェーズに即して学習を計画・展開したことは，本実践における各教科等の学習・活動内容を整理しクロスカリキュラムを計画・展開する上でのプラットフォームとなり大変有効であった。最後に「平和についてのさまざまな考え」を社会へ伝えるという貢献性の高いホームページをつくることも，使命感をもとにした学びへのモチベーションを高めることとなった。

広島平和公園でさまざまな国の人へ「平和への考え」をインタビューしている子どもたち

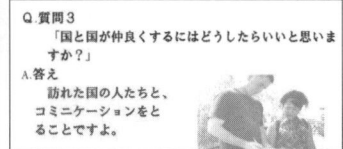

プロジェクト学習の成果：ホームページにのせたインタビューの結果

■ 展　開

フェーズ	内　容	ポイント
準　備	◇ プロジェクト学習の基本を学ぶ ◇ 題材「平和についての考え」を子どもたちへ伝える ◇ 4月：題材を意識し基本的なことを知る ・身近な戦争体験者の話 ・インターネットや本での情報収集	
ビジョン・ ゴール 計　画 情報・ 解決策 制　作	◇ ビジョン・ゴールを決める 　ビジョン：世界が平和であってほしい 　ゴール：いろいろな人の平和への考えをホームページで発信する！ ◇ 5月：修学旅行（広島の平和公園）で情報を集めるため，英語を学ぶ ・英語活動とのクロス（英語：3時間） ・最初，日本語で簡潔に考えた質問を英語で考える。（4つ） ・英語でのあいさつや質問の練習をする。 ・本番をイメージしてグループごとにインタビューの練習をする。 ◇ 6月：修学旅行 ・平和公園で日本人も含めさまざまな国から来た外国の人へ平和についてインタビュー（2時間半）	・クロスする部分のカウントは両方にし，教科等合科的な扱いを計画的に実施する。 ・日本語で考えたものをＡＬＴさんに翻訳してもらう。 ・最初のお願いは英語で話し，インタビューの回答は，英文を見せて書いてもらう。 ・班ごとに活動を行い，英文の回答を集める。 ・英文の回答は，ＡＬＴさんに翻訳してもらい理解する。
プレゼン テーション 再構築	◇ 7月：学校中でほかの生徒や保護者の方へプレゼンする ◇ 7月：パソコンを使ってまとめる。 　　　　学校のHPに掲載	・限られた紙面の中で，相手を意識して伝えたいことをはっきりさせてまとめることで，表現の工夫を行わせる。
成長 確認	◇ このプロジェクト学習をする前と後でどんな力を身につけたかという視点以外に以下も確認する。 ◇「国語」の評価…自分の聞きたいことを最小限の日本語で考えることができたか。 ◇「英語」の評価…全身も使いながら英語でしっかり表現することができたか。丁寧にお礼も英語で言えたか（コミュニケーション力）。 ◇ 総合的な学習の時間…自分のチームの目標は達成できたか。	

総合的な学習の時間（食）

「健康な大人になるための食生活提案」プロジェクト

小学6年生：総合的な学習の時間・家庭科・社会科・国語科（35時間）

■ 概　要

小学生の時から食生活をバランスよいものにすることで10年後，より健康な大人になるというモチベーションで向かう「食」を題材にした「総合的な学習」。養護教諭や栄養士，家庭科教諭との連携で自分たちの考えた朝食を作るようにした。他教科で学んだことを，単元計画の中に計画的に位置づけ，その「知識」を使うことにより，児童の力をより確実なものとすることができる。

＊　各教科との関連──家庭：「生活を見直そう」，国語：「生活を見つめて」「インタビュー名人になろう」，保健：「病気の予防」

■ 目　標

・「食事」に関する知識と「食事」を選択する力を身につける。
・健康的な食生活を送るための自分の考えをもてる。
・進んで健康的な食生活をしようとする態度が身につく。

■ プロジェクト学習の効果

「食」についての学習は，ともすると作ったり，食べたりして終えてしまいがちだが，本実践では，プロジェクト学習の手法を活用して「提案書を作る」という明確な［ゴール］を設定した。このことにより，「何のために調べるのか」という目的を常に学習者が意識することができ，情報の収集・分析の過程において「意志ある学び」が展開されることにつながった。さらに，最終的に提案書を通じて他者に発表しなければならないことを常に意識することで，集めた情報の吟味，発信する情報の吟味の作業が，"自分ごと"として緊張感をもって行われた。活動を通じて学習者が知的な成長を遂げる上で，このことは大きな意味をもつと考えられる。

栄養士や養護教諭による授業

■ 展　開

フェーズ	内　容	ポイント（□は支援，○は評価基準）
準　備	◇ プロジェクト学習の考え方と流れをつかむ ◇ 題材を意識して自分なりの課題を見出す 〈題材〉 ・「食・健康」について，知っていることを書き出す。 ・1週間の食事調べを行う。 ・1週間の食事調べをグラフや表にしたりして，読み取りやすいようにまとめる。 ・1週間の食事調べからわかったことをまとめる。 ・砂糖，塩について知り，食事調べを見直す。 ・食料の未来について知り，考える。 ・自分の食事調べの結果を，もう一度見直す。	□今自分の知っていることを確かめることにより，次の課題へつなげる。 ○自分の知っていること，感想をもっている。 □最初は情報の整理の仕方の例を示す。 ○食事調べを，回数がわかるように整理している。 ○整理した結果から，自分の考えを持っている。 □砂糖・塩から食料の未来まで，児童の考えが広がるように体験や収集する情報を考え，示す。 ○自分が摂っている「食事」から，解決すべき課題を見つけている。 ○根拠ある情報を得ている。
ビジョン・ゴール	◇ ビジョンとゴールをみんなで話し合い決める ビジョン：10年後おとなになっても健康で楽しくいたい ゴール：楽しく健康に過ごせる食生活を提案します	□一人ひとりが自分の課題をはっきりさせてから，チームの編成にうつる。
計　画 情報・解決策 制　作	◇ 同じ課題をもつ子たちでチームを編成する。 ◇ 課題解決に向けて，追求の計画を立てる。 ◇ 計画に従い，インターネットで調べたり，アンケートを取ったり，インタビューしたりして調べる。 〈情報収集〉自分たちの提案に関わる朝食のメニューを考え作ってみる。その朝食を写真撮影する。 〈情報整理〉集めた情報・写真コンピューターを使い，みんなで共有できるようにまとめる。 〈情報の分析まとめ・表現〉「こういうカルシウムたっぷりの朝食をとることで，しっかりした骨のおとなになるという朝食のとり方を提案します」と，プレゼンテーションできるように提案をレシピやコツ，写真とともに模造紙に表現する。	□課題がもちにくい児童には，ポートフォリオ（調べたことや，資料，学習シート等をファイリングした物）を振り返らせる。 ○チームで決めた課題に向かって，情報収集の手段を選択している。 □情報収集にアンケートやインタビューを行うようにさせ，行う際の注意点を確認する。 □家庭科の「朝食に合うおかずをつくろう」の授業と関連させる。 ○自分の朝食についての考えを持ち，作ろうとしている。 □情報を共有できるように，事前にコンピュータ上に掲示板を用意しておく。 ○友だちの考えを参考に，自分の考えを深めている。
プレゼンテーション	◇ チームごとで〈まとめ・表現〉提案をプレゼンテーションする。	○集めた情報を分析して，相手にわかりやすくまとめている。
再構築	◇ プレゼンテーションで得た評価と合わせる。 ・ポートフォリオ全体を振り返り，重要なことをあらためてピックアップする。 ・課題に対する自分の考えを提案書（凝縮ポートフォリオ）にまとめる。	□ポートフォリオを振り返るとき，できるようになったことばかりでなく，考えるようになったことにも目を向けさせる。 ○自分の課題に対する考えを，はっきり表現することができる。 ○自分の食生活を今後どのようにしていくか，考えている。
成長確認	◇ ポートフォリオから，自分が知ったこと，新たに考えるようになったこと，できるようになったことなどを見つけ出す。 ・自分の目標と照らし合わせて，成長を確認する。	○自分の成長をポートフォリオから見つけている。

5章　プロジェクト学習の実践事例と活用

総合的な学習の時間（情報）
「ケータイを安全に使おう」プロジェクト

小学4年生：総合的な学習の時間・国語科・社会科（35時間）

■ 概　要
小学校4年生からケータイ（携帯電話）をもち始める子が増えてくる。昨今，ケータイを取り巻く問題が多く指摘される中，児童が正しい知識と適切にケータイを使用する意識を身につけさせるために総合的な学習や国語の時間においてケータイを題材にしたプロジェクト学習で行ったものである。メディアリテラシーの授業でもある。

■ 目　標
・身近になったケータイについて正しい知識をもち，適切に使用する態度を育てる。
・自ら課題を見つけ，解決方法を考え，進んで解決していく力を育てる。
・調べたことを効果的に伝えられる力を育てる。

■ プロジェクト学習の効果

プロジェクト学習は，調べるだけで終えることはなく，貢献性のあるものを社会に提供するということを目指す，これがとても子どもたちのやる気につながると実感した。『ケータイ安全安心マニュアル』を作って自分たち小学生や社会に提供するという［ゴール］を設定したことで，ケータイショップの人たちや保護者の方なども積極的に協力してくれた。［プレゼンテーション］のフェーズでは，保護者，新聞記者やケータイショップの人たちが発表を聞いてくれ，役に立つアドバイスをくれた。それを活かして［再構築］することができた。子どもたちが作った『ケータイ安全安心マニュアル』は，地元の新聞の社説に紹介された。このことにより，自分たちが社会につながる学びをしていることを，学習者自身がさらに自覚することにもつながった。

子どもたちが作った
ケータイ安全安心マニュアル

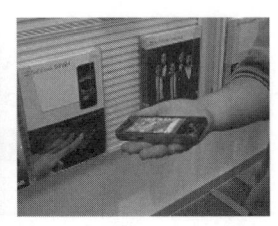

■ 展 開

フェーズ	内　容	ポイント
準　備	◇「ケータイ」に関する新聞記事をスクラップし，ケータイについて関心を持つとともに，どのようなことが問題となっているのかということを知る。	・情報収集の時間を十分に取り，題材に関する児童の意識を高めるようにする。
ビジョン・ゴール	◇ 全員で意見を出し合いビジョンとゴールを決める ビジョン：これからケータイを使う小学生が安全に安心してほしい ゴール：『ケータイ安全安心マニュアル』をつくる！	・ポートフォリオを作り収集した情報から自分の関心に合うテーマを設定するようにする。
計　画	◇「ケータイ」について自分が調べたいと考えるテーマを設定し，友だちとチームを作り，活動計画を立てる。	・時間を効果的に使えるように計画（活動工程表）をしっかりと立てる。
情報・解決策	◇ インターネットや本などの活用，ケータイ会社への取材などを通して必要な情報集めを行う。	・できるだけ一次情報を大切にして，自分の調べたいことについて一番知っている人にインタビューをさせる。
制　作	◇ 調べてきたことをチームの仲間と協力して模造紙に発表新聞としてまとめていく。	・新聞の作り方を学び，「見出し」のつけ方などを工夫させるようにする。
プレゼンテーション	◇ 調べてきたことを他のクラスの友だちや先生，保護者にプレゼンテーションする。 ◇ 学習を通して学んだことを生かして，「ケータイ」についての意見文を書く。	・取材に協力してもらった新聞記者やケータイショップの方にも発表を聞いていただくようにする。 ・ポートフォリオで活動を振り返り，調べたことなどを意見文の形でまとめる。書いた意見文は新聞社などへ投稿する。
再構築 成長確認	◇『ケータイ安全安心マニュアル』を作る。 ◇ 自分たちが成長したところを書き出す。	

総合的な学習の時間（健康）

「朝から元気でいよう」プロジェクト

小学4年生：総合的な学習の時間（25時間）

■ **概　要**　総合的な学習の時間における食育・健康づくりをねらいとしたプロジェクト学習の実践である。自分自身の生活を見直し，朝から元気でいられるための科学的根拠をそえることからチームで行ったものである。

■ **目　標**
・自分たちの健康に目を向け，自分で考え，判断できる力を育てる。
・食と健康，食と生活について考える力を育てる。

■ プロジェクト学習の効果

「いまあなたたちの課題，何とかしたいということは何ですか？」とコーチングしたところ「朝が元気出ません」という声が聞かれたことから，この「朝から元気でいようプロジェクト」とした。課題は子どもたちの声から生まれることがやる気につながる，ここを大事にして実践したプロジェクト学習は子どもたちの意欲を非常に高めた。プロジェクト学習の特徴でもある「○○のために」「役に立つ」知の成果物をつくるというコンセプトを学習の中で貫いたことにより，学習に「意志」「意欲」といったものが生まれてきた。他者に役立つ具体的な提案にするために，根拠をもとに話し合うなどチームで真剣に考える活動が行われていた。また，自分たちの現状を踏まえたテーマを設定したことで，プロジェクト全体を通じて常に自分たちの現実を意識しながら進めることができ，地に足のついた現実の日々に役立つ学習活動を展開することができた。

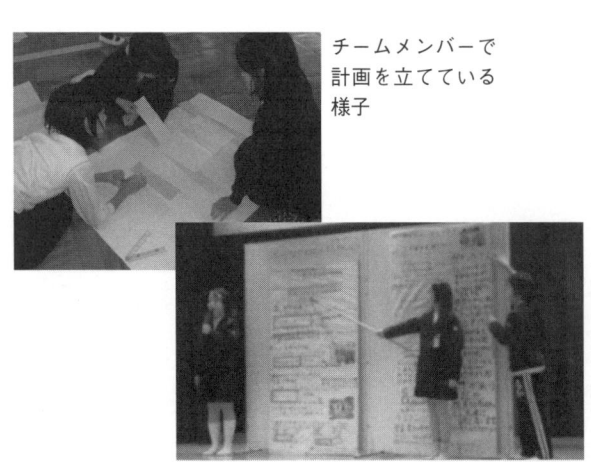

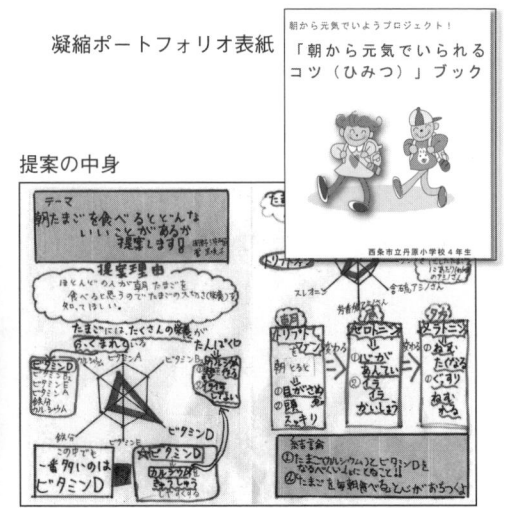

チームメンバーで計画を立てている様子

凝縮ポートフォリオ表紙

提案の中身

「朝から元気でいられるコツ（ひみつ）」ブック

■ 展　開

フェーズ	内　容	ポイント
準　備	◇プロジェクト学習について知る。 ◇題材「自分たち（小学生）の健康」について知るとともに，「題材」について，考えていることをすべて書き出し，みんなで話し合う。 ◇朝から元気でいられることに関係あることに目を向ける。 ・身近な人の話を聞く。（家族，友だちなど） ・「朝の健康」について，インターネットや本で調べてみる。	○朝の健康や身体づくりについて考え，自分の健康について意識させる。 ・まず，「健康」「食」について考えていることを出し，みんなで共有して問題意識をもつ。 ○いろいろなところから情報リサーチをして，みんなで共有することにより，問題意識が高まるようにする。
ビジョン・ゴール	◇プロジェクト学習全体のビジョンとゴールをクラスで話し合って決める。 　ビジョン：朝から元気でいたい 　ゴール：小学生に役立つ『朝から元気でいられるコツ』ブックをつくる！ ◇チームづくりとチームテーマを決める。 ・同じ関心の人が集まりチームをつくる ・チームで話し合いチームの目標（テーマ）を決める ・チーム分けをする際の「カテゴリー」 　「朝食」「朝の運動」「排便」「就寝」「朝の飲み物」「その他」など。	○朝の健康づくりに関するテーマとし，「役に立つ」ということに主眼を置く。 ○必ず「一人思考」を取り入れ，自分の考え，アイディアを大切にする。 ○チームテーマを提案することにより，どう役立つか話し合っておく。
計　画	◇情報・解決策のための計画を立てる。	○「健康づくり」についてアイディアをもらえる所・方法について身近なところから考える。
情報・解決策	◇情報リサーチをする。 ・「簡単に」「続けられる」「小学生に役立つ」という健康づくりをポイントして，情報リサーチを行う。	
制　作	◇プレゼンテーションのための制作物をつくる。 ・収集した情報を取捨して，まとめていく。	○健康づくりの「こつ」がわかる制作物とする。
プレゼンテーション	◇プレゼンテーションを行う。 ・「こつ」が明確に理解してもらえるようなプレゼンテーションにする方法を考えて行う。	○みんなに実践してもらいたいという願いを大切にしたプレゼンテーションとする。
再構築	◇一人一人が自分のテーマにそって再構築を行う。 ・読んだ人がわかるように丁寧かつ簡潔に書く。	○自分が実践できることをポイントとして再構築を行う。 ○根拠を添える。
成長確認	◇朝から元気プロジェクトをやって自分が変化したことは何かあきらかにする。	○提案するに終えず"自分の朝"の食事や行動は変わっているか。

総合的な学習の時間（国際）

「3カ国間におけるweb国際交流」プロジェクト

アメリカ・オーストラリア・日本の小学校高学年：外国語活動・社会科・総合的な学習の時間（30時間）

■ 概　要

ICTを活用し，3カ国参加の国際交流をプロジェクト学習の手法で成功させた例である。海外の子どもたちとの交流体験の活動が，学校でもさかんに行われるようになってきているが「何のためにするのか」という目的や方向性を程度はっきりしておかないと，自己紹介やイベントで終わってしまうことも多い。それでは肝心の子どもたちの成長につながらないので，なんとかしたいと考えていた。そこで，目的や目標をはっきり決めてから，フェーズに沿って進めるプロジェクト学習の手法で行った。

■ 目　標

・3カ国で海について比較できるホームページをつくる。
・他国との海についてちがいや共通点を見出し，多面的な見方が身につく。
・離れた国であっても，共通の目標に向かうことで仲間意識がもてる。

■ プロジェクト学習の効果

日本，アメリカ，オーストラリアの3カ国の子どもたちが「海」に関する情報を持ち寄り，それぞれのちがいや共通点を比較できるホームページを共同で作るという［ゴール］を設定したプロジェクト学習を行うことで，活動の目的や方向性が明確になり，中身の濃い交流活動を行うことができた。さらに，プロジェクト学習の各フェーズに対応した3カ国共通の「マイルストーン」を設定したことで，節目ごとに活動の振り返りと交流を効果的に行うことができた。インターネット上の掲示板での交流の記録は，デジタルポートフォリオとなった。

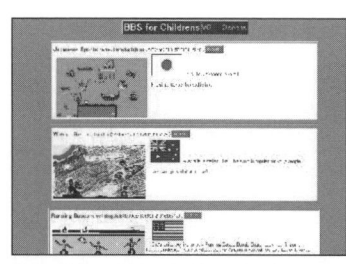

それぞれの国の子どもたちがかいた海のイメージと簡単な説明文を英語でそえている

オーストラリア，日本，アメリカ3カ国，合同のホームページ

パソコン室で交流する子ども

■ 展　開

フェーズ	内　容	ポイント
準　備	◇ メール等で互いに自己紹介し，題材「海」について共通の課題意識や「願い」を語り合う。 ◇ プロジェクト学習について互いに理解する。	・相手の国への意識を継続するために，教室に「世界地図」や「現地時間」を表示する時計，「相手国の子どもの写真」等を掲示する。 ・相手の国に手紙や絵，絵はがきやパンフレット等の交換も行う。 ・相互理解を深めることができる。 ・英語の翻訳については，Web 上の翻訳サイトやＡＬＴを活用する。
ビジョン・ゴール	◇ ３つの国のクラスで同じように向かっていく。 　ビジョン：世界中の子どもたちに海という共通の 視点から環境について意識を高めてほしい！ 　ゴール：世界の子どもが海について関心や意欲が高まるＨＰを作る！	・活動を最後まできちんと行うためには，３つの国のクラスで共通するビジョンとゴールを決めることが必要である。
計　画	◇ ３つの国によって異なる活動時期を考慮し，活動開始時期とマイルストーンを決める。	・活動期間をあまり長くしない。
情報・解決策	◇ 海に関する視点を互いに出し合い，その視点で情報を集めたり，考え出したりする。 　・海と冒険者 　・海の環境 　・海の生き物 　・海に関する物語 　・海の景色 　・海に関するくらし	・掲示板を複数活用し，写真やイラストも活用した交流を行う。 ・国を超えてチームを作り，ホームページの内容について掲示板を使って話し合う。
制　作 プレゼンテーション 再構築	◇ ホームページ作り ・３つの国の海に関することを並べて，一目でそのちがいや共通点がわかるよう表現を工夫する。 ◇ 作成したＨＰを使って，地域の子どもたちへ，外国や日本の海のことについてプレゼンを行う。 ◇ プレゼンの感想や意見を元にＨＰの修正をする。	・日本語で作成し，英語に翻訳してＨＰを作成する。 ・各国の内容について，掲示板を使って意見交換を行う。
成長確認	◇ 一人ひとりで自己評価する。 ・チームで互いに相互評価する。 ・自分や相手の成長したことをまとめ考えて書き出す。	・ポートフォリオや掲示板の記録をもとに，活動を振り返る。

キャリア教育

特別支援学校高等部における自立に向けたプロジェクト学習

特別支援学校高等部3年（20時間）

■ **概　要**　自立に向けて高等部の3年間，学習をしてきたが，あらためて3年生になると，どう自信をもって社会に参加していくかということを考え，そこでしっかり対応できる力を身につけることが大切になる。そこで「自立」を題材に，一人ひとりが心配に思うことをテーマにし，その解決策を考え，安心して生活ができるようになることを目指したプロジェクト学習を行った。

■ **目　標**
・社会的な自立・社会参加とは何か，自分なりの考えをもち，意識して生活できるようになる。
・卒業後に起こりうる困難に対応できる力を身につける。

■ **プロジェクトの効果**

社会参加に向けて自立できる力を生徒たちが身につけることを願って，プロジェクト学習を導入した。「自分の力で自立した生活を送りたい！」というビジョン実現のために，自分たちで『生活安心サポートブックを作る！』という［ゴール］へ向かうプロジェクト学習を行うことで，以下のような効果を得た。

・このプロジェクト学習を行うことで，もうすぐ学校を卒業して，社会人になることを実感し，生活習慣の見直しやコミュニケーションマナーに目を向けて生活する生徒が増えた。
・「自動車事故を起こしたら」「葬儀の参加のマナー」など，学校生活では体験できない場面のイメージをもつことができた。
・『安心サポートブック』をつくることで，卒業後の生活に目を向けるとともに，自己理解・表現力・問題解決能力を身につけることができた。

仲間と協力しあい安心サポートブックをつくっている様子

『安心サポートブック』をつくるために情報を集めている

■ 展　開

フェーズ	内　容	ポイント
準　備	◇ 自分にとって「自立」とは何か考える。 　自立に向けて高等部の3年間，学習をしてきたが，あらためて自分にとっての自立とは何か，卒業後の生活をイメージする。 ・不安に思っていることを発表する。 　冠婚葬祭でのマナー，会社でのトラブル，自動車事故の対応，友だちと遊ぶ手段や手順，マナー，福祉サービスの利用，悪い誘いを受けたときの対応等，実社会で必要なスキルとそれに対する知識や対応力の不足に目を向ける。	・一人思考し，卒業後の生活に目を向ける。 ・社会生活では就業だけでなく，人間関係作りや余暇生活の充実も必要であることを意識する。
ビジョン・ゴール 計　画 情報・解決策	◇ ビジョンとゴールを決める 　ビジョン：「自分の力で自立した生活を送りたい！」 　ゴール：『生活安心サポートブックを作る！』 ◇ 自分の心配なことを「マイテーマ（自分のテーマ）」にし，情報リサーチを進める。 　いつ，何を行うかという計画を立て，卒業生や教師へのアンケート，福祉機関の窓口の利用，インターネット，公共交通機関や遊戯施設の利用体験，トラブル時のアクセス先への聞き込み等を行う。	・問題解決能力や社会参画力を身につけるため，チームではなく一人ひとりが情報リサーチを行う。 ・卒業後利用すると考えられる機関や施設に出向き，担当者との関係作りを行う。
制　作	◇ 自分の伝えたいことは何か，みんなにとって必要な情報は何かを考え，情報を取捨選択し，A4用紙2枚にまとめる。	
プレゼンテーション	◇「聞き手を意識」し，実物投影機　を操作してプレゼンテーションを行う。 　校内の教師や下級生，保護者を招く。	・聞き手側は，発表の内容だけでなく，発表者の声の大きさや態度，わかりやすさ，発表物のレイアウトなど，観点を設け，アドバイス評価を行う。
再構築	◇ プレゼンテーションの評価をもとに，A4用紙2枚に各自で情報をまとめ『安心サポートブック』を作り，下級生にも配付する。	
成長確認	◇ 学年発表会を行い，自己評価・相互評価する。	・卒業後の生活で大切なことは，自分で問題を抱え込まず，「相談する・聞く」ことが問題解決のコツであることに気づけるよう支援する。

> 進路指導

「パーソナルポートフォリオで進路成功」プロジェクト

高等学校：総合的な学習の時間，ホームルーム，産業社会と人間　等

■ **概　要**　面接指導では礼法指導等が重点的に行われることが多く，その結果，多くの学生は，面接には「こう聞かれたらこう答える」といった「正解」が存在しているというような印象をもっている（例えば長所はと聞かれると，多くが「明るい性格」とマニュアル的に答えるという現状がある）。しかし，それでは自分のことを伝えられたとは言えない。生徒たちが，在学中に自分を見つめ，自分の意志で進路を考えるために，パーソナルポートフォリオを作り，面接などで自分の良さや自分の体験を，自分の言葉で伝えられることを目指した。

■ **目　標**
・自分の良さを，自分の言葉で，自分の体験をもとに自信をもって語れるようになる。
・自分の成長ポイントを知り，学校生活への目的意識をもつ。

■ プロジェクト学習，ポートフォリオの効果

パーソナルポートフォリオを作ることで自己の成長を可視化することができるので，学校での行動が成長につながっているという実感をもつことができた。そのことによって，もっと成長しようという意識が育ち，意欲的に学校生活を送ろうとする意欲につながった。また，ポートフォリオを作って就職試験等に臨んだ生徒は，終了後，受かるかどうか不安だという声が増えた。ポートフォリオを作成することで，その人にしかない良さを面接相手に伝えることができた。また，生徒会会長経験や部活動優勝といった晴れがましい経歴のない生徒でも，例えば日常のことをコツコツできる，といった良さを「事実」＋「想い」で伝えることが大切だと理解することができたことは，自尊感情を高める上でも効果があった。

互いにパーソナルポートフォリオを楽しく見せあっている様子

■ 展　開

フェーズ	内　容	ポイント
準備 ビジョン・ ゴール	◇ポートフォリオと自分の未来を描くことについて学ぶ 面接試験の重要度は上がっている。ＡＯ入試では，自分が本当に学びたいことを明確にすることが要求される。自分のことを理解するためにポートフォリオが有効である。 ■ パーソナルポートフォリオに入れるもの 　□ 自分の活動, やったことがわかるもの 　□ 自分が関心, 気になっていること 　□ 新聞や雑誌の切り抜き 　□ ネット情報のプリントアウト 　□ 写真, メモ, スケッチ等 　□ 読書歴, クラブ活動等の様子 　□ 取得資格歴, 社会貢献歴 　□ これまでで特筆すべきこと 　□ これからやってみたいこと…etc ■ ポートフォリオのルール 　□ 入れるものには日付や出典を添える 　□ 前のページから順に時系列で入れる 　　　　出典「ポートフォリオ評価とコーチング」医学書院	面接に対するマニュアルでの対策では自分の良さは伝わらないということに意識を向けさせる。 ・"すごいこと"より"心を込めて毎日がんばったこと"を入れる。
情報	◇ポートフォリオを作りスタート 卒業生の作ったポートフォリオを紹介する。 成果の大小よりも，何かのできごとで自分がどのように想い，成長したかにこそ価値があることを理解させ，どんな小さなことでもとにかく数多く，いろいろなものを集めてみるよう伝える。	「これとこれがあるということは，こんな長所があるかもしれないね」と気づく。
制作	◇プチ年表『これまでの私』を作ってポートフォリオに入れる。	これまでの人生で何があったかを振り返らせる。保護者などの協力をいただく。
プレゼンテーション	◇ペアでいいところをインタビューし合う クラスメイトとペアになり，お互いのプチ年表『これまでの私』を見ながら，書かれている事実について，「どうしてこのようにしたの？」「このとき，どう思っていたの？」などと聴きながら，そこから共通して見えてきた相手のいいところを伝える。言われた側は「どうしてそう思ったの？」と逆に聴いてみる。	傾聴する際には，「自分の頭の中に真っ白な画用紙を用意して，相手の気持ちの中にある絵と同じ絵が描けるようにする」イメージで作業するよう指示する。
再構築	◇ポートフォリオを活かす ◇の作業で自分の良さの根拠となったできごとや，自分の中で転換点であったと思われるできごとについて，1つずつ1枚のシートに説明を書き加えていく。完成したら，古いものから順番に入れていかせる。	

> 専門教育

ものづくりで実践するプロジェクト学習

工業高専機械工学科：開発設計（74時間）

■ **概　要**　課題を通じてチームでプロジェクト学習を行い，具体的な製作物を作ることでエンジニアリング・デザイン能力を涵養するために民話の中のシーンをロボット（機械）の設計・製作に結びつけるプロジェクト学習を行った。

■ **目　標**
- 「ものづくり」における「開発・設計」を行う。
- これまでに学んだ基礎知識や技術を応用的・横断的に用いて，求められる機能（課題解決）を満足するアイデアを盛り込み，自ら計画を立て，実行できる。

■ **プロジェクト学習の効果**

開発設計など本格的なプロジェクトを行うと調べ学習とプロジェクト学習のちがいがよくわかる。［準備］［ゴール］［再構築］のフェーズは特に重要である。自分のイメージしたものを形にするにあたり，課題発見や気づきが必要となる。また知の体系化がないと，ものづくりはできない。スキルや組み立てがうまいということに価値をおくのではなく，全体の構想を作成していく過程でロジカルな思考ができることを大事にするという考え方も，プロジェクト学習の手法で進めることで身につく。プロジェクト学習の特徴を活かし，学習者が意欲をもって進められるように，「民話」を題材に各自が自分の視点や関心で選択できるようにした。感性やイメージする力もものづくりには必要となるので，いっそう効果的な展開となる。プロジェクト学習の成果がものを作る喜び，うれしさ，全体を見ることができる力，クリエーターとしてのものづくりの魅力を得てくれ，意欲が高まる。

地域の方に民話を聞く学生

民話の題材を活かし，ロボットの設計図をCADで画いている様子

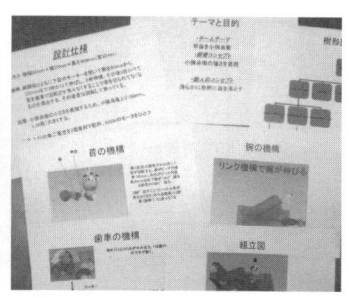

設計仕様書

■ 展　開

フェーズ	内　容	ポイント
準　備	◇これまでに得た知識や技術を活かし，民話の中のシーンをロボットの設定で再現することを伝える。	
ビジョン・ゴール 計　画 情報・解決策 制　作	学生は各自，地元民話について調べる。一人ひとり地元の民話の一部分を選び，そのシーンをロボットを使い，その動きや表情で製作するために，まず，物語を読み，「私はこのシーンを伝えたい」というところを決める。 例えば，「お地蔵さんに笠を配るシーンに村民が驚く」ロボットの動き具現化，スケッチ，みの笠を配る地蔵が歩き，笠を頭からとり，渡すという動きをするロボットをつくる。 ◇設計図のたたき台を自分で決める。 ◇チーム編成・チームテーマ・ゴールの決定 実施年間計画，担当分担 ◇コンセプト・設計仕様に基づく概念設計	・チームで情報を収集することで多様な解決案を数多く出すことができることを体験させる。 ・計画を立てるに当たり，設計に必要なフェーズを理解させる。 ・民話を伝える市民団体の方々と交流し，情報収集する。 ・時間をできるだけ確保し，話し合い・まとめることを心掛けた時間の使い方をさせる。 ・設計仕様は評価基準であることを体験させる。 ・第三者に共感(支援)を受けやすいように選定基準（仕様）も伝える。 ・機構を具現化し，スペースや重量などの制約条件を満たすように設計する。 ・考えたものを作る前に検証させる。
プレゼンテーション 再構築	◇アイデアチームコンセプト，個人コンセプト・計画のプレゼンテーション ↓ 概念設計案の中から選択し，その詳細設計（構造・材質選定などの強度設計） ↓ CADのCAE機能を使い設計の検証（3h） ↓ 設計したロボットのプレゼン（3次元CADでの動きによる表現） ↓ 改良(2h)	・他者からの評価により，矛盾点や仕様の満足度など改良点を知る。 ・改良を加え，設計書としてまとめることでよりよい（役に立つ）ものに仕上げる。 ・自己評価票を用い，一連の活動において身についたことを自覚し，それらの力を社会に役立てる次への挑戦へのモチベーションにする。
成長確認	◇設計書制作 (10h) ↓ ◇報告書作成　(15h)	

> **実習**
>
> # 医療薬学の実習をプロジェクト学習の手法で実践する
>
> 薬学部5年生の病院実務実習（11週間）

■ **概　要**　幅広い教養と患者さんとのコミュニケーション能力をもち，モノではなくヒトを対象とする薬物療法を実践できる薬剤師の養成を目的に，薬学部は平成18年度に6年制となった。この社会的なニーズに応えるために，大学のシミュレーションだけではなく，医療チームを組んで患者さんから問題を発見し，解決する能力や倫理観の育成が必要である。そこで11週間の長期実務実習でプロジェクト学習を試みた。

■ **目　標**　・患者さんにわかりやすい薬物療法の説明を試みる体験から，チーム医療のなかで安全で有効な医療を提供する病院薬剤師の業務と責任を，薬学生が理解すること。

■ プロジェクト学習の効果

入院してから退院するまでの経過に，薬学生が学ぶ必須項目である「実務実習モデル・コアカリキュラムの教育目標」を照合することで，患者さんを中心の軸としながら臨床の薬学を学ぶことができた。また，課題解決のプロセスをポートフォリオで自己評価し，自主的に目標を目指すことで，チーム医療に参画できる病院薬剤師のコンピテンシーを高められた。

患者さんへの服薬指導をしている指導薬剤師の様子を見ながら，学んでいる薬学生

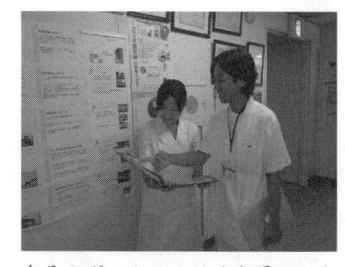

自分のポートフォリオを手にしながら，テーマについてどこまで調べたのか相談をしている薬学生

実習最終日に凝縮ポートフォリオを病棟看護師に説明をしている薬学生

■ 展 開

フェーズ	内 容	ポイント
構 想 実習前	◇実習担当者は，実習期間中の病院の医療機能や学生の実習経験や大学からの要望を確認し，病院職員と共有しておく。 ◇学生は，どんな病院なのか（地域や医療機能など）をあらかじめインターネットなどで調べておく。	・実習前訪問のときにプロジェクト学習をすることも確認しておく。 ・病院や薬局の方針や病院の平面図，病棟ごとの機能表なども用意する。
準 備 （1～3週目）	◇プロジェクト学習の手法を説明し，予定を確認する。 ◇パーソナルポートフォリオを作成し，自己紹介する。 ◇初めて病院のなかを歩き，薬剤師の業務を見聞きしながら，自分が印象に残ったことや疑問を書きだし，ポートフォリオに入れ込む。	・パーソナルポートフォリで自己を振り返り，人に理解してもらえるようにわかりやすいコミュニケーションをする。 ・プレゼンテーションの日程は，あらかじめ決めておく。
ビジョン・ ゴール 計 画 （3週目）	◇ポートフォリオを俯瞰して，自分のビジョンとゴールを見出す。実習期間中の計画を立てる。	・ファイルの中身をすべて出し，グループごとに山を作る。自分が関心のあるテーマで，チーム医療に役に立つテーマを探す。
情 報・ 解決策 （4～9週目）	（情報リサーチ：4～9週目） ◇調剤，医薬品の在庫管理や採用，情報管理，ベッドサイドとチーム医療，製剤やモニタリング，倫理的な事例などから学ぶ。	・テーマについての経験と気づきをポートフォリオに入れる（必ず日付を書く）。意識して何を学ぶのか，何を学んだのかを自分で記録する。 ・少なくとも週に1回は指導薬剤師からアドバイスをもらう。
制 作 （10週目）	◇元ポートフォリオから，Ａ３サイズ１枚にテーマ，課題と提案を書き出す。自分の提案を伝えるのにもっともよいプレゼンテーションの方法を考える。	・Ａ３サイズ１枚に制限する。模造紙でもよい。 ・学生と指導薬剤師で，プレゼンテーションをして，お互いにアドバイスをする。
再構築 プレゼン テーション 成長確認 （11週目）	◇よりよい提案になるように推敲と修正を繰り返し，再構築された提案を完成させる。 ◇プレゼンテーションをする。 ◇再構築が終わったあと，自己評価を行う。 ◇指導薬剤師も成長の評価をして，修了証を渡す。	・プレゼンテーションに，病院スタッフや大学職員が参加することで，本人の経験とプロジェクトの成果が共有できて，より効果的。 ・元ポートフォリオも持参し，対話できる時間も確保する。

【教員研修】
「教師ポートフォリオ」で職場が元気になる！

学校の教職員での研修（60分＋夏休み）

■ **概　要**　一人ひとりが豊かな経験や研究テーマをもつ教職員が共に働く学校だが、同じ職場であっても教員同士が互いに学び合える機会は多いとは言えない。そこで、夏期休業期間を活用して各教職員がパーソナルポートフォリオ（p.165図1参照）を作った上で、後期にそれを活かし、他者に役立つことを意識したプレゼンテーションを行い、互いの得意とすることやテーマについて披露し合う教員研修を行う。その成果として『教職員がつくる教職員に役立ついろいろ上達集』を作る。

■ **目　標**
・教職員それぞれの得意なことや個性をお互いに知ることで、教職員間の仲が良くなり、協力性を高めることができる。
・個々の能力や魅力を学校経営の中で活かすためのデータベース化が図れる。

■ プロジェクト学習の効果

ポートフォリオやプロジェクト学習の手法を校内研修に導入することで、教員研修が楽しく笑顔があふれるものになった。ポートフォリオ作りを体験することにより、互いの知らなかった魅力や特技、個性を発見でき、教職員間の仲がよりよくなるばかりでなく、以下のような効果ももたらした。

・お互いを知って教員同士の仲が良くなり、仕事が頼みやすくなるなど学校のチームワークが良くなった。
・自分が認められることで自信が高まり、理解される喜びを感じ、自分がもっとがんばろうと思うようになり、教師の自尊感情もアップした。
・個々の能力、人材を学校経営に活かすことができ、教職員のキャリアアップにつながるとともに、若い教師に教師という仕事の魅力を伝承できた。

ポートフォリオを互いに披露しあう教師たち　　職員室の壁ぎわの棚に並ぶポートフォリオ

■ 展　開

フェーズ	内　容	ポイント
準　備	◇夏休みの間にパーソナルポートフォリオを作ってこられるようにポートフォリオについての説明を事前に行う。時間に余裕のある時に事前に知らせておき，仕事や趣味に関わるものを中心にいろいろなものを入れていくよう伝える。	職員研修の時間に行うこととし，事前に予告をして準備の時間がとれるようにする。
ビジョン・ゴール	◇ビジョンとゴールを伝える 　　ビジョン：一人ひとりの得意を共有しよう 　　ゴール：「教職員がつくる教職員に役立ついろいろ上達集」をつくる！	
	ポートフォリオに入れるもの ・自分の関心のあることや好きなこと ・「教師の誇り」（教師っておもしろい）は必ず一つは入れる。 ・自分の得意なこと，研究していること。 ・こうすれば，うまくいくということ。	
夏休み	◇各自，休み期間を活かし，自分のパーソナルポートフォリオをつくる。	
プレゼンテーション	◇プレゼンテーション（1人5分程度） 「○○は，○○が秘訣です。こうすれば上手にできます」という提案型のプレゼンにする。 ・ポートフォリオを活用して，実物や写真などを使い工夫したプレゼンをする。 ・コメントや感謝カードの交換	サンキューカードの交換を行い，お互いを認め合う雰囲気作りをする。
制　作	◇A4の用紙1枚に，他者に役立つコツをまとめる。	
再構築	◇各自その特技のこつを伝えるプリントを作り，それを一冊にまとめる。「教職員が作る『教職員に役立　ついろいろ上達集』」	「○○上達集」を印刷して作成し，個人に配付するだけでなく，職員室等に保管し，毎年継続的に取り組む。さまざまなシーンで活かす。

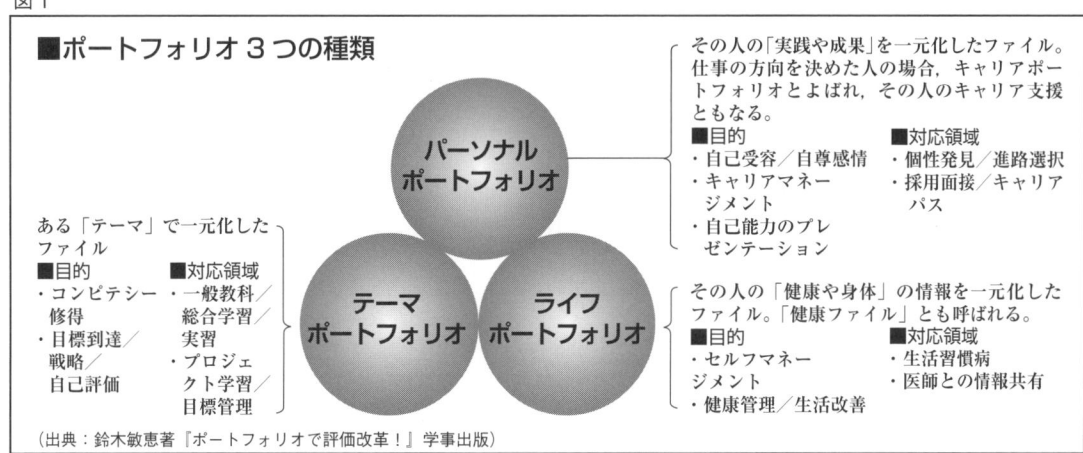

図1

■ポートフォリオ3つの種類

パーソナルポートフォリオ
その人の「実践や成果」を一元化したファイル。仕事の方向を決めた人の場合，キャリアポートフォリオとよばれ，その人のキャリア支援ともなる。
■目的
・自己受容／自尊感情
・キャリアマネージメント
・自己能力のプレゼンテーション
■対応領域
・個性発見／進路選択
・採用面接／キャリアパス

テーマポートフォリオ
ある「テーマ」で一元化したファイル
■目的
・コンピテシー修得
・目標到達戦略／自己評価
■対応領域
・一般教科／総合学習／実習
・プロジェクト学習／目標管理

ライフポートフォリオ
その人の「健康や身体」の情報を一元化したファイル。「健康ファイル」とも呼ばれる。
■目的
・セルフマネージメント
・健康管理／生活改善
■対応領域
・生活習慣病
・医師との情報共有

（出典：鈴木敏恵著『ポートフォリオで評価改革！』学事出版）

5章　プロジェクト学習の実践事例と活用

> 自己管理

「健康管理」にポートフォリオでセルフコントロール
慢性肝臓病（Chronic Kidney Disease:CKD）の自己管理行動の継続にポートフォリオを導入活用

■ **概　要**　病院で治療を受ける患者さんが，自ら学んで目標を達成することができることを目指したプロジェクト学習。患者さんが自ら「ライフ（健康）ポートフォリオ」に自己の健康や身体に関する情報を一元化し自己管理するとともに医療者等との情報共有に活かす。

■ **目　標**
・自分に必要な食事，運動，薬物療法の必要性が理解できる。
・患者自身が健康管理のための生活の改善点がつかめ，自ら目標が立てられる。
・患者と医療者との情報共有ができ，エビデンスを元に展開できる。

■ プロジェクト学習の効果

患者さんはゴールシートを使って目標を意識し，自己管理しようという思いが大きくなった。退院後も目標に向かって日常生活を送ることができている。看護師として，患者さんと同じ目標に向かって関わることができ，ポートフォリオで良い関わりができた。

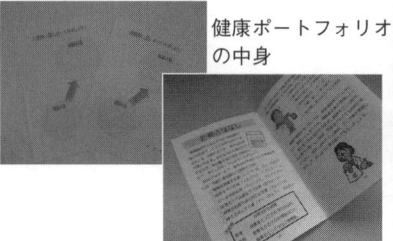

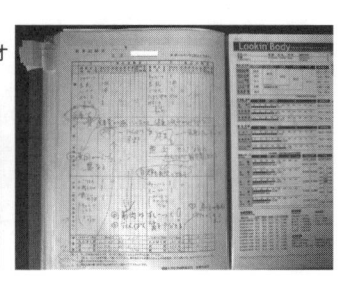

健康ポートフォリオの中身

健康ポートフォリオをはさんで話す患者と看護師

◆ライフ（健康）ポートフォリオとは

　主体的に自分の健康に関する情報を一元化したものがライフポートフォリオです。自分の身体や健康に関する生活情報などをファイルに日々入れていきます。それは「作って完成させるもの」ではなく，「生涯継続していく」を前提とします。
　自分の生活や健康に関する情報や身体の変化変容を客観的に見ることで自己管理を実現します。

ポートフォリオへ入れるものリスト
☐身長・体重・血圧・体温
☐生理周期・身体変化・気付きメモ
☐生活能力（一人外出可等）
☐体調（発疹，吐き気，めまい）
☐食事（摂取カロリー，栄養）
☐薬の説明書き・服薬記録
☐既往歴（家族含）・受療歴
☐検診記録・予防接種歴など
☐健康診断等の結果・データ

（氏名・緊急時連絡先・血液型）
☐ホームドクター・薬局，連絡表
☐アレルギーの有無，症状
☐診察券・健康保険被保険者証
☐ドナーカード・リビングウィル
☐健康情報（パンフレット・新聞等）
☐食事の目安表（栄養士）
☐モデル生活習慣食事
☐現状の身体能力・睡眠状態
☐医療関係領収書…etc

（出典：鈴木敏恵著『看護師の実践力と課題解決力を実現する！ポートフォリオとプロジェクト学習』医学書院）

■ 展 開

フェーズ	内　容	ポイント
準備	◇ 入院の初めの時期に，患者さんへ「ライフ（健康）ポートフォリオ（以後，ポートフォリオ）」の役割や効果について説明する（以下の資料渡す）。 ◆ライフポートフォリオの役割・効果 ◇前向きに自己管理ができる「意志ある患者」をかなえる ◇生活状況を知ることができ入退院や治療プランを立てやすい ◇二重検査やダブル投薬などのリスク回避がかなう ◇退院後の地域連携医療の実現 鈴木敏恵著『ポートフォリオ評価とコーチング手法』医学書院	・おしゃれなポートフォリオ用ファイルをプレゼントする。 ・学習する患者
ビジョン・ゴール	◇ 患者自身がどうありたいか，願いを描ける声掛けをする ・教育用のパンフレットに沿って患者さんに，指導をする。 ◇ 入院中の「目標」を立てる ・患者さんが入院中に学びたいことを「目標」に上げる。 ・その目標が妥当か，実現可能な目標か，確認をする。 ◇ 目標をゴールシートに書きポートフォリオへ入れる	
計画 情報・解決策	◇ 患者さんとともにシンプルな計画を立てる ◇ 患者さんが目標へ向かうために（ポートフォリオで）情報共有し，適切な，知識提供やアドバイスなどの支援をする。 ◇ 退院が近くなったら，目標へのプロセスをポートフォリオから汲み取り，励ましやモチベーションアップにつながる声かけやコミュニケーションをはかる。	例）自分の食事療法の計画ができる。 例）自分の薬の効果を理解し，家族へ言えるようになる」など。 ・情緒的な声かけ（がんばってますね，）が大切だがそこに終えず，必要な際には，医療のプロとして，エビデンスを添えてしっかりアドバイスする。
再構築	◇ 患者自身が元ポートフォリオを活かし，1枚の紙に重要なことをシンプルに書き，看護師等へ見せ，成果とする。	・居宅での状況を聞き取り，必要があれば，フォローする。
	◇ 退院時の目標を立てる。 ◇ 目標に添った中身リストを考える 体重・血圧の変化，食生活の内容，病歴，入院の経験，処方の履歴や，健康目標，自分でモデルにしたい生活スケジュールなどをポートフォリオに入れる。 ◇ CKDポートフォリオとして必要なもの（たとえば，食事や服薬の記録など）を伝える。 ◇ 医師，栄養士などとともにポートフォリオを見て，具体的なアドバイス，承認。 ◇ 「来月，外来へ来られる時に，ポートフォリオをぜひ，もってきて見せてくださいね」と笑顔で伝える。 ◇ 退院後の電話訪問をする。 入院中に決めた目標が，その後どうなっているのか，本人の課題を確認しながら，維持ができるようフォローする。	
成長確認	◇ 患者さんの学びや変化を存分に認め成長を明らかにしつつ賞賛する	・患者さんが自信や達成感を実感できること。

> **若者・活動**
>
> ## ボランティアの心を一つにした「募金プロジェクト」
>
> 有志ボランティア500人（10日間）

■ **概　要**　学校も住んでいる所もまったく異なる高校生，大学生たちが集まり，東日本大震災の被災地支援のために行った募金活動に，プロジェクト学習の手法を取り入れた。

■ **目　標**　・被災地支援のために10日間で1000万円の募金を集める。

■ **プロジェクト学習の効果**

みんなの心が一つになることをプロジェクト学習の手法で行うことでかなえた今回の経験をもとに，大勢でプロジェクトをやる場合，目的や目標を中心とした情報共有がとても大事になると実感。目的や目標を設定・共有すれば，一つの方向に向けて，みんなが足並みをそろえて進むことができる。みんなの「被災地のために何かしたい」という願いを共有できていた上で，「10日間1000万円」という全員が納得できる具体的な目標を立てることができ，10日間で1092万円を集めるというプロジェクトが成功した。「目標」はみんなを引っ張る力をもっていた。目的・目標を明確にして行うプロジェクト学習の手法は一人ではなくチームでやる時にこそ，その威力を発揮すると実感した。

駅前で募金活動をする若者たち

■ 展　開

フェーズ	内　容	ポイント
準　備	◇「ねがい」から「行動へ」 　東日本大震災。その光景を見て何か被災地の方々を助けるために募金活動をできないかと願いメールや電話で呼びかける。 ◇ビジョン共有で仲間が集まる 　みんなが，被災地のために何かしたいという「ねがい」でつながっている。	・この日の募金額を発表「今日の募金額は 75 万円でした！」と報告。みんな飛び上がって喜ぶ。活動の成果をハッキリと金額という形で目にすることで，全員が手ごたえを感じた。「もっとすごいことができるかもしれない。やってみたい」と考えた。
ビジョン・ゴール 計　画	◇目標設定・共有 　「10 日間で 1000 万円」を目標にと提案。みんな「やろうやろう！」と盛り上がり目標に共感。 ◇コアメンバーでミーティングをする 　コアメンバーでたびたびプロジェクト全体に関する意見交換をして，活動をより良くするための方法を考える (例：全体的なルールづくり・寄付先のお金の使われ方の調査など)。	・具体的な数値目標 ・笑顔の合流
情報・解決策	◇できる限りの情報共有をする。 ・みんなに今日の活動報告のメール（金額とみんなの士気を上げるようなエピソードやメッセージと共に） ・明日の集合時間・場所，活動の目的・目標を書き込む ・ウェブ上に活動の様子や振込証明証の写真をアップ ・ツイッターに活動の様子をつぶやく	・情報共有 ・エピソードの共有
プレゼンテーション	◇根拠をもとにプレゼンテーション 　実績・ウェブサイト・雑誌やテレビへの出演の際は募金の行方など根拠ある情報を元にプレゼンテーションする。 　1. 早い段階でメディア宛てに取材依頼。雑誌や新聞への掲載，テレビへの出演。 　2. ウェブサイトの開設，ツイッター・ミクシィ・ブログなどで情報公開をした。 　3. 募金がいつ，どのような配分で支援に使われるのかを調べ，みんなに共有。 　上の情報を盛り込み，根拠あるプレゼンテーションを工夫をした。10 日目に 1092 万円を集められ目標達成となった。	・web 活用 ・メディア活用 ・毎日，募金額を共有 ・モチベーションアップ ・ポスターにウェブのアドレス記載，募金活動の写真・銀行で振込手続きしている写真・振込証明証の写真などでパネルを作成。

市民（防災）
市民による，市民のための「防災プロジェクト」

地域の住民たちによる実践

■ **概　要**　災害に対しては「自助」「共助」「公助」が大切だとしばしば言われるが，近年発生した災害の例でも，自助，共助が重要であると言える。そこで，地域住民が集まり，自分たちの地域の人々や町を守ろうと，市民防災プロジェクトを行った。そこでは一人の時でも自分の身を守れる適切な行動がとれる知識や判断力の習得とともに，隣同士が助けあえるような日常の絆をいっそう育むことも意図した。

■ **目　標**
- 自助力，共助力の向上。
- いつ起こるかわからない災害に対し，一人のときでも適切な行動ができる知識や行動力を身につける。
- 地域の住民同士の絆を深め，いざというとき互いに協力し合える関係を築く。

■ プロジェクト学習の効果

学校教育と異なり，市民参加のプロジェクトは，ともすればバラバラになり途中で頓挫してしまうことも少なくないが，価値ある［ビジョン］と［ゴール］をみんなで目指すプロジェクト学習の手法で行うことで，心を一つにして協力し合いながら展開することができ，以下のような効果をもたらすことができた。

スタート期，地域の人々が防災への関心を話しあう

地区の地図を手にチームごとに調査している様子

コアメンバーによる定期的な話し合い

■ 展　開

フェーズ	内　容	ポイント
準　備	◇学校の防災計画に合わせて，その校区の保護者を中心に，地域住民に防災プロジェクトへの参加を呼びかける。 　現状の意識調査（アンケート）を行う。 ◇プロジェクト学習の進め方を理解し，「市民防災プロジェクト」へのコンセンサス（何のために，何をやり遂げたいのか）を得る。 　・意識調査アンケートの結果の報告 　・プロジェクト学習の理解のための講演 　・地域の災害危険度の報告	・防災プロジェクトの進行のための準備会を立ち上げる。 ・行政機関（防災・危機管理関係）との協働。 ・予算確保の手立てを講じる。 ・ブログ等を立ち上げ，情報共有の場を作る。 ・住民以外の協力者の要請（学生）。 ・プロジェクト学習の講演会を開催する。（チラシ・アンケート作成） ・行政機関や専門家による現状などの情報提供を行い，地元住民の意識調査結果や過去の災害の教訓などを共有する。 ・市民防災プロジェクト実行委員会を発足させる。
ビジョン・ゴール	◇住民の願いを挙げ，ビジョンとゴールをみんなで決定する。 　ビジョン：「地震・津波からいのちと町を守るために」 　ゴール：『そのときこうする行動提案集』を作る！ ◇防災に関する同じ課題を持つ保護者や住民が集まりチームをつくる。 　［チームの例］ 　・津波避難ビルチーム，屋上避難チーム 　・地元商店街チーム・マンション住民チーム 　・避難路確認チーム　等	・市民防災プロジェクト実行委員会やPTAが中心となって行う。 ・プロジェクトに参加した住民の願いをアンケートによって事前に把握しておく。 ・地域住民の考えを生かしたチーム作りになるようにする。
計　画 情報・解決策 制　作	◇各チームごとに計画を立て，調査，活動等を進める。 ◇各チームごと，地震がきたら，具体的にどう行動するかベストを考えだす。	・他チームとの情報共有。 ・地図や写真を元に，その地，その場所にあった具体的なことを考えだす。
プレゼンテーション	◇地域住民による住民のための防災力向上発表会を行う。	・専門家や行政関係者も参加を要請する。 ・公表できる場の確保。
再構築	◇市民がつくる市民のための『そのときこうする行動提案集』を作成する。	・地域の施設へ配布する。

> 自治体（地域）
>
> # 若者に魅力的な「まちづくりプロジェクト」
>
> 自治体職員（市政策研究プロジェクト）

■ **概　要**　自治体職員の政策形成能力並びに新たな施策の創出を目的に，若い世代に魅力あるまちづくりをテーマに政策研究を進める。その中で，若い世代がまちを知り，愛着をもつことを目標としてイベントと共に若者による市の「ベストアルバム」を作るなプロジェクトを実行する。

■ **目　標**
・若い世代が，自分なりにまちの魅力を語り，伝えられるようになる。
・若い世代が，自分のまちを知る契機となる。
・若い世代が，自発的にまちづくりに参加するようになる。
・若い世代の流出の歯止めの一助となる。

■ **プロジェクト学習の効果**

プロジェクト学習の手法により若い世代自身が，自分たちの手でゴールへ向かう。そのプロセスで若い世代同士が，情報共有できるようになる。まちへの関心が薄い若い世代に魅力あるまちづくりを進めるに，まずはまちのことを知ってもらう必要があった。その課題を解決するために，このプロジェクト手法を話した。プロジェクト学習は，課題発見を自ら行うことを大切にすることにより，このまちづくりプロジェクトにおいても，市の抱える課題を互いに共有し，同じ目標に向かって進むことができた。課題解決に向けて，手を取り合って具現化することの大切さを学んだ。いったん目標が決まると，メンバーの意識は飛躍的に高まった。職員とともにプロジェクトを進めた市内の大学生も，目標に向かってともに歩むなかで，まちへの興味や愛着が高まり，プロジェクトの成功へと導いた。これからのまちをつくるのは若い世代であり，また具体的な目標をもった時，思いもしない力を発揮するものだとわかった。

■ 展　開

フェーズ	内　容	ポイント
準　備	◇運営メンバーを募る　4月 　政策部局がプロジェクトのメンバーを募集する。 ◇現状把握　5月 ・市に住む若者が少ない。ただし，大学生は多い。 ・活力ある市民が少ないことによる市への影響について。全員で理解，確認する。「若い世代に愛されるまちにしたい」願いの共有。 ・各部署から見た若い世代についての考察 　例）教育，産業，財務，税，他市との比較	・できるだけ異なる部署から若い世代のメンバーを募る。 ・市内の大学生を公募によりメンバーに参画させる。 ・まちへ出て，市内の若い世代について徹底的にリサーチをする。 ・現状について，メンバー全員で理解・確認する。
ビジョン・ゴール	◇ゴール設定 ・イベント開催後「若い世代がつくる市のベストアルバム」を作る。 ・若い世代（大学生から子育て世代まで）が，「私が好きなまちの一枚（写真）」を撮り，まちのギャラリーに展示する。その後「若い世代がつくる市のベストアルバム」を作る。	・そのまちの若い世代にとって，最も効果的で具体的なゴールを決める。
計　画	◇計画を立てる ・イベントの募集期間を決める。 ・写真の提出方法，メール等による電子データまたは現像，プリントによる現物。必ず写真に一言添えて提出する。 ・日程調整…市制施行記念日 ・役割分担…ウェブチーム，写真現物チーム等	・具体的なスケジュールを決める。また，役割を明確にすることで，メンバーが動きやすくなる。
情報・解決策	◇広報（情報・リサーチ，周知） ・小～大学，保育園，スーパー，駅，図書館，公民館等にちらし，ポスターを設置。 ・市報，ホームページのトップに掲載。	・まちのどこに若い世代がいるのかリサーチする。また，大学のゼミやサークルを上手に活用する。
制　作 プレゼンテーション	◇ギャラリーの設置 コンセプトは「まちがギャラリー」。 ・応募のあった写真は原則すべて採用する。 ・市民投票ベスト50を決める。 ・市外在住者からも評価をしてもらう。 ◇ベストアルバム（凝縮ポートフォリオ）の作成 ・若い世代の目を引くデザインに仕上げる。	・まち全体で，イベントの賑わいを創出するための仕掛けを作る。 ・商店街や商店会，まちの店舗や企業への協力要請。 ・市外在住者による評価により，市外への広報も狙う。 ・若い世代が作った，若い世代のためのアルバムにすることで，小平市を内外にアピールすることができ，凝縮ポートフォリオの役割を果たす。若い世代が，まちへ愛着を持ち，まちをもっと知りたい，良くしたいと考え，他へ語るようになる。
再構築	◇成果 ・若い世代が，市を我がまちであると認識する。 ・若い世代が，地域のリーダーなることで，まちの活性化の一役を担う。	
成長確認	◇プロジェクトの分析により行政に活かす 　イベントの成果をフィードバック，今後の政策へと還元する。	

世界のセオリーを学ぶ時間

たとえば「時間」という授業があっていいのではないか。
「時間とは何なのか」という概念，考え方，
哲学もふくまれてもいいかもしれない。
それは，辞書に出ている言葉の意味でなく，
そのイメージ，その広がり。それが人間にとってどんなものなのか
自分にとってどんな存在なのか
異なる国や文化の人たちはどう掴んでいるのか…というようなこと。

学ぶとは，きっと人が生きるに普遍的なものや本質，真実を
よき未来のために引き継ぐこと。
普遍的なもの…たとえば「時間」，
たとえば「空間」「沈黙と静寂」
たとえば「表層とその奥」「知と知の関係」
たとえば「変化」「静止」「流れ」「全体と部分」
……などという教科，授業があっていいのではないか。

6章

スタートするための基本フォーマット

さあ，プロジェクト学習を始めてみよう，と思う人のために，ここでは実際に活用できるシートやフォーマットを添えました。コピーして実際に使えるようになっています。

- □ ゴールシート
- □ プロジェクト学習 ── 基本フェーズ
- □ プロジェクト学習の活動とコーチング
- □ 目標達成シート
- □ プロジェクト学習 ── ポートフォリオに入れるもの
- □ 成長報告書 a
- □ 成長報告書 b［成長エントリーシート］
- □ 成長報告書 c［俯瞰シート］
- □ 実習へのプロジェクトとポートフォリオ導入
- □ 新人育成におけるプロジェクトとポートフォリオ導入
- □ プロジェクト手法による課題解決の手順

■ ゴールシート

ゴール

ビジョン

理由

年　月　日

所属　　　　氏名

©鈴木敏恵著『プロジェクト学習の基本と手法』

■ プロジェクト学習——基本フェーズ

プロジェクト

成長確認 ← 再構築 ← プレゼンテーション ← 制作 ← 情報・解決策 ← 計画 ← ビジョン・ゴール ← 準備

個人 / チーム / 個人

基本フェーズ展開	準備	ビジョン・ゴール	計画	情報・解決策	制作	プレゼンテーション	再構築	成長確認
	◇ ◇	◇ ◇	◇ ◇	◇ ◇	◇ ◇	◇ ◇	◇ ◇	◇ ◇
身につく力								
	月 日	月 日	月 日	月 日	月 日	月 日	月 日	月 日

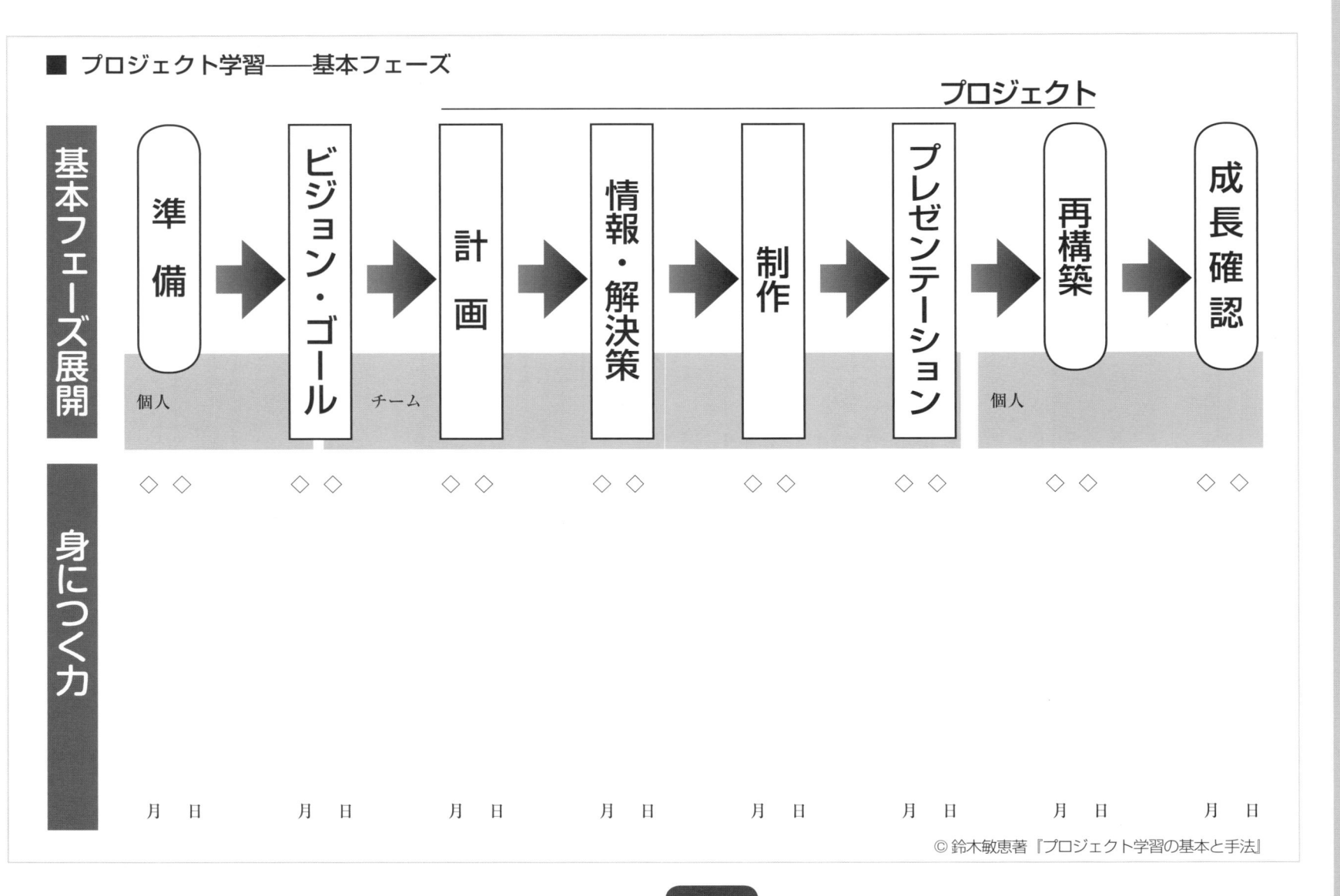

©鈴木敏恵著『プロジェクト学習の基本と手法』

6章 スタートするための基本フォーマット

■ プロジェクト学習の活動とコーチング

フェーズ名	知的活動	身につく力	key コーチング
準備	プロジェクト学習の流れを知る，題材を意識する。現実から課題を見出す。	□課題発見力 □気づく力 □観察する力 □状況をつかむ力 □現実から問題を見出す力 □社会意識 □俯瞰する力	「いまはどうなの？」 「どうだったらいいの？」
ビジョン・ゴール	プロジェクト全体とチームの目的と目標を決める。課題を「具体的な目標」に変える。	□目標を設定する力 □ビジョンを描く力 □現実に主体的にかかわる力 □やりとげる意志 □前向きな姿勢	「何のために？」 「そのために具体的に何を目標にしますか？」
計画	ゴール達成への戦略を考える 限られた時間ですべき優先順位を考え出す。	□戦略的に計画する力 □すべきことをイメージする力 □優先順位を決める力 □時間を的確に配分する力	「使える時間はどれくらいあるの？」 「そのためにすべきことは？」 「もっとも優先すべきことは？」
情報・解決策	情報を獲得し課題解決策を生み出す。	□情報を見極める力 □根拠ある情報を獲得する力 □分析・比較する力 □発想力 □事態への対応力 □分類する力 □多面的にものを見る力 □創造力 □礼儀・礼節	「その情報はどこにあるの？」 「あなたが使える手段は何？」 「あなたとちがう情報を集めよう」 「正しい情報って何？」
制作	プレゼンテーションの制作をする。わかりやすい表現，瞬間的に伝えられる表現を工夫できる。	□わかりやすく表現する力 □情報を取捨選択する力 □図，表，グラフを適切に使う力 □概念図等を使い端的で簡潔に表現する力	「一番伝えたいことは何？」 「それを見て傷つく人はいませんか？」
プレゼンテーション	チームの提案をプレゼンテーションする。他者のプレゼンから自らの改善点を学ぶ。	□コミュニケーション力 □ノンバーバルな表現をする力 □比喩等でわかりやすく表現する力 □根拠をもとに説明する力 □聞き手の思いや理解を推察して話す力 □他者のプレゼンを評価する力 □他者のプレゼンから学びとる力	「誰のためにプレゼンするの？」 「もっとも効果的に伝わる表現の工夫は？」
再構築	元ポートフォリオを凝縮し論理的に表現する。他者への凝縮ポートフォリオから自らの改善点を得る。	□論理的に表現する力 □根拠に基づいて結論を導く力 □適切に項目立てし，見出しを立てる力 □的確で簡潔な文章を書く力 □試行錯誤しつつよりよいものを生み出そうとする姿勢	「そのエビデンスは？」 「一番わかりやすい表現は？」
成長確認	元ポートフォリオを時系列で俯瞰し自分の成長や身についた力，考え方の変化などを確認する。	□成長や成果を評価する力 □自己有能感 □自己有用感 □自尊感情 □より成長しようとする意欲	「成長って何？」 「この経験で得たことは何？」

©鈴木敏恵著『プロジェクト学習の基本と手法』

■ 目標達成シート

所属　　　　　　氏名

A 目的（ビジョン）

B 目標（ゴール）

| | 知の成果物 |

C 目標達成のための具体的な戦略

	実行すること	自己評価と目標達成度	アドバイス
4月			
5月			
6月		0　　100	
7月			
8月			
9月		0　　100	
10月			
11月			
12月		0　　100	
1月			
2月			
3月		0　　100	

D【成長確認】価値ある成長

E【自己研鑽】今後の予定

©鈴木敏恵著『プロジェクト学習の基本と手法』

6章 スタートするための基本フォーマット

■ プロジェクト学習——ポートフォリオの中身

・下書きなど思考や作業の途中のメモなども必ず入れる。
・フェーズや活動ごとの「目標」「評価」なども入れる。

■ phase1：準備
- ☐ 題材について，いま自分が知っていることや感じていること
- ☐ 題材についての情報（インターネット，新聞，本など）
- ☐ 題材について，現実から得た情報（現状の写真，メモ，アンケートなど）
- ☐ 題材について，ほかの人の見方，考え方をインタビューしたもの
- ☐ 題材について，「意味」や「価値」，「課題」について

■ phase2：ビジョン・ゴール
- ☐ ゴールシート（→ P.176）
- ☐ フェーズシートに（→ P.179）「身につけたい力」を書き込んだもの
- ☐ チームの目標について話しあったメモ

■ phase3：計　画
- ☐ すべき仕事を洗い出し時系列に書き出したもの
- ☐ どうすればもっとももいい仕事ができるのか戦略を考えたもの
- ☐ 目標までにすべき全体が見える「計画表」や目標達成シート（→ P.179）

■ phase4：情報・解決策
- ☐ 一般情報・類似事例・これまでの事例など，手に入れた情報
- ☐ 現状と目指すゴールとのギャップ（課題）となっている要因を探る分析メモ
- ☐ 分析するための比較，分類，関係など検討，イメージ図や地図，平面図など
- ☐ 解決のために考え出せる限りの可能性を書き出し課題解決策や妥当性メモ

■ phase5：制作
- ☐ 現状，根拠，具体的な課題解決策など集約されたパラグラフ案
- ☐ パラグラフのレイアウトを検討したプレゼン制作の下書き

■ phase6：プレゼンテーション
- ☐ もっとも効果的なプレゼンテーションにするためのアイデアやスキルメモ
- ☐ プレゼンテーションで得たメッセージや他者評価，自己評価
- ☐ プレゼン後の改善メモ

■ phase7：再構築
- ☐ プレゼンテーションの評価を活かし収斂させた「凝縮ポートフォリオ」の下書き
- ☐ 他者の「凝縮ポートフォリオ」から学んだこと

■ phase8- 成長確認
- ☐ プロジェクト全体をフィードバックして得た価値あることや気づき
- ☐ 目に見える成長，目に見えない成長，プロジェクト前後の変化・変容

©鈴木敏恵著『プロジェクト学習の基本と手法』

■ **成長報告書 a**　　　　　　　　　　　　　　　　　　　　　年　　月　　日

　　　　　　　　　　　　　　所属：　　　　　　　　　氏名

1. あなたの成長ベスト３

　1)

　2)

　3)

2. この講義で，[　　　　　　　]に変化はありましたか？

　開始日　　月　　日　　0　　　　100　コメント

　最終日　　月　　日

3. この経験で獲得した力は何ですか，それをどんなとき，どんなふうに活かしますか？

　◆

　◆

　◆

自分の目標（凝縮ポートフォリオのテーマ）：

© 鈴木敏恵著『プロジェクト学習の基本と手法』

6章　スタートするための基本フォーマット

■ 成長報告書 b［成長エントリーシート］

所属：　　　　　　氏名

「元ポートフォリオ」を俯瞰し自己評価する

-
-
-
-
-
-
-
-
-
-
-
-
-
-
-
-
-
-
-

© 鈴木敏恵著『プロジェクト学習の基本と手法』

■ 成長報告書 c［俯瞰シート］

所属：　　　　　　　　氏名

元ポートフォリオを確認して以下を記入してください。（欠席の際はその理由とその日に得たことを記入）

回数 月日	内　容	出欠	（成果・成長）
第1回目 　月　日	◆ ◆		
第2回目 　月　日	◆ ◆		
第3回目 　月　日	◆ ◆		
第4回目 　月　日	◆ ◆		
第5回目 　月　日	◆ ◆		
第6回目 　月　日	◆ ◆		
第7回目 　月　日	◆ ◆		
第8回目 　月　日	◆ ◆		
第9回目 　月　日	◆ ◆		
第10回目 　月　日	◆ ◆		
第11回目 　月　日	◆ ◆		
第12回目 　月　日	◆ ◆		
第13回目 　月　日	◆ ◆		
第14回目 　月　日	◆ ◆		
第15回目 　月　日	◆ ◆		
計			

自己評価：元ポートフォリオを活かして書く

© 鈴木敏恵著『プロジェクト学習の基本と手法』

6章　スタートするための基本フォーマット

■ 実習へのプロジェクトとポートフォリオ導入

実習前	1 プロジェクト学習とポートフォリオの基本を理解する　　月　日
	☐ プロジェクト学習やポートフォリオが実習にどう活きるか理解できる。
	2　事前 -- 情報・知識編　　月　日
	☐ 実習先に関係する情報を文献やネットで手に入れポートフォリオへ。
	☐ これまで学校で得た知識や体験とこれからの実習と何が関連するかイメージする。
	3　実習直前――練習　　月　日
	☐ 実習の現場でどう動くのか？　どこに立つのかイメージする。
	☐ 挨拶・自己紹介など練習する。

実習中	**4　実習スタート　　月　日**
	☐ ゴールシートを書き，ポートフォリオの最初のページに入れる。
	☐ ゴールシートを見せ，自分の願いや目標を伝え自己紹介する。
	5　実習中――情報収集　　月　日
	☐ 実習中に手に入れたさまざまな気づきや資料をポートフォリオに入れる。
	☐ わからないことはその日のうちに調べてポートフォリオへ入れる。
	6　実習中――フィードバック　　月　日
	☐ ポートフォリオを見ながら，自分の目標と照らしあわせ，自己評価する。
	☐ 仲間同士で相互で評価しあう（コーチングを活かす）。
	☐ ポートフォリオを活かし教師，指導者による評価。

実習後	**7　実習終了――プレゼンテーション　　月　日**
	☐ 仲間や実習先でお世話になった方たちへプレゼンテーションする。
	・ビジョンとゴール，課題，仮説，解決策，行動，成果。
	・根拠やエビデンスを添えながら「簡潔にわかりやすく」伝える。
	☐ 評価やアドバイスを互いに交換（表現力・コミュニケーション力）。
	8　ポートフォリオの再構築―普遍性の見出し　　月　日
	☐ ポートフォリオを再構築し「凝縮ポートフォリオ」作成。
	☐ 自分に足りない「知識やスキル」をメモして，さらなる成長へのビジョンと共にポートフォリオへ。

メモ
・
・
・

©鈴木敏恵著『プロジェクト学習の基本と手法』

■ 新人育成におけるプロジェクトとポートフォリオ導入

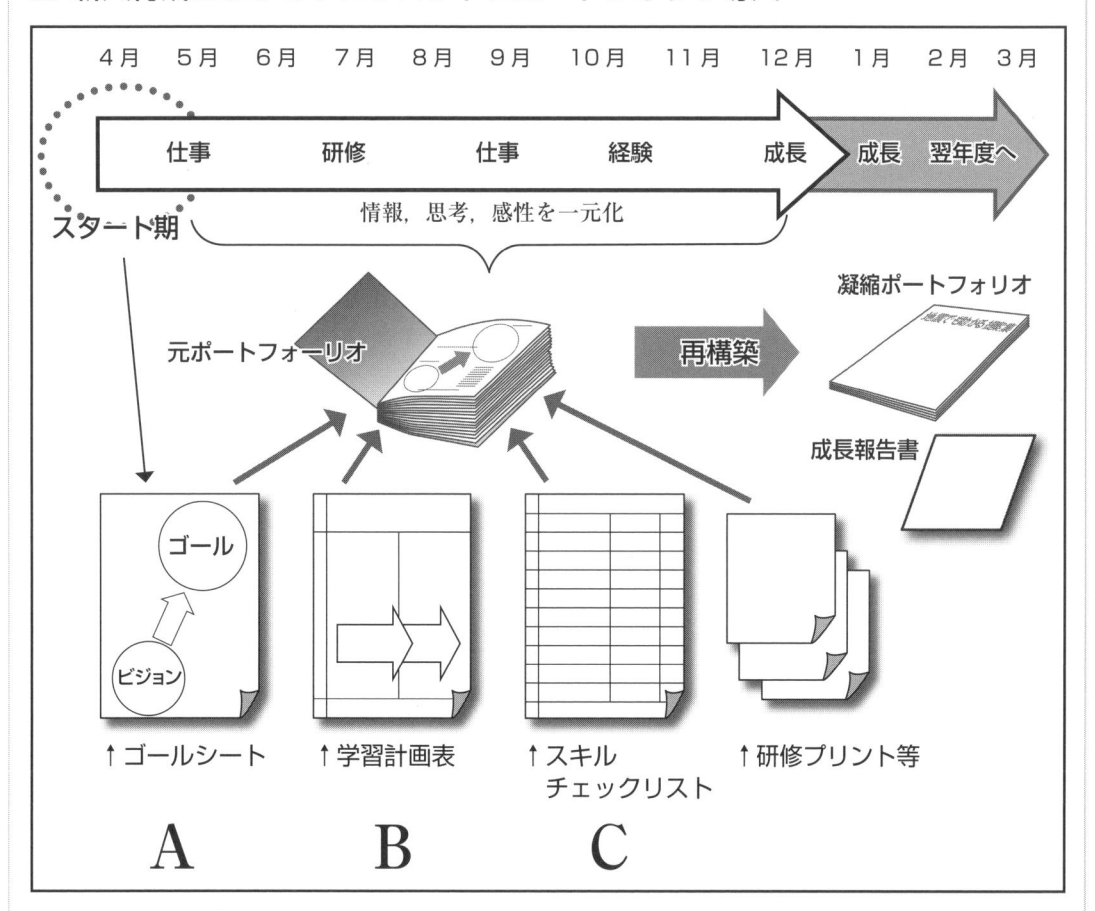

| 4月 | 5月 | 6月 | 7月 | 8月 | 9月 | 10月 | 11月 | 12月 | 1月 | 2月 | 3月 |

仕事　研修　仕事　経験　成長　成長　翌年度へ

スタート期

情報,思考,感性を一元化

元ポートフォーリオ　→　再構築　→　凝縮ポートフォリオ

成長報告書

A ↑ゴールシート（ゴール／ビジョン）
B ↑学習計画表
C ↑スキルチェックリスト
↑研修プリント等

■ 手　順

① 4月オリエンテーションでポートフォリオとプロジェクト学習の基本を習得する。
② 目標を『ゴールシート（A）』に書きポートフォリオの1ページ目に入れる。
③ 自分で立てた『学習計画表（B）』を次に入れる。
④ 次に『スキルチェックリスト（C）』を入れる。
⑤ 日々の学びや研修や感じたことなどいろいろポートフォリオへ入れていく。

ポートフォリオをはさんで笑顔で会話する新人と先輩

■ 効　果

◇ 新人が自らの仕事や行動,考え,気づきなどの変化や成長を自覚することができ自信や意欲につながる。
◇ 教育担当者は,新人の成長状況を把握できる。新人が考えていることや悩みや課題を知ることができる。
◇ 「今月はこれができるようになったね」とできたことをはっきりと認めることができる。
◇ ポートフォリオを見ることで「できるようになったこと」「成長した」ことに眼がいくようになる。
◇ ポートフォリオを活かし新人の目標へのプロセスを具体的に知り,励ましやアドバイスができる。

©鈴木敏恵著『プロジェクト学習の基本と手法』

6章 スタートするための基本フォーマット

■ プロジェクト手法による課題解決の手順

準備
1. 「題材」を意識する
   ⇩
2. 「課題」が浮上する
   ⇩　　「課題」＝○○は問題だ

ビジョン・ゴール

3. 「課題」からビジョンとゴールを設定する
   ⇩　　「目的（ビジョン）」＝○○にしよう
   　　　「目標（ゴール）」＝○○を提案する！

計画

4. 目標到達の戦略を考える
   ⇩　　どんな情報を獲得する必要があるか

情報・解決策

5. 「課題解決」に必要な「原因究明」のための情報獲得する
   　　　原因を明確化して解決の方法を探す
   ≪一般情報≫を集める
   　　　・基本知識，類似事例，過去事例など得る
   ≪固有情報≫を獲得する
   　　　・なぜそれが起きるのか現場を観察する
   ≪反応情報≫行動して情報を獲得する
   （体験）　・対応しながら情報を得る

6. ポートフォリオに入れた情報を俯瞰する
   ⇩　　・獲得知を総合化する→「課題」の解決策が見えてくる

7. 課題解決策 ── アイディアをすべて出し切る（拡散）
   ⇩　　・可視化，多面的，こうしてみたら，ああいうことも

制作

8. 課題解決策 ── 具体性ある策に絞り込む（収束）
   ⇩　　・その状況下でできるもっとも有効な解決策を決める

プレゼンテーション

9. 課題解決策をプレゼンテーションする
   ⇩　　・方法，エビデンスを添える

再構築

10. 課題解決策を伝える提案書を作成する
    　　　・プロジェクトの成果物「凝縮ポートフォリオ」

成長確認

11. 成長確認（自己評価．他者評価）
    　　　・能力，考え方，スキル等

元ポートフォリオ

凝縮ポートフォリオ

成長報告書

©鈴木敏恵著『プロジェクト学習の基本と手法』

あとがきにかえて‥‥フィンランドの若者との対話
未来教育への希望

数年前，フィンランドへ続けて2度行きました。

　きびしい自然，国土の70パーセントが森林という極北の国ながら，ノキアをはじめとするIT企業，環境保全等の充実。この国はまた自然を仰ぎ，ムーミンや神話の国でもあります，テクノロジーと感性……フィンランドは教育先進国としてOECDの国際学力調査でつねに上位にあることでも有名です。それは他者との比較や競争でなく一人ひとりが「考えること」を何より大切にした成果かも知れません。

　この本のあとがきにかえて，私が出会ったふたりのフィンランドの若者との対話をご紹介したいと思います。ブルーの美しい瞳のマリュッカ・マリッキさんは山口県の高校に，背が高くかしこくも優しさを秘めたセリグソン・ユリウスさんは神奈川県の高校に留学していた高校生です。2011年，私はこの二人の日本語の堪能な若者と出会い，対話を重ね，楽しくも未来教育への示唆に満ちたときをもちました。

　私より漢字の読み書きができるユリウスさん，滑らかに自然な日本語を使うマリュッカさん，ふたりに共通しているのは，察した振る舞い，人の話に静かに耳を傾けること，よく考えながら，それでいて迷いなく静かに言葉に思考をのせ話すことです。それはフィンランド人のもつ特質でもあったとおもいます。

＊　　＊　　＊

　この本で私が伝えたかったのは，プロジェクト学習やコーチングの手法ではありません。それらのいくつかを，教育者が発想と思いやりを豊かに駆使することで，子どもたち，いいえすべての人が内にもつ意志や知性を引き出すことができるかもしれないという，未来教育への希望です。

　子どもは教えないと何も知らないかも知れません。しかし大事なことはすでに知っている気もします。人間は知識の入れ物ではありません。その深いところに「高き心」や「知」を希求する魂や「考える」ということでしかよき未来への道はないことを知っているかのような存在と私には感じます。

　教育は，ソントクのためにでも条件のいい所でラクをするためでもなく，人の精神や心を高きものにすることをかなえてくれるものと私は信じます。この「知」や「考える」ということに，いま再び光をあてたい，という私の願いが引き寄せたような，ちょっと不思議であたたかい極北の美しい国との出会いでした。

フィンランド風景
ヘルシンキ大聖堂

Critical thinking…
善とか悪とかの問題ではなくて

鈴木：クリティカルシンキングというと，どういうイメージを持っていますか？

ユリウス：クリティカルシンキングというと自分の頭を使っているというイメージがします。クリティカルシンキングとは，情報をそのまま納得しないことです。情報について，誰が言ったか，いつ言ったか，どうして言ったか。いろいろ考えて，その情報を受け取ることだと思います。その情報には，パスポートのようなものが付いています。情報のパスポートには，どこから，誰から，などの情報が入っています。

鈴木：すぐに情報をパッと頭に入れるのではなくて，パスポートがついている感じでそれを確認する，情報にパスポートがついているってユリウス君の表現すごくおもしろい。

ユリウス：ええ，たとえです。

鈴木：クリティカルというと日本では，批判的に情報をとらえる，と解釈されます。「批判的」というと，始めから「よくない」という目で見ている感じがします。クリティカルシンキングって，いいとか，悪いとかではなくて…。

ユリウス：はい。情報が誤っているのか，正しいのか，善とか悪とかの問題ではなくて，人々がいいことをやりたくて，意志が正しくても，情報がまちがっている可能性があって，誤っていると思う情報でもその人が誤っているとは限りません。

鈴木：情報を提供する側も，わざと悪い気持ちでインチキな情報を出しているのではなくて，その人がその人の考えで出しているに過ぎないということがほとんどなのでしょう。

ユリウス：それに，どんなに大きな報道局の人でも，誤りをしますね。

鈴木：そうですね，人間ですから。

フィンランドについて対話

プロジェクト学習に答えはありません

鈴木：フィンランドの教科書。これは国語ですが，プロジェクトとして知的な制作活動の時間が各単元の最後に必ず盛り込まれていますね。フィンランドを視察した時も「辞書を作ろう」というプロジェクトを，小学校4年生がしていました。各自辞書1ページを作るのですが，それは調べたものではなく自分のテーマのもとに根拠を添えて展開していました。私がずっと日本で実践してきたものと共通していて関心深かったです。マリュッカさんも学校でプロジェクト学習をしていましたか？

マリュッカ：はい。生物，国語，歴史，地理，環境の5つのすべてでプロジェクトを同時にやっていたこともあります。例えば，課題は，地理ならば，一つの国のことを自分たちで決めて面積や食べ物，人口などの情報を手に入れて，他のクラスに大きなポスターを作って説明します。3人くらいのチームでやりました。そして，説明には，自分の気持ちではなくて，課題について調べ，なぜそうなのか，根拠が必ず求められます。ウィキペディアだけではだめ，コピーでもだめ。一度頭の中に情報を入れてからつくるように言われます。ポートフォリオを，小・中・高とずっと使っていました。課題に対して調べたものなどを入れていました。課題に対する「答え」というものはありません。自分の頭で考えて，自分で書くののです。

鈴木：日本とフィンランドのちがいで気づいたことはありますか？

マリュッカ：いろいろありますけど例えばテストです。フィンランドでは多くが記述問題です。日本では，選択問題がとても多い。選択問題は，わからなくてもあたるかもしれない。でも記述問題は，そのことについて知らないと文章は書けないです。

鈴木：なるほど，マリュッカさんはどちらがいいと思いますか？

マリュッカ：自分の頭で考えて，自分で書くのが一番いいです。

フィンランドの教科書を手にもつ
マリュッカ・マリッキさん

Competency とは自信＋意欲＋能力

鈴木：日本では，コンピテンシーは，自ら獲得した知識とかスキルを現実に活かせる力，活用力という感じで使われてます。ユリウス君はどのようにイメージしていますか？

ユリウス：コンピテンシーとは「できる」に近い意味ですね。自信＋意欲＋能力ですね。やはり自信がないとどうにもなりません。自信がないと意欲も出ないのかな，と思います。そして，もし意欲がないのなら，あまり（能力発揮も）上手にできないと思います。

鈴木：やりたいから，うまくできる。工夫もするし努力もするし……。

ユリウス：やる気がなくて，何かむりやりしても，結果はあまりよくないと思います。

鈴木：能力は，頭のなかにあるわけじゃないですか。コンピテンシーは，それを「やる」とか「できる」ということだから，その能力を活かすためにも「やるぞ」とやる気が能力を起動させる感じ。先生たちが，コンピテンシーを子どもたちに高めてほしいなーって思ったら，どうしたらいいと思う？

ユリウス：やる気は，自分から発生しないと意味がないと思います。つまり，生徒を押さえないというか，生徒の頭に浮かぶ内容をしばらない。その生徒が自分の能力を自分で超えられるように励ますべきだと思います。自分の全力を使うように。中途半端はあまり賛成できません。

セリグソン・ユリウスさん

プロジェクト学習は知をインテグレートする

鈴木：ユリウスさんは，プロジェクト学習をフィンランドでやった経験はありますか？

ユリウス：あります。中学校3年生の時に，先生がこういうプロジェクトを出しました。ふつうのアルミ缶から，数学的な面と，物理学的な面と，経済的な面を調べて，自分でテーマを決めていくものでした。いろいろな分野の（知識を）使えて，おもしろいなー，と思いました。

鈴木：数学は数学だけ，経済は経済だけではなく知識や教科をインテグレート（統合，融合）して向かう，その人の中で知を構築して生み出す感じ。プロジェクトって，無から有を生み出すようなところがある。

ユリウス：そうです。どんどんプロジェクトを進めて，いろいろ情報を集めて，そのすべてを組み合わせて 研究とか解決とか，その人のテーマになっていくんです。

鈴木：目標も自分で考え，そこまでのプロセスで情報を得て考えながら明らかになっていく。最後は単に文書をまとめるのではないんでしょ？

ユリウス：この研究の一番大切なことは何か。そういうまとめですね。

鈴木：プロジェクト学習は，自分の考えをもっていないと，できない。先生のいうことを従順に聞くだけじゃ。「えー，どうしたらいいの？！このアルミ缶？ 先生，わたし，何したらいいの？」ってなってしまう。

ユリウス：先生に教えてもらっているだけではなくて，自分で学ぶ必要があります。学ぶことは，自分の責任です。

フィンランドの国語の教科書の目次。各単元にプロジェクトとある。

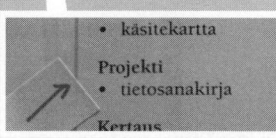

フィンランド語でプロジェクトと書いてある。

考えるということ

鈴木：フィンランド人は，思索すること，考えることを愛する国民だと言われます。

ユリウス：考えないことは何ですか，もし誰かが「私は考えることは嫌いだ」と言ったら，すごくおかしいと思います。（逆に）考えるのがないとは，何なんでしょう？

鈴木：日本では考える力を身につけよう，とよく言うのです。だけど，考える力は授業のなかで身につけるのではなくて，何を見ても，何を聞いても，これは何かなとか，これはなぜかなと胸に湧くところにそれはある。「知りたい」と「考える」ってことが近くにある気がします。

ユリウス：考えるっていうのは，好奇心が重要だと思います。どうして？なぜ？ということを聞いて，もっといろんなことを知るようになれば，考えるでしょう。好奇心が大切です。

鈴木敏恵とユリウスさん

フィンランドの子どもたちと筆者

学校のちがい…教師と対話

鈴木：フィンランドの学校と日本の学校のちがいなどはどうですか？

ユリウス：日本は，先生が話をして，生徒が聞いて，ノートをとる姿が多いですね。その学習方法がいい場合もありますけれど，いつもそうすると，自分の思考はあまりないですね。教科書の音読は意味が不明です。教科書の字は自分でも読めますから。

鈴木：それは私も子どものときから感じていました。フィンランドでは，講座形式などどうでしたか？

ユリウス：日本みたいに生徒と先生の間にすごくギャップがあるわけではなくて，対話の形をとっている授業が多いです。

鈴木：ということは，先生も話すけど，「あなたはどう考えるの？」という感じになるの？

ユリウス：そうです。……と考えます，なぜなら……と対話が続きます。

鈴木：それには，正解や不正解はないのですね。

ユリウス：不正解もときどきあります。最初はおかしいということがあっても，常識とちがっていても，まちがっているというわけでもないですね。そして，いろんな意見を聞いて，それもとてもいいことだと思います。

協力者一覧（敬称略　所属等は出版時）

3章（凝縮ポートフォリオの総括的評価に関するデータ処理・解析）
高知大学大学院医学系研究科社会医学系専攻　　　　　　入野　了士

3章（評価協力等）
㈳高等専門学校機構新居浜工業高等専門学校教授　　　　吉川　貴士
㈶東京勤労者医療会東葛病院薬局長・診療技術部長　　　藤井　基博
館山市立富崎小学校教諭　　　　　　　　　　　　　　　永島　俊之
奥出雲町立八川小学校校長　　　　　　　　　　　　　　若槻　徹

5章（資料提供）
[総合的な学習／指導計画書]
岐阜県　瑞穂市立西小学校校長　　　　　　　　　　　　馬渕　郁子
[いろいろな活用]
千葉県　館山市立富崎小学校教諭　　　　　　　　　　　永島　俊之
埼玉県　さいたま市立東宮下小学校教諭　　　　　　　　菊池　健一
愛媛県　西条市立多賀小学校校長　　　　　　　　　　　安藤　宏幸
岐阜県　岐阜市立岩小学校教諭　　　　　　　　　　　　安田　幸典
岐阜県　岐阜市立網代小学校教諭　　　　　　　　　　　歳藤　幸弘
東京都　板橋区立上板橋第四小学校教諭　　　　　　　　浅井　勝
島根県　出雲市立神西小学校教諭　　　　　　　　　　　原　久美子
北海道　札幌市立厚別通小学校教諭　　　　　　　　　　大野　睦仁
島根県　奥出雲町立八川小学校校長　　　　　　　　　　若槻　徹
岐阜県　岐阜県立郡上特別支援学校教諭　　　　　　　　長井　奈月
北海道　札幌白陵高等学校教諭　　　　　　　　　　　　矢橋　佳之
千葉県　㈶東京勤労者医療会東葛病院薬局長　　　　　　藤井　基博
㈳国立高等専門学校機構新居浜工業高等専門学校教授　　吉川　貴士
高知県　高知・昭和小学校区市民防災プロジェクト　　　川崎　弘佳
大学生・高校生の街頭募金団体「今できること」代表　　豊田　勇知
東京都　小平市役所職員　　　　　　　　　　　　　　　鹿島　幸宏

実践写真・資料提供ほか協力
社会福祉法人三井記念病院看護部看護部長　金子　八重子／京都府立医科大学医学部看護学科　松岡　知子／上尾中央看護専門学校学科長　土江　順子／撮影　加藤　由美／瑞穂市立西小学校元校長　横山　直美／あじさい看護福祉専門学校／社団法人　兵庫県民間病院協会 神戸看護専門学校／四国大学看護学部／山口県岩国市立玖珂小学校教諭　長岡　豊／社会福祉法人山口県済生会下関総合病院看護部看護部長　西村　容子／西条市立飯岡小学校教諭　千羽　達也／横浜市立恩岡小学校　宮下　章／新居浜市役所　酒井　千幸／福岡市立下山門小学校教諭　稲益　義宏／国立大学法人　琉球大学医学部保健学科成人看護学　照屋　典子／独立行政法人国立病院機構本部中国四国ブロック事務所統括部医療課　岡田　久香

＊この本のなかで使用した写真，データなどはすべて鈴木敏恵の指導による「未来教育プロジェクト」の授業や研修の成果です。

> ■ この本の活用について
>
> この本の図表等は，営利を目的としない教育や研修において使うことができます。
> その際は，必ず以下を添えてください。
>
> 鈴木敏恵著『課題解決力と論理的思考力が身につくプロジェクト学習の基本と手法』（教育出版）

[参考資料]

報告書（シンクタンク未来教育ビジョン）
文部科学省H22年度「確かな学力の育成に係る実践的調査研究」／民間やNPO法人の発想・手法を活用して、新しい授業の在り方や指導方法を構築するための調査研究」採択事業

著作物（以下すべて　鈴木敏恵　著）
『看護師の実践力と課題解決力を実現する！　ポートフォリオとプロジェクト学習』　医学書院
『目標管理はポートフォリオで成功する！
　　　　　　　　　　---看護管理・学校運営のためのモチベーションマネージメント』メディカル出版
『夢ファイル』日本実業出版（日本語版）及び台湾版
『ポートフォリオ評価とコーチング手法―臨床研修・臨床実習の成功戦略！』　医学書院
『未来教育　ポートフォリオでプロジェクト学習／防災プロジェクト』学習研究社
『未来教育シリーズ／ポートフォリオでプロジェクト学習／体・健康プロジェクト』学習研究社
『未来教育シリーズ／パーソナルポートフォリオ／自分は地球にひとり！／キャリア教育』学習研究社
『未来教育シリーズ／ポートフォリオでプロジェクト学習／防災プロジェクト』学習研究社
『未来教育シリーズ／ポートフォリオでプロジェクト学習／ユニバーサルデザイン』学習研究社
『未来教育モデル　国際ボランティア・ＩＴ戦略〜コーチング手法実践〜』教育同人社
『未来教育モデル　ポートフォリオでプロジェクト学習！地域と学校をつなぐ防災教育』教育同人社
『未来教育モデル　ポートフォリオでプロジェクト学習！情報メディアリテラシーケータイ教育同人社
『ポートフォリオで進路革命！ＡＯ入試・評価指標・デジタルポートフォリオ』学事出版
『こうだったのか！ポートフォリオ　成長への戦略／思考スキルと評価手法』学習研究社
『これじゃいけなかったの？総合的な学習　これが成功戦略！
　　　　　　　　　　　　プロジェクト学習＆ポートフォリオ活用』学習研究社

[引用文献等（以下すべて　鈴木敏恵　著）]

『看護師の実践力と課題解決力を実現する！　ポートフォリオとプロジェクト学習』　医学書院
『夢ファイル』日本実業出版
『目標管理はポートフォリオで成功する！』メヂカルフレンド社
『ポートフォリオ評価とコーチング手法』医学書院
『未来教育ポートフォリオでプロジェクト学習―防災プロジェクト　地震からこの町を救え！』学研
『総合的な学習・プロジェクト学習ポートフォリオ解説書―21世紀を生きる力が身につく！』教育同人社
『総合的な学習・プロジェクト学習ポートフォリオシート集』教育同人社

鈴木敏恵プロフィール

一級建築士・architect・次世代教育クリエーター・シンクタンク未来教育ビジョン代表

建築家として教育施設へのIT環境の実現、AVネットワーク化、遠隔教育システム、CAI（computer-assisted instruction）導入など、教育のインテリジェント化、学校の未来化を先導。1998年「未来学び舎構想インテリジェントセンター21/設計企画」において『日本計画行政学会賞』特別賞受賞。
「意志ある学び－未来教育」をコンセプトに、プロジェクト学習、ポートフォリオ、対話コーチングなどを融合させた次世代教育の設計思想から実施を全国展開。AI（artificial intelligence）時代の教育、次世代プロジェクト学習の構想・提唱。主に教育界、医学界へ新人教育、指導者育成、次世代教育構想コンサルタント等を行う。文部科学省「確かな学力の育成に係る実践的調査研究H21」事業採択。日本赤十字秋田看護大学大学院非常勤講師。

【公職歴】内閣府中央防災会議専門委員・国立大学法人千葉大学教育学部特命教授・東北大学非常勤講師・放送大学非常勤講師（専門：心理と教育）・島根県立看護短期大学客員教授・先進的教育ネットワークモデル地域事業企画評価委員（文科省総務省連携プロジェクト）他

【著作等】『AI時代の教育と評価』教育出版／『アクティブラーニングをこえた看護教育』医学書院／『キャリアストーリーをポートフォリオで実現する』『目標管理はポートフォリオで成功する』『未来教育ポートフォリオでプロジェクト学習パーソナルポートフォリオ』『ポートフォリオ評価とコーチング手法』『地域と学校をつなぐ防災教育－未来教育実践モデル』他

オフィシャルサイト　http://www.suzuki-toshie.net/

課題解決力と論理的思考力が身につく
プロジェクト学習の基本と手法

2012年2月8日　初版第1刷発行
2020年2月4日　初版第10刷発行

著　者　　鈴木　敏恵
発行者　　伊　東　千　尋
発行所　　教育出版株式会社
〒101-0051　東京都千代田区神田神保町2-10
電話（03）3238-6965　　振替 00190-1-107340

©T. Suzuki 2012　　　　　　　　　　　組版　大悠社
Printed in Japan　　　　　　　　　　 印刷　モリモト印刷
落丁・乱丁本はお取替えいたします。　　製本　上島製本

ISBN978-4-316-80350-0 C3037

AI時代の教育と評価

意志ある学びをかなえる
プロジェクト学習　ポートフォリオ　対話コーチング

アクティブラーニング から アクティブシンキングへ
生きるということは「現実」を見ること
成長への評価
新しいカリキュラムマネージメント
情報を見極める力―クリティカルシンキング
AI時代のリテラシー 対話 俯瞰 共有 リフレーミング

鈴木敏恵 著

B5判・228頁
定価：本体2,800円＋税
ISBN978-4-316-80435-4

内容

1章　与えられた学びから意志ある学びへ
1. 新しい時代 ― アクティブラーニングで「創造的な思考」
2. AI時代に求められる「正解なき教育」
3. 教育イノベーション　与えられた学びから意志ある学びへ
4. 次世代教育 ― 4つの修得知モデル

2章　AI時代の教育
　　　　──プロジェクト学習・ポートフォリオ・対話コーチング
1. プロジェクト手法で新しいカリキュラムマネージメント
2. 次世代教育の『設計思想』
3. プロジェクト学習とポートフォリオの相互機能
4. AI時代の教育力 ― 現実をステージとする教育
5. 4つの実践モデル ― 社会的課題（ソーシャルソリューション）

3章　AI時代のリテラシー　　　　　　対話・俯瞰・シェア
1. 「正解なき教育」の時代へ
2. AI時代に求められる新リテラシー
   ○ 知識と現実を結びつけるセンシング力
   ○ 考える力のためのクリティカルシンキング
   ○ アクティブシンキング ― 深く考えるための対話

4章　課題発見から課題解決までの思考プロセス
1. プロジェクト学習で「課題解決力」を身につける
2. 課題解決の思考プロセスとコーチング ― 「課題解決シート」

5章　アクティブラーニング──成長への評価
AI時代の評価 ― イノベーション10
   ○ 評価の目的が変わる
   ○ 評価の対象が変わる
   ○ 評価の方法が変わる
未来社会に役立つ評価へ

6章　プロジェクト学習の実践セオリー
課題発見・課題解決のセオリー
目標設定・プロセス評価のセオリー
学びのシーンに応じたアクティブ・コーチング

7章　キャリアパスポートで未来をひらく
・「未来教育オンライン講座」4weekプログラム
（https://www.mm-miraikyouiku-onlinecourse.com/）

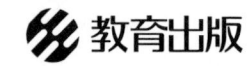

AI（人工知能）技術の急速な進歩は、社会も生活も、私たちの価値観をも大きく変えようとしている。そのような時代にこそ求められる「意志ある学び」と、それを実現するための教育と評価の手法（プロジェクト学習、ポートフォリオ、対話コーチング）について詳説。

教育出版